La Charge mentale des femmes

De l'effondrement au sens

Patricia Mignone

La Charge mentale des femmes

De l'effondrement au sens

28, rue du Basson
6001 Charleroi - Belgique
Dépôt Legal : 8 août 2021

Conception graphique : Agnès Marlier
Relecture et mise en page ebook : Marie Anne Zoé Abt

Pour commander des livres en quantité, contactez directement l'éditeur
à l'adresse editeur@guerrillapublishers.com

Recommandations

J'ai assemblé pour vous une série de ressources au format vidéo qui complèteront mon propos. À chaque fois que je vous invite à consulter un document, vous découvrirez ce pictogramme en bas de page. 🔗 Pour accéder à votre espace de ressources vous pouvez soit copier le lien et le coller dans votre navigateur – soit scanner le QR code.
Lien à copier - coller : https://bit.ly/CMF-Suppl

Je dédie ce livre à Danielle Bajomée à qui je dois tant.

Je remercie toutes les femmes qui ont accepté de se mettre à nu, d'exposer leur vulnérabilité, de dire ce qui leur faisait honte et m'ont ainsi permis de discerner les ombres de la charge mentale.

Prologue

J'ai entamé l'écriture de ce livre avec le projet de réconcilier un couple aujourd'hui perçu comme antinomique : la charge mentale et l'écologie. Je l'ai bouclé en espérant contribuer à la tentative de dépasser l'état dissocié où nous sommes, nous, les Occidentaux – la charge mentale constituant l'un des pics visibles d'un iceberg dénommé *aliénation* – et remettre du sens et de la transcendance dans nos existences et notre rapport au vivant.

Depuis la parution du livre *La Charge émotionnelle et autres trucs invisibles* d'Emma en 2018, l'usage définit la charge mentale comme le fait pour une femme de penser à tout pour tout le monde au sein de son foyer. Entre temps, l'idée que les préoccupations environnementales viennent augmenter la charge mentale s'est imposée. Privilégiant une approche *ressourciste* d'une nature perçue comme dissociée de nous et à la sauvegarde de laquelle nous *devons* contribuer par des *gestes*, la vision que les médias reflètent de *l'écologie* et de *l'environnement* demande un recadrage. En effet, ce même regard qui constitue le monde comme un ensemble de formes sans profondeur occulte une intériorité en friche – la nôtre – et témoigne de notre rupture avec nous-mêmes. Pour la plupart, aujourd'hui, nous ne sommes pas en mesure d'envisager nos propres transitions de vie, notre propre écologie et notre existence en tant que système vivant ayant besoin d'évoluer pour vivre.

Ce livre explore l'idée que, loin d'être un lieu séparé de nous à la préservation duquel il s'agit de contribuer par le *faire*, la nature, cet espace que nous appréhendons comme une extériorité, est la substance de nos vies et la source de notre résilience. Non seulement il n'y a pas de séparation entre elle et nous, mais retrouver le chemin de la nature en nous peut nous

– nous tous, et spécialement les femmes, à qui s'adresse ce livre – mettre en capacité de sortir de la soumission et nous faire entendre au dehors pour exercer dans le monde cet impact auquel nous aspirons depuis des décennies. Avec ce livre, j'espère mettre en lumière quelques-uns des fourvoiements qui nous coupent l'accès à nous-mêmes, au vivant et à l'action à laquelle nous aspirons.

Les contenus de ce livre sont inspirés par le dialogue que j'entretiens régulièrement avec des femmes abonnées à mes publications. Il est l'expression des hypothèses de compréhension que m'ont inspirées ces nombreux témoignages de femmes et des mises en cause de mes propres croyances qui en ont résulté. J'ai ainsi notamment compris qu'un bon nombre de mes convictions et décisions liées à la question de l'écologie et du vivant partaient d'un lieu de souffrance intérieure. Et j'ai conçu que la transition, qui est supposée être un mouvement collectif pour l'écologie, peine à s'opérer en raison de choix guidés par la réification et le non-amour (ou le *mal-amour*) de soi, des autres et du vivant, que l'on tient à distance et avec lequel nous entretenons un rapport de séparation et de prédation, rapport mesquin, myope, qui nous empêche d'imaginer que contribuer, c'est grandir en amour. Notre non-soin pour le vivant ne traduit dès lors rien d'autre que notre non-soin de nous et l'absence de sens et de transcendance qui vont de pair. Or l'objet de ce livre consiste, notamment, à vous aider à adapter vos représentations, vos valeurs, vos croyances et votre identité pour mettre le focus sur l'essentiel : vous, comme un être vivant, un être de nature qui, par essence, entretient un lien organique avec les autres humains, la nature et le vivant où se trouve sa source de vie.

Je précise que la plupart du temps, dans le cadre de ce livre, quand je parle des femmes, il s'agit des *femmes* qui se plaignent de leur charge mentale en Occident, pas nécessairement de la gent féminine dans son ensemble. J'ai conscience que l'ensemble du genre féminin n'est pas en proie aux affres de la charge mentale et ne se reconnaîtra pas dans les situations évoquées.

J'ajoute qu'en écrivant ce livre, j'ai cherché à rendre service en partageant ce que je comprenais, parce que je crois que la compréhension est un premier pas vers l'élucidation et l'émancipation. Ce n'est donc pas un livre savant qui chercherait à donner une preuve quelconque d'érudition. J'ai d'ailleurs des pratiques très peu académiques puisque par endroits, je me réfère à des articles de blogs, des podcasts et conférences en vidéo, que je fais allusion à beaucoup d'univers conceptuels sur le mode de l'aperçu et que je ne suis pas nécessairement allée relire tous les livres auxquels je fais allusion quand j'estimais en avoir un souvenir suffisant pour ce que je souhaitais en dire.

Je suis pédagogue et coache et donc, ni philosophe, ni psychologue. Le nombre d'heures que j'ai passées à solliciter ces derniers depuis mon adolescence, de formations que j'ai suivies en la matière et de livres de psychologie que j'ai lus pour tenter de pacifier le monde qui m'habite font néanmoins peut-être de moi une psychologue amateure à mes heures. Par ailleurs, bien que je ne sois pas sociologue, j'ai découvert a posteriori que, pour coller au plus près de l'expérience réelle des femmes à qui je m'adresse, j'avais eu recours aux méthodes de la micro-sociologie.

Une dernière précision : pourquoi ce livre espère-t-il apporter un soutien aux femmes... et pas aux hommes et aux enfants alors qu'au fond, aujourd'hui, la charge mentale affecte toutes les catégories de personnes y compris les couples sans enfant et les célibataires ? Dans cet ouvrage je limite délibérément mon investigation à la charge mentale des femmes parce qu'elle est liée à l'économie domestique et que cette dernière maintient les femmes dans le statut de *consommatrices*. Les chiffres sont connus depuis un siècle au moins : les femmes sont à l'origine de 75 à 80% des décisions d'achat. Cela signifie que – innocemment, sans viser cet objectif – elles sont les partenaires les plus engagées de cette économie qui détruit tout : la planète, les écosystèmes, la vie, mais également, plus près, au sein même de notre intimité, notre santé et l'avenir de nos enfants. Il y a donc vraiment un lien entre charge mentale et écologie. Et ce lien, il est urgent de le pacifier.

Partie 1 – Observer

Introduction

Une voiture haut de gamme, un boulot qui paie bien et une chouette femme qui s'occupera bien de mes enfants.
Boum !
Il y a eu comme une détonation dans ma poitrine. Et cette énorme secousse intérieure, c'était de l'effarement. Cet homme avec lequel je commençais à avoir un projet me vendait le contraire de la vie que je voulais. Non, en fait, je ne savais pas ce que je voulais mais je ne m'imaginais pas en ménagère.
Je n'aimais pas son odeur, ni la texture de sa peau. Cela ne m'empêchait pas de l'avoir déjà choisi comme père de mes enfants.

Trois ans plus tard, je donnais naissance à notre premier enfant. Quand il rentrait, les coliques étaient passées. Il donnait le bain à bébé. La nuit, il se levait et me l'amenait pour l'allaiter. Quand il était là, il partageait les tâches ménagères. Je m'ennuyais et j'étais frustrée. Je trouvais la vie routinière. Mentalement, je gérais très mal les coliques de mon bébé. J'avais rêvé d'un enfant mais avoir un enfant, c'est autre chose.

C'est moi qui ai déconné.
J'avais 25 ans. J'étais enceinte de notre deuxième enfant quand j'ai perdu du sang. À l'hôpital, le gynécologue m'a dit : « On ne va pas faire de curetage. On va le laisser partir naturellement ». À ce moment-là, mon homme était aux USA pour son travail. Le médecin ne m'a pas dit : « Ça va être très dur à vivre. Vous ne devez pas rester seule » ; il m'a juste demandé ce que j'allais faire. Je me suis dit que c'étaient *des affaires de femmes* et que son boulot était plus important : il l'apprendrait en rentrant, et voilà.

Je me suis donc retrouvée seule à attendre de perdre mon enfant. Et puis, je me suis réfugiée chez des amis. J'ai précisément senti quand ça se détachait à l'intérieur. Je suis allée aux toilettes. J'ai perdu des morceaux et l'hémorragie a commencé.

Couchée, j'entendais mon sang couler comme une source, sans s'arrêter. À l'hôpital, la transfusion m'a donné des boutons. Ma mère a pleuré.

Quand il est rentré, je n'étais plus enceinte.
De son côté, l'équation était simple, j'imagine : quand il est parti, j'étais enceinte de 3 mois et ça ne se voyait pas. Quand il est rentré, je n'étais plus enceinte, et ça ne se voyait pas. Voilà ce que je me suis raconté pour m'expliquer son absence d'engagement. Cet événement qui, pour lui, était peut-être une abstraction a scellé la fin de notre histoire et le début d'une autre histoire : cette fausse-couche m'a plongée dans une dépression profonde, symptôme d'une maladie auto-immune qui m'a tenue au purgatoire durant 32 ans. C'est le temps qu'il a fallu pour qu'un *n*-ième médecin pose l'hypothèse de ce syndrome au lieu de simplement me soigner pour ses symptômes.

Je n'avais jamais fait le lien entre le gros « boum ! » inaugural dans ma poitrine, la maladie auto-immune dont j'ai fait l'objet et la transition : ce sont les nombreux dialogues que j'ai entretenus avec des femmes dans le cadre de mon activité liée à la transition qui m'ont amenée à reconstituer ce puzzle et à concevoir l'idée que la transition collective ne parvient pas à s'opérer parce que nous l'envisageons comme un phénomène extérieur à nous : empiler les statistiques, constater les séismes et les incendies, *faire* des gestes écocitoyens, manifester… Nous tentons de la traiter avec l'appareil conceptuel qui nous aliène et nous a collectivement orientés vers l'impasse où nous sommes aujourd'hui. Et nous n'envisageons pas collectivement que c'est peut-être en nous tournant vers l'intérieur que nous pourrions trouver la lumière dont nous avons besoin pour envisager ensemble une existence émancipée des identités que nous avons accepté d'endosser. Nous pourrions alors contribuer de façon responsable à la transition.

Ainsi, j'ai toujours veillé à ce que moi et ma famille menions une vie saine. Dès le début des années 1980, nous avons vécu simplement, consommions peu, mangions bio, recyclions les déchets, modérions les cadeaux, avions un potager, vivions au grand air, évitions les médias. Jusqu'à ce que, récemment, j'entretienne ce dialogue assidu avec mes abonnées, ces nombreuses femmes dont les témoignages m'ont permis de mettre en lumière ce qu'est vraiment la charge mentale, je me croyais l'incarnation de *la femme en transition* auréolée d'une juste sobriété. J'étais impliquée dans la transition depuis les années 1970 (à l'époque, on parlait d'*écologie*), l'année du 1er choc pétrolier, 2 ans après la publication du premier rapport *Meadows* intitulé « Les Limites à la croissance (dans un monde fini) » réalisé par un groupe de chercheurs américains et qui porte sur l'impact écologique de la croissance économique et démographique.

Qu'est-ce qui me manquait pour être vraiment légitime ?
Ce qui manque à la plupart des gens, qu'on soit proche ou éloigné d'un mouvement de transition : le lien, l'amour, la sollicitude, l'empathie, la bienveillance, l'estime, l'acceptation, la joie d'être ensemble. Collectivement, on s'est tellement laissé bourrer le crâne, que, même en adhérant à des mouvements liés à la transition, nous ne voyons pas que nous sommes possédés par la logique dominante : nous ne voyons pas que *faire* ne suffit pas, que ce qui nous détruit, nous tous et le vivant dans son ensemble, c'est la méconnaissance de l'*être* en chacun et en tout ce qui vit et la méconnaissance du *lien* qui nous unit. Notre civilisation a relégué la plupart d'entre nous au rang de robots biologiques qui n'ont qu'une notion théorique de ce qu'est l'amour et qui, pour cela, sont dépourvus de passion et de vitalité.

En écoutant les témoignages de ces femmes, j'ai découvert que le déclenchement de cette maladie auto-immune dont j'ai souffert était d'origine systémique : elle résultait non d'un accident biologique mais de la maltraitance que je m'infligeais à moi-même à mon insu depuis des années.

Et donc, manger bio, OK. Mais l'essentiel est loin de là, car ce qui, dans mon cas, a fait la différence – et qui m'a ramenée de l'enfer – c'est un changement radical dans la qualité de mes pensées, de mes émotions ainsi que l'expérience de la reliance aux autres et à plus grand que nous : sortir de l'isolement, du *spleen nombriliste* et de la victimisation.

Nous nous sommes laissé convaincre qu'une bonne hygiène de vie consiste à s'alimenter sainement, s'entretenir physiquement, avoir une vie intime et sociale : c'est le discours ambiant depuis des années. Avec l'avènement des neurosciences, nous avons eu la confirmation que la vie affective et le lien social déclenchent des processus neuro-biochimiques qui nous maintiennent en santé et nous procurent bien-être et joie de vivre : déferlement de gaba, de sérotonine, de dopamine, d'ocytocine, inhibition du cortisol. Super !

Intégrer ce discours cognitivement ne suffit cependant pas : combien de mes interlocutrices me disent « Je le sais ! J'ai lu les livres ! » et se plaignent d'une vie émotionnelle et relationnelle misérable. Car ce qui fait la différence, ce n'est pas la croyance mais *l'expérience* récurrente de ces principes. Depuis des générations, la majorité d'entre nous sommes tellement habitués – autant du fait de notre éducation que par imprégnation culturelle – à la privation d'amour et d'acceptation, que nous avons intégré le manque dans notre structure au point d'être capables de vivre en étant orphelins de nous-mêmes. Avant même d'envisager d'aimer et d'accepter les autres, combien d'entre nous s'aiment-ils et s'acceptent-ils eux-mêmes ? Le nœud ultime de nos empêchements à contribuer ne se trouve-t-il pas là, dans l'absence d'amour de soi ?

Pour ma part, durant les 9/10èmes de mon existence, j'ai agi aux antipodes de ce que j'aurais pu faire pour aller bien, être heureuse et entretenir des relations familiales mutuellement stimulantes.

Nous avons toutes des explications à notre masochisme.
- Une ascendance sinistre : des grands-parents qui ont connu les migrations, le dépouillement, la déportation, l'emprisonnement, l'humiliation extrême, des morts tragiques, de sombres histoires d'argent.
- Des parents qui ont été séparés de leurs propres parents durant les guerres, qui ont connu leurs errements, frustrations et infortunes. À cela s'ajoute tout ce dont on ne parle pas au sein des familles et qui, pourtant, fait son chemin, coupant la descendance de sa vitalité et la confinant dans des mécanismes morbides qui sont incompréhensibles parce que marqués du sceau du secret.
- Une histoire propre qui est ce qu'elle est – plus ou moins tragique – mais qui va déterminer le cours de notre existence non du fait de son déroulement factuel mais du fait des représentations que nous nous en faisons. Car ce n'est pas ce qui nous est arrivé qui détermine notre degré de bonheur ou notre sentiment de réussite : c'est ce que nous nous racontons au sujet des événements que nous avons traversés. C'est le prisme que nous posons qui donne sens et rend l'histoire plus ou moins tragique ou plaisante.

Ainsi, quand je dis que j'ai passé 12 ans de ma vie à l'internat, mes interlocutrices affichent un air de désolation qui s'efface quand j'ajoute que ça a été une chance parce que ça a fait de moi *une enfant de l'école*. Avoir passé ma jeunesse à l'internat m'a permis d'aller à l'université et d'évoluer dans des milieux socio-culturels que je n'aurais pas connus autrement. Il y a autre chose : quand rapidement, à l'âge adulte, j'ai entendu les histoires d'enfance de mes amis, j'ai mesuré la chance que j'avais eue de ne pas grandir au sein de ma famille : à l'internat, hormis un épisode de harcèlement de la part d'une adulte dont j'ai été le bouc émissaire, je n'ai été maltraitée ni verbalement, ni physiquement. Certes, la négligence affective dont j'ai fait l'objet n'a pas été sans conséquences, mais au bout du compte, c'était *acceptable*. Or, j'ai constaté que peu de gens peuvent en dire autant. Ainsi, mes dialogues avec mes amis associés aux différents outils thérapeutiques auxquels j'ai eu recours m'ont permis de me raconter une histoire pacifiée où j'ai admis que mes parents ont fait ce qu'ils pouvaient avec le parcours et les ressources qui étaient les leurs, une histoire qui me permet d'apprécier les cadeaux qu'ils m'ont faits et que je perçois aujourd'hui comme un parcours initiatique : cette histoire m'a faite telle que je suis. Et conformément à ce qu'endurent certains héros, par moments, j'ai traversé l'enfer.

Réécrire son histoire dans une perspective qui nous amène à l'assumer, en quelque sorte, comme un *choix d'*âme, cela confère du sens et de la noblesse à ce qui nous est arrivé. On peut se dire que *quelque chose en nous a choisi* ces épreuves et que ceux avec qui nous avons interagi ont accepté leur rôle. On entre ainsi dans la dimension symbolique, la dimension du sens, vis-à-vis de laquelle la civilisation matérialiste, qui conditionne nos existences depuis plusieurs siècles, s'est attachée à nous rendre amnésique.

Revisiter son histoire, déceler le sens tapi derrière les enchaînements, ça demande de la curiosité, de la vigilance, peut-être des connaissances, du recul, et donc, du temps.

Mais nous n'avons pas le temps !

Quand, depuis plusieurs années, je pose cette question : « qu'est-ce qui t'empêche d'opérer ta transition (et celle de ta famille) ? », fréquemment, j'obtiens pour réponse : « je n'ai pas le temps ! ».
Les réponses font chœur, paradoxales : « Je suis au courant de l'état de dégradation du monde. J'ai peur. Ce n'est pas pour moi : je veux épargner des souffrances à mes enfants. Je me sens coupable. Je ne veux pas les priver. Je ne veux pas passer pour une mauvaise mère. Je ne fais rien parce que je n'ai pas le temps : je suis débordée ».

Derrière ces arguments, se profile la chimère de la charge mentale : elles parlent comme si les membres de leur famille étaient dans le coma et elles, condamnées à les servir à jamais.
Elles se posent en victimes démunies et croient qu'elles n'ont pas le choix. Bref, tout va vraiment très mal. On comprend dès lors aisément

que la transition (ou *l'écologie*, ou *l'environnement* suivant les personnes qui s'expriment) soit perçue comme une batterie de contraintes supplémentaires et leur apparaisse comme le trop-plein juste avant l'implosion, venant ajouter la touche finale à leur aliénation.

Et si, au contraire, la *transition* était le remède à la charge mentale ? C'est la conclusion à laquelle m'ont amenée tous ces dialogues qui, s'ajoutant les uns aux autres, m'ont permis de comprendre comment nous nous sommes laissé piéger, comment nous sommes les auteurs de notre malheur et comment nous pourrions en sortir pour co-construire ce monde dont la plupart d'entre nous n'ont même pas le temps de rêver.

1. De quoi parle-t-on ?

De quoi parle-t-on quand on parle de *transition*, d'*écologie* et de *charge mentale ?*

Il y a quelques années, quand je disais : « je travaille dans le domaine de la transition », on me répondait : « je suis en transition », me signifiant par-là que, suite à un burn out, on était en cours de reconversion professionnelle. En d'autres termes, la personne en question était occupée à passer du statut de salarié au statut d'indépendant avec la métamorphose intérieure que cela suppose.

À mesure que je fréquentais les milieux de la transition, j'ai découvert que l'adhésion à ce mouvement va souvent de pair, du moins chez les femmes avec qui j'ai parlé, avec un effondrement personnel : accident professionnel, accident de santé, deuil, burn out qui conduisent à une remise en cause radicale de son mode de vie et de ses valeurs.

Les personnes avec qui j'ai dialogué m'ont permis de comprendre que ces accidents de vie les avaient *réveillées* et confrontées à la question de la fragilité de l'existence – la leur et celle de leurs proches – et, du coup, à la question du *sens* et de la *valeur* de l'existence. Elles se sont alors mises à l'écoute de leur intériorité, de ce que leur corps, leurs penchants et leur intuition leur disaient, et ont constaté que les valeurs et le mode de vie qui avaient été les leurs jusque-là trahissaient la personne qui s'éveillait en elles. Elles ont découvert qu'elles avaient joué un rôle, réalisé un projet de vie qui n'était pas le leur et ont opéré un mouvement intérieur qui va de pair avec une envie d'honorer la vie en soi, de se relier à plus grand que soi et de contribuer à la transition vers un mode de vie durable.

Souvent, cela semble juste aux personnes qui ont connu un effondrement personnel de contribuer à l'édification d'un monde bâti sur des valeurs d'équité, de partage, de solidarité, d'inclusion, de sollicitude, etc. Les rapports de domination et l'exploitation, on n'en veut plus. Il en va de même avec les personnes qui changent d'activité professionnelle suite à un burn out : elles veulent se soustraire à l'aliénation à laquelle elles ont consenti dans le cadre de leur activité salariée et exercer un métier qui soit porteur de sens et vecteur de croissance contributive. L'égocentrisme frileux, c'est terminé.

S'observer, se mettre à l'écoute de ses mouvements intérieurs, accueillir la vie en soi, dans sa totalité, sans jugement, c'est une dynamique qui relève de la *permaculture humaine*.

Et *la transition,* finalement, qu'est-ce que c'est ?
Quand le terme de « transition » a émergé, il évoquait l'acte intentionnel de basculer d'un usage intensif des ressources avec des émissions élevées en CO_2*, et des communautés fragmentées, vers des communautés entretenant une culture plus saine, des économies locales plus résilientes et diversifiées, plus de connexion et moins de solitude, et plus de temps, de démocratie et de beauté,* voilà comment Rob Hopkins, fondateur du mouvement de la transition, parlait de la transition il y a quelques années.[1] Cette orientation va de pair avec de nouveaux mythes collectifs, avec des récits différents de ceux que l'idéologie capitaliste-patriarcale nous a vendus comme étant le reflet de la réalité.

La transition, c'est un ensemble d'initiatives citoyennes réparties dans le monde et qui ont pour objet de mettre en place, dès maintenant, la résilience de la population au niveau local, en prélude à l'avènement d'une ère post-pétrole dont la perspective se fait de plus en plus tangible.
Pour les citoyens, la pénurie de pétrole annoncée se couple avec une régression de l'économie de masse, des hypermarchés et de l'alimentation industrielle qui sont tributaires de la globalisation. Elle pourrait modérer les ravages que nous infligeons à la terre. À le formuler littéralement, on pressent que cela va nous demander de modifier nos systèmes de valeurs, nos modes de consommation et nos attentes en général.

On devrait donc progressivement assister à la reviviscence de l'écono-

---

1 Hopkins Rob, *From what is to what if*, Chelsea Green Publishing, 2019, p. 6.

mie et du tissu social au niveau local, perspective à laquelle le mouvement de la transition nous invite à contribuer dès maintenant. De nombreux territoires, communautés, villes et villages ont ainsi commencé à créer des écosystèmes plus ou moins autonomes et à relocaliser l'économie, les modes de production et les réseaux d'approvisionnement. Toutes ces initiatives favorisent la restauration d'une vie économique et sociale locale que la globalisation a progressivement réduite à néant depuis les années 1960.

Rob Hopkins n'aborde pas la transition sur fond d'effondrement : il communique sur un registre différent en racontant l'avenir à la lumière des nombreuses histoires que les gens construisent aujourd'hui, au quotidien. Les collapsologues parlent du point de vue de la science. Les poètes racontent des histoires et font appel au pouvoir de l'imagination pour susciter de nouvelles mythologies collectives. Ce n'est pas le combat des réalistes contre les utopistes : c'est l'expression de deux orientations anthropologiques complémentaires.

Dans les usages, on emploie alternativement les termes *transition* et *écologie* qui ne sont cependant pas synonymes.

Comme la *transition*, l'*écologie* inclut la notion de *système* et, alors que la transition propose de construire un modèle sociétal résilient, *l'écologie* propose de maintenir de l'équilibre dans les systèmes, quels qu'ils soient. On peut parler d'écologie au niveau de l'individu, au niveau social et en général. Aujourd'hui, quand les journalistes ou les gens concernés parlent d'*écologie*, ils évoquent basiquement la *préservation de la nature*, la *sauvegarde des écosystèmes* ou celle de l'*environnement*.
Ce n'est pas une définition académique du terme : je tente simplement de circonvenir la représentation que le public se fait de cette notion et à partir de laquelle il prend position.

C'est dans le cadre de cette conception restreinte de l'*écologie* comprise comme *la sauvegarde de l'environnement* que se développe le mouvement zéro déchet : on se donne pour projet de circonscrire notre contribution à la dégradation de la vie sur terre en endiguant les modes de vie induits par l'économie de masse, dont la surconsommation, notamment de produits contenus dans des emballages non-biodégradables.

Le mouvement zéro déchet est intéressant parce qu'en se focalisant sur le déchet, il offre la possibilité d'un redéploiement complet du mode de vie des individus et des familles. Il appelle donc à se responsabiliser vis-à-vis du vivant en redéfinissant ses habitudes et son mode de vie. Le mouvement zéro déchet est important parce que la lutte contre la pollution qui le motive s'étend, de fait, à la mise en cause de l'industrie agroalimentaire qui saccage et constitue en soi une menace pour le vivant dans son ensemble, les humains y compris.

Voilà donc en perspective une avalanche de remises en cause. Et c'est là que les objections se font jour : depuis quelques années, les implications d'un projet de vie zéro déchet sont régulièrement pointées comme ajoutant des couches de contraintes à la charge mentale des femmes.
Si je compare avec 1985, écrit Titiou Lecoq, *les femmes consacrent 35 minutes de moins par jour à cuisiner en 2010, ce qui s'explique par le développement des plats préparés, notamment en surgelé, la livraison de plats cuisinés et la prise de repas hors du domicile, trois explications qui posent le problème de l'articulation entre préservation de la planète et émancipation des femmes. Ce qui simplifie la vie des femmes n'est en général pas très décroissant et alourdit leur perpétuel processus de culpabilisation.*[2]

Changer ses habitudes, ça prend du temps et ça demande des aménagements au sein de la dynamique familiale : il va, en effet, falloir repenser le *système famille* et se libérer de cette évidence qui fait de la femme la domestique du foyer.

Pour en finir avec les précisions terminologiques, la charge mentale, telle qu'elle est couramment entendue, est un état d'accablement dont se plaignent beaucoup de mères de famille, qui résulte du fait qu'elles orchestrent l'intendance domestique et familiale 24 heures sur 24, et cela, qu'elles accomplissent ou pas les tâches en question, qu'elles soient chez elles ou ailleurs. La charge mentale implique que ces femmes n'ont jamais le cerveau en vacance, ni disponible à 100 % pour d'autres tâches, notamment professionnelles, ce qui hypothèque leur épanouissement professionnel et en pousse beaucoup au bord de la crise de nerfs. Pour une définition plus académique de la charge mentale, je vous incite à vous reporter au livre d'Aurélia Schneider *La Charge mentale des femmes et des hommes*.

---

2 Lecoq Titiou, *Libérées ! Le combat féministe se gagne devant le panier de linge sale*, Fayard, 2018, p. 23.

2. Les femmes et la transition

Du fait qu'encore aujourd'hui, l'usage assigne aux femmes l'économie du foyer, ces dernières possèdent une empreinte assez considérable en matière de consommation. On pense notamment à l'alimentation, aux vêtements, à l'équipement de la maison et à la décoration. Cependant, des domaines a priori moins évidents comme le secteur de l'automobile ou celui de l'immobilier constatent une croissance très nette du rôle des femmes dans la décision d'achats : soit elles achètent, soit elles sont les instigatrices des achats, ce qui laisse entendre que les leviers de la consommation se trouvent largement entre les mains des femmes.[3] En fait, le pouvoir d'achat des femmes est un phénomène connu depuis au moins un siècle et dont Edward Bernays parle dès 1928 dans son livre *Propaganda*, un ouvrage précurseur dans l'histoire du marketing de masse. J'évoquerai plus loin ce livre et son auteur qui ont joué un rôle clé dans le développement de l'ingénierie sociale en général.

Du côté des alternatives, les mouvements végane, minimaliste et zéro déchet, les créatifs culturels, tout ce qui est dynamique d'évolution et de changement dans l'esprit de la transition vers un modèle sociétal durable, y compris à l'international, sont portés par des femmes dans une proportion qui oscille entre 70 et 100%.[4] Que les femmes constituent le gros des troupes n'a rien de surprenant : c'est lié à nos héritages culturels, plus qu'à notre biologie. Bien au-delà de notre éducation, au cours des siècles, nous avons été conditionnées à prendre en charge les activités relevant de l'axe de la sollicitude et de la prévenance. De ce fait, les femmes sont les agents quasi désignés de la résilience telle que Rob Hopkins l'envisage : apprivoiser l'avenir en l'anticipant.
Dans la mesure où les engagements mentionnés ci-dessus – végétarisme, véganisme, zéro déchet, etc. – s'opèrent principalement dans la sphère privée, on reste, là aussi, dans les domaines assignés aux femmes depuis des lustres. Ainsi, dans *Planète végane*, Ophélie Veron pointe que le mouvement végane est porté à 95% par les femmes, en particulier les blogueuses qui, au-delà d'un mode d'alimentation, propagent discrètement une éthique associée à un mode de consommation qui s'avère aujourd'hui indispensable en termes de résilience globale. Idem pour Jérémie Pichon et Bénédicte Moret de la *famille [presque] zéro déchet* dont la page Facebook est fréquentée à près de 90% par des femmes.

---

3 http://www.newsroom-publicismedia.fr/les-femmes-et-la-decision-dachat-dune-automobile

4 Sources : Jérémie Pichon, Ophélie Veron, Vincent Commenne et de nombreuses animatrices d'ateliers.

En ce qui concerne la visibilité des engagements, Ophélie Veron signale que les femmes se positionnent différemment des hommes sur la planète végane : par contraste avec les hommes et les jeunes qui s'engagent dans des formes publiques d'activisme en allant manifester, sauver des animaux, bloquer des abattoirs et cela, à visage découvert, la majorité des femmes agissent dans l'espace fermé de leur foyer et cela, souvent, de crainte d'être séparées de leurs enfants, au cas où les actions donneraient lieu à des actes de violence, voire des incarcérations. Il en résulte que les engagements, pourtant bien réels et massifs des femmes, restent inaperçus tandis que les médias mettent les hommes en valeur. Comme en témoigne sur son blog Marie Duboin, co-auteure de *J'arrête de surconsommer*, on ne saurait dès à présent suffisamment souligner le rôle des médias dans la relégation des femmes aux marges de l'action citoyenne, dans des rôles stéréotypés et perçus comme anecdotiques de *ménagères* s'occupant d'intendance, tandis que les hommes sont considérés par les journalistes comme pensant l'action et tenant des propos qui font date.

Perpétuant un clivage millénaire, la majorité des femmes accomplissent leurs engagements à l'intérieur, dans l'espace de leur foyer, tandis que les hommes occupent la scène publique, apparaissant comme les figures de proue des mouvements liés à la transition. Ce sont eux qui, majoritairement, réalisent les films, écrivent les livres, animent conférences, ateliers, *workshops* – ateliers collaboratifs –, etc., sont invités par les médias, interviewés, ce qui est une occasion supplémentaire de constater que les *alternatives* se déploient au sein de la matrice capitaliste-patriarcale.

De son côté, dans son *Petit manuel de résistance contemporaine,*[5] Cyril Dion considère que le fait d'attribuer l'essentiel de la dégradation de la biosphère au monde industriel nous déresponsabilise, nous, citoyens. Il rappelle notamment que la consommation est la finalité de l'activité industrielle. Et il est vrai que, sans exonérer le monde industriel de sa responsabilité, en tant que consommateurs, il nous appartient d'interroger nos modes de vie et habitudes de consommation. Comme on vient de le redire, le consommateur étant plutôt une consommatrice, dans l'intimité du foyer, on ne peut que constater que les femmes détiennent un levier de changement monumental, puisqu'elles décident très majoritairement de ce que l'on va consommer, et manger en particulier. Or, ce levier, proportionnellement à ce qui serait nécessaire, force est de constater qu'il reste pratiquement intouché. La très large majorité des femmes ne

5 Dion Cyril, *Petit manuel de résistance contemporaine*, Actes Sud, 2018.

semblent, en effet, pas opérer le lien entre la consommation quotidienne de leur foyer et la responsabilité de l'agro-industrie dans l'opération de destruction massive infligée au vivant. Dans la mesure où ce sont aussi les femmes qui dénoncent les traitements infligés aux animaux dans les abattoirs et se plaignent du fait que l'*on nous fait manger n'importe quoi* à chacun des scandales qui secouent l'agro-alimentaire, la dissonance cognitive a encore de beaux jours devant elle.

Cette gigantesque poche immobiliste que constitue la consommation des foyers, Pablo Servigne la pointait en 2014 dans *Nourrir l'Europe en temps de crise*,[6] lorsqu'il écrivait que, *du côté de l'usager, le plus grand obstacle à la transition écologique et sociétale se situe dans les supermarchés et les foyers*, un binôme *traditionnellement* lié aux femmes et dont l'éclatement scellerait, en effet, un tournant décisif.

Aux yeux du public, la justification majeure du succès des supermarchés réside dans le fait d'assembler une offre globale dans un espace unique : c'est censé faire gagner du temps. On reste ainsi dans la logique de la propagande de l'économie de masse qui, depuis les années 1950, sous prétexte de *faciliter la vie des ménagères*, démultiplie une offre déjà pléthorique tandis que les usagères en question surconsomment sans discontinuer. Le revers cauchemardesque de la médaille, c'est qu'en continuant à fréquenter ces temples de l'agro-industrie et de l'économie globale sans repenser nos habitudes de consommation, nous sommes à chaque achat, et à chaque repas, occupées à contribuer à l'éradication de la vie sur Terre.

Alors que nous apparaissons comme la pierre angulaire du problème et de sa solution dans la sphère de la consommation citoyenne, qu'est-ce qui nous *oblige* à consommer de plus en plus frénétiquement et nous empêche de contribuer au changement sociétal ? La charge mentale, ses modalités et toutes les couches d'aliénation qu'elle présuppose.

Le profil des femmes déjà engagées dans la transition nous indique que nous sommes, en quelque sorte, *formatées* pour assurer la transition dans la sphère domestique où nous faisons preuve d'un *leadership* avéré – même s'il passe inaperçu et cela, d'abord à nos propres yeux –. Ainsi, alors qu'il a traversé les siècles dans une invisibilité axiologique orchestrée, le foyer pourrait aujourd'hui s'affirmer comme un creuset où opérer une mutation décisive.

---

6 Servigne Pablo, *Nourrir l'Europe en temps de crise*, Les Amis de la Terre, 2014, p. 122.

Reste aux femmes sensibilisées et non encore engagées à se révéler/réveiller pour manifester qui elles sont et embrasser ce choix qu'elles ont intérêt à prendre, à titre personnel d'abord, dans un acte d'égoïsme sain.

Comment y parvenir ?
Les promoteurs du changement sociétal sont nombreux à se demander pourquoi le public reste inerte face aux messages d'alerte qui vont s'intensifiant. Persuadés que le problème est du côté du destinataire, ils énoncent des listes de freins à l'engagement, sans envisager que le problème pourrait se situer de leur côté, de celui de l'émetteur. À ce titre, peut-être des notions de marketing, d'économie comportementale ou de pédagogie aideraient-elles à discerner si l'énoncé de chiffres et de statistiques accompagné d'appels au devoir suffisent à mobiliser les gens. Aujourd'hui, on évoque l'évolution de l'état du monde à coup de données chiffrées censées répondre à des critères d'objectivité et de rationalité, reflétant seuls la vérité des choses. Relevant des sciences dures, proférées uniquement par des hommes, parfaitement légitimes, donc, au lieu d'inspirer le passage à l'action, ces données engendrent peur et anxiété.
Notre époque refoulant la culture aux marges des préoccupations, les émotions, les récits, les images et l'imaginaire en général s'en trouvent disqualifiés. Or, ces derniers pourraient représenter un levier propre à mobiliser les femmes, des publics gagnés d'avance et qui, par ailleurs, se laissent conter des fables au quotidien. Nous y reviendrons.

À l'écoute des femmes avec qui j'ai dialogué, j'ai compris que la transition était le remède à la charge mentale et le chemin vers l'émancipation et la liberté d'exercer à l'extérieur du foyer un *leadership* affranchi des limitations liées à l'intendance domestique.
J'ai compris que la transition était *genrée* au féminin, que l'engagement envers le collectif présupposait le choix d'une transition personnelle qui relève de la permaculture humaine et d'un dépouillement personnel choisi. Empruntant ces directions, la transition se vit comme une voie désirable, non comme un chemin de privation.

3. De quoi se plaint-on ?

Dans ce chapitre, je donne la parole aux femmes avec qui je dialogue depuis plusieurs années. Ce ne sont pas toujours les mêmes qui s'expriment mais leurs témoignages convergent pour faire sens ensemble.

Ces personnes qui restituent leur expérience avec nuance et sincérité sont des femmes actives, mères, dont l'âge varie entre 30 et plus de 50 ans. Elles ont fait des études supérieures allant jusqu'au doctorat et, à plus de 60%, elles exercent un métier lié à la relation d'aide (enseignante, avocate, médecin, infirmière, thérapeute, ostéopathe, énergéticienne, vétérinaire, manager dans une organisation non gouvernementale (ONG), etc.).

La problématique principale à laquelle elles se heurtent est celle de l'aliénation au sens d'un *processus par lequel un individu adopte une autre identité, qui agit à son détriment,* une définition qui reflète adéquatement, me semble-t-il, les expériences qui sont évoquées ci-dessous.

Selon mes interlocutrices, la *charge mentale* telle qu'elles en font l'expérience inclut la relation à des *autres* qui incarnent une norme extérieure d'où résultent des décisions personnelles qui nuisent à leur intérêt, leur équilibre émotionnel et mental, leur bien-être, leur liberté et leur désir d'accomplissement.

Comment se détacher du regard de l'autre ?

Comment échapper à la pression sociale, familiale qui s'exerce sur soi et qui nous impose de faire des choses qui nous éloignent de notre élan de vie, qui nous poussent à ressembler àce à quoi on croit devoir ressembler ?

Élodie

J'arrive à peu près à sauver les apparences… ce qui est crevant… et en même temps personne ne me voit vraiment vivre, mais ça fait au moins un an que j'ai de moins en moins d'énergie et de courage pour le quotidien… et un mental envahi de tout et n'importe quoi, mais trop agité…

Virginie

J'ai un besoin de maîtrise et de perfection, qui m'empêche d'accepter l'état de mon appartement. J'ai peur du regard des autres si ma maison n'est pas bien décorée, mes enfants pas inscrits aux bonnes activités.

Laurence

Si je pouvais déjà me débarrasser de cette culpabilité face aux solutions toujours évidentes de la génération précédente. Ils ont l'air de tout savoir !

Fanny

J'ai peur d'être rejetée par les autres si je déplais. Je suis accablée par ce que je projette de comment il FAUT être, comment l'on DOIT se comporter en société.

Françoise

Culpabilisation de la société : je culpabilise beaucoup pour plein de choses.

Jessie

Je suis coincée dans une série d'impasses en cascade qui m'empêchent de prendre des décisions.

Je voudrais démissionner de mon boulot actuel mais j'ai peur de me retrouver sans travail ; j'éprouve de la culpabilité par rapport à mon équipe : j'ai l'impression de les laisser tomber.

Je voudrais profiter de mes enfants et sortir de la routine quotidienne ; par exemple, les récupérer à l'école/chez la nounou, bain, repas, coucher. Je sais que je devrais lâcher prise sur certaines choses et accepter que tout ne soit pas parfait : maison pas rangée, lessive pas faite, pâtes deux soirs de suite, … mais j'ai peur de laisser la maison dans un état épouvantable et du regard des autres si je donne la priorité à d'autres choses que les tâches ménagères.

Je voudrais prendre du temps en amoureux avec mon mari. Je pourrais faire garder les enfants pour une soirée, une journée, un week-end, … mais j'ai peur de faire galérer la personne qui gardera nos enfants car en ce moment, leur endormissement est long et difficile. De plus, j'éprouve de la culpabilité par rapport à mes enfants. J'ai l'impression de les abandonner.

Alexandra

J'ai peur de décevoir, mais je crois que c'est déjà fait !

Zoé

J'ai peur d'être perçue comme un mauvais parent.

Vanessa

Ce besoin irrépressible de défendre une image de soi aux yeux des autres va de pair avec un sentiment de culpabilité bien ancré : on intériorise le regard jugeant que l'on prête aux autres et pour préserver les apparences, on devient son propre bourreau.

Pour tout ce qui touche aux travaux manuels et aux apprentissages auxquels j'aimerais m'adonner, le manque de temps engendre un sentiment d'égoïsme. Je me retrouve bien dans l'expression « sentiment d'imposture ».

Charlotte

J'éprouve de la culpabilité à prendre du temps pour moi et de priver mes enfants et mon mari de ce temps. En réfléchissant, si je suis mieux, cela leur sera bénéfique... Mais je n'arrive pas à franchir le pas. J'éprouve aussi un sentiment d'imposture au travail si je ne « fais pas mes horaires » pour dégager un peu de temps personnel.

Cécile

J'ai des difficultés à prendre du repos et donc du recul...

J'ai un sentiment de culpabilité quand je fais une toute petite pause !

Je me demande comment déculpabiliser quand tout n'est pas parfait à mon sens, comment ressentir moins de culpabilité.

La persévérance, j'ai l'impression que je n'y parviendrai jamais.

Aurélie

J'aimerais me faire chouchouter durant tout une après-midi mais je me sens coupable de dépenser pour moi, de prendre du bon temps pendant que quelqu'un d'autre garde mes enfants.

Magalie

Comme le laisse filtrer l'un des témoignages ci-dessus, la culpabilité se double du perfectionnisme, indissociable d'un besoin de contrôle et d'une intolérance à l'imprévu souvent liée à un sentiment d'insécurité.

Comment déculpabiliser quand tout n'est pas parfait ?

Nathalie

Je suis très perfectionniste : je ne sais pas faire les choses à moitié !

Comment renoncer à faire tout et tout bien et à le vivre bien ?

En définissant des priorités dans mes attentes ?

En donnant plus d'autonomie à mes enfants ?

En réduisant le contrôle et les attentes que je pose sur mon conjoint qui est père au foyer ?

Karine

On devine ici une ambiance familiale qui n'est pas émancipatrice pour grand monde et l'on s'approche de l'ergomanie quand s'ajoute à tout cela, la conviction que tout est important et mérite une attention égale.

Un surcroît de « devoirs », de tâches… faites sans penser à soi.

Aurélie

Je suis prise par TROP de choses. J'ai eu énormément de changements en 2 ans : travaux, naissance, maladie… En gros de très beaux projet se sont réalisés et en même temps j'ai dû affronter la vie de plein fouet, ce qui m'a vraiment fait réfléchir à l'avenir.

Je cours beaucoup entre le travail et la vie de famille. Je suis dans le trop.

Anne

En tant que femmes, nous sommes les seules à porter la responsabilité.

Je dois tout gérer seule au sein de la maison.

C'est moi qui suis seule à tout gérer au quotidien pour les enfants.

Je pense sans arrêt aux tâches du quotidien et à la gestion de la maison / des enfants.

Anne-Laure

Je suis dans le fonctionnel en permanence.

Je vis en pilote automatique depuis un bon moment. Je tourne en rond. J'en ai marre d'être toujours dans le faire, en pilote automatique ; marre de courir sans cesse, et de subir les bouchons !

Marie

Je n'arrête pas de penser. J'ai le mental qui fonctionne tout le temps.

Trop anticiper, ça me met un poids constant sur les épaules et en arrière de la tête. C'est un souci permanent, un poids de responsabilités et de préoccupations constantes.

C'est trop de tout ! Trop de « devoirs » à accomplir en ayant tout sur les épaules.

Élodie

Le sentiment d'insécurité et l'anxiété se cristallisent souvent dans le mot « peur » qui surgit au détour de pas mal de confidences.

J'ai peur d'être une mauvaise mère et de créer chez mes enfants des manques ou des névroses.

Je me rends compte que derrière ce prétendu manque de temps se cachent plusieurs peurs : peur d'imposer mes choix, peur de quitter mon confort/ma routine, peur de demander de l'aide pour s'occuper des enfants, sentiment de culpabilité si je prends du temps pour moi.

Élodie

Je ne peux pas réaliser des choses pour moi. Je suis figée par l'anxiété.

Comment me poser moins de questions et prendre davantage les choses comme elles viennent ?

Comment retrouver une légèreté mentale ?

Comment redevenir plus sereine ?

Je n'arrive pas à voir le côté positif des choses : j'ai souvent tendance à anticiper le pire des situations…

Aurélie

Pour moi, la charge mentale, c'est se réveiller le matin trop tôt, après une nuit trop courte, pour se sentir submergée par tout ce qu'il y aura à faire de cette nouvelle journée comme devoirs emmerdants, sans se sentir une once de courage ou d'énergie, des idées plutôt grises…

C'est une impression d'avoir le disque dur complet !

C'est être trop dans ma tête et pas assez dans l'action ou le lâcher prise et c'est m'assommer l'esprit de pensées négatives.

Virginie

Comment gommer la petite voix de l'ego ou du mental qui me décourage tout de suite avant de commencer : « c'est difficile ! », « Tu ne vas pas y arriver ».

La peur de me tromper : de partir et de regretter mon choix, ce qui va peut-être de pair avec peur du changement, peur de faire des choix. La peur du conflit également. Je me bloque chaque fois que le ton monte, je ne sais pas répondre à l'agressivité et me culpabilise tout de suite. Alors entamer une discussion avec mon mari me paraît impossible.

Valérie

Le frein principal est la peur. Peur de changer, de sortir de ma zone de confort et d'être moi-même ; peur du regard des autres (et notamment de mes parents) ; peur de lâcher prise et problème de confiance en l'autre ; peur des répercussions notamment financières pour ma famille ; et enfin, sûrement un manque de courage, ce qui est paradoxal car je suis plutôt une personne courageuse, en principe.

Peur de manquer d'argent, de ne pas être capable et de priver les autres au profit de mes envies et besoins. (Constat qui m'ouvre les yeux sur le travail à faire !)

Pas assez confiance en moi quand je suis en solo, peur de quitter mon travail de ne pas avoir d'argent pour vivre comme bon me semble, peur de me lancer. Comment démarrer ? Comment faire ? Où me renseigner, auprès de qui ? Peur de demander de l'aide. Difficultés à m'imaginer dans une situation moins prédéfinie, moins classique. Peur d'être différente. Peur de ne pas consacrer assez de temps à mon bébé.

Aline

Mon problème, c'est le choix : la peur de faire des choix, et donc potentiellement le MAUVAIS choix et ce qui va avec : la peur de devoir renoncer à d'autres choses. Ce n'est pas nouveau : j'ai toujours été une indécise ! C'est comme si je préférais avoir des tas de projets virtuels (potentiellement jamais réalisés) plutôt que faire une seule chose pour de vrai.

Hélène

La peur de la COMPARAISON : et si mes associés étaient de meilleurs médecins que moi ? Et si les gens préfèrent prendre rdv avec eux ? Et peur qu'on ne s'entende pas bien et qu'il y ait une mauvaise ambiance…

Laurine

Envie de me séparer… Évidemment je n'ai pas envie de faire de la peine à mon compagnon (je ne l'aime plus mais je ne le déteste pas non plus et j'aimerais qu'on puisse rester amis) et encore moins à notre enfant… Peur de bouleverser un équilibre malgré tout confortable. Peur d'assumer la responsabilité de ce chamboulement dans nos vies (eux n'ont rien demandé), du retentissement sur notre entourage (familles avec qui ça se passe bien, groupe d'amis communs etc.) et puis surtout peur du conflit… voire phobie du conflit. Je suis du genre très discrète qui s'écrase dès que le ton commence à monter et qui évite au maximum les confrontations… Alors rien que l'idée de devoir lui annoncer et expliquer ma décision et affronter sa réaction ça me terrorise.

Nathalie

Un frein qui est presque lié à toutes mes envies : la peur, la peur des autres, la peur de l'échec mais aussi la peur de la réussite et la peur du changement.

Karine

Tout ce contexte culmine dans l'abnégation et le déni de ses propres besoins, de ses intérêts, de son équilibre émotionnel et mental, de son bien-être, de sa liberté et son accomplissement. La responsabilité qu'on impute aux autres, on l'a intériorisée et l'on est soi-même l'artisane de son malheur.

Je me sacrifie pour les autres.

Élise

J'ai toujours fait passer les autres avant moi-même.

Muriel

Je n'attends rien en retour.

Elodie

Si je ne le fais pas, qui le fera ?

Nathalie

C'est un surcroît de « devoirs » de tâches…faites sans penser à soi.

Valérie

Le carcan domestique dans lequel je me suis enfermée.

Jessie

Certes j'ai un super boulot (en tout cas vu de l'extérieur), mais il ne m'épanouit plus. Je voudrais trouver un job qui me correspond plus, qui a plus de sens et colle davantage à mes valeurs. Et surtout je voudrais un job où j'aide concrètement les autres.

Élodie

Dans un tel environnement, la relation avec le conjoint et la famille est entravée par une communication pauvre qui alimente le mal-être.

Mon conjoint ne veut pas ralentir au travail et, souvent, est absent de la maison.La situation ne me convient pas mais je n'ose pas lui parler.

Élise

Je voudrais me faire obéir de mes enfants, être écoutée, entendue, comprise…

Marianne

Il y a des tensions au sein de notre famille recomposée.

Le refus des autres de prendre leurs responsabilités au sein du foyer. Ça me pèse vraiment.

Je devrais oser dire à mes proches à quel point je n'y arrive plus.

Toute la famille est tellement habituée à ce que je fasse tout…

Je voudrais faire participer les autres membres de la famille aux tâches quotidiennes sans prise de tête à chaque demande. Nathalie

Je voudrais retrouver une relation apaisée dans ma vie de couple et ma vie de famille.

Laurence

Et l'ambivalence vis-à-vis de la parentalité se fraie une expression à peine voilée.

Je voudrais pouvoir passer du bon temps avec mes enfants sans que cela soit vécu comme un effort de ma part.

Sonia

J'ai sacrifié ma vie professionnelle pour suivre des traitements de plus en plus lourds pour avoir mon fils. Et aujourd'hui, même si j'ai réussi cela et j'en suis super heureuse, j'ai l'impression que je ne suis bonne à rien professionnellement et même parfois à la maison.

Bénédicte

Je suis en recherche mais ce n'est pas évident de trouver dans le marketing : les places sont chères ! Et puis avec deux petits dans les pattes, ça l'est encore moins…

Élodie

Je dois faire le deuil d'une carrière professionnelle plus ambitieuse pour avoir plus de temps pour ma fille. Je dois faire un travail d'acceptation.

Eugénie

me soustraire. À peine adolescente j'ai donc adopté un credo *No Conso*.

Quand j'ai suivi ma formation en communication à l'université catholique de Louvain (UCL), désireuse de comprendre la fascination qu'exerce la presse à sensation sur son lectorat, je me suis composé un cocktail de cours centrés sur la culture et la communication de masse. Cela m'a permis de comprendre la logique de l'influence de masse et de percer l'un des mystères par lesquels tant de personnes sensibilisées aux problèmes environnementaux restent plantées là à ne rien faire alors même qu'elles sont convaincues de l'urgence d'agir : le conditionnement, les émotions et l'hypnose font bon ménage au pays de la consommation de masse et de la massification culturelle.

Et puis, quand je me suis mise en couple, je suis tombée dans le panneau dans lequel tombent la majorité des femmes et des couples en général : en dépit de nos bonnes intentions et de l'engagement de mon homme de ne pas me laisser tout le ménage sur les bras, quelque chose a foiré. Et il m'a fallu des années pour comprendre ce qui avait fait chavirer ce vaisseau. Comme le dit Esther Perel,[10] quand deux personnes s'unissent, ce ne sont pas seulement deux individus mais aussi leur histoire et leurs parents présents en chacun d'eux qui font alliance. Une fois la lune de miel passée, on se retrouve face à face, ne se connaissant pas vraiment l'un l'autre et ne se connaissant même pas soi-même.
Et comme nous n'avions pas appris à communiquer – ni de façon générale, ni spécifiquement au sein du couple – nous communiquions mal : je me plaignais, je faisais des reproches et des procès d'intention. Je me sentais aussi très bien dans le rôle de victime. À cette époque-là, je ne m'en rendais pas compte et cela m'aurait coûté de l'admettre. Quant à lui, les Jésuites lui ayant appris à ne parler qu'utilement, il se taisait.

Rapidement, j'ai pensé que je m'étais trompée de vie : moi, je voulais continuer à étudier. Et c'est ce que j'ai fait. Pendant les journées d'école de mes enfants, j'allais suivre mes cours à l'université.
À cette époque-là, j'ai déclenché cette maladie auto-immune qui, comme je l'ai déjà évoqué, m'a tenue en latence pendant 32 ans : j'étais épuisée, déprimée et j'ai pris du poids. Il y a à peine quelques années, un simple médecin de famille m'a sortie de cette impasse. J'ai alors revu ma notion de *l'hygiène de vie* : en plus de manger sainement, je me suis mise à m'accorder du temps pour ne rien faire, prendre les transports en commun, cultiver mon jardin… J'ai ainsi constaté que les activités concrètes – cuisiner, jardiner, prendre les transports en commun,

10 Perel Esther, *Je t'aime, je te trompe*, Pocket, 2019.

voir mes amis – tout cela me coupait de ce qui me tient en haleine et cela m'apportait de l'équilibre. À cette époque-là, je n'avais cependant pas encore compris que le carburant principal de ma souffrance, et la cause principale de la maladie dont j'avais fait l'objet, c'était le ressassement, le pessimisme et ce qu'on appelle communément *les pensées négatives*.

Suite à ma découverte de Pablo Servigne en 2017 et au constat que c'était la charge mentale qui empêche les femmes sensibilisées d'opérer leur transition, j'ai exploré trois de ces mythes qui maintiennent les femmes dans la confusion et les paralysent, leur donnant l'impression que leur situation est insurmontable.

Ce que vous allez découvrir ici peut peut-être vous aider à convertir cette culpabilité avec laquelle la plupart d'entre nous négocient au quotidien, en levier de responsabilité ; une idée de l'expression *réussir sa vie* peut-être plus ajustée à votre réalité authentique. Peut-être allez-vous aussi entrevoir comment être plus dans le partage dans votre vie privée. Cela dit, si vous cherchez des *petits trucs pratiques* à faire au quotidien pour améliorer votre existence, la plupart des articles et livres consacrés à la charge mentale sont plus généreux en conseils que je ne le suis ici.

4.1. Le mythe de la femme parfaite

Le *mythe de la femme parfaite* suscite une quête de dépassement sans limites assortie d'un sentiment de culpabilité et d'une crainte constante d'être jugée qui peut vous conduire, par exemple, à sacrifier la joie de vivre de vos enfants à l'*harmonie* de votre intérieur.

Quand j'étais enfant, ma mère habitait un appartement qui devait être parfaitement rangé en permanence *au cas où* quelqu'un débarquerait à l'improviste.

Comme je passais ma vie à l'internat, je n'étais là qu'un week-end sur deux ainsi que les vacances et cet appartement qui attendait en vain la visite du roi d'Espagne m'empêchait de vivre car, bien évidemment, en l'absence de ma mère, je vivais : je mettais du désordre, signe de ma vitalité et de ma créativité. De ce fait, au regard des exigences de ma mère que j'avais intériorisées, j'avais l'impression de mal faire en permanence à un point tel que, juste avant son retour du travail, souvent je m'empressais de passer l'aspirateur et de prendre les poussières dans l'espoir de m'épargner ses reproches. Mais quel que soit l'état de l'appartement, dès son retour, rituellement, elle époussetait et passait l'aspirateur.

À l'opposé, forte de sa propre expérience, Charlotte Ducharme, auteure de *Cool parents make happy kids,*[11] m'a confié être persuadée que le fait de vivre ses passions la met dans une énergie ultra-positive qui contamine l'ensemble de sa famille. Cette dynamique incite ses enfants à prendre des initiatives d'ordre logistique et tout se déroule *à la cool* : dans la famille de Charlotte (avec un conjoint et 3 enfants), on met l'amour et la joie de vivre ensemble au milieu et on organise le reste comme on peut. Ça signifie qu'on peut oublier de faire sa toilette, qu'on peut oublier le cadeau d'anniversaire, qu'on peut laisser du désordre. Et tant pis pour les éventuelles conclusions que d'autres pourraient en tirer.

Voilà donc une question pour vous : au fond, où situez-vous l'essentiel, la réussite, le bonheur ? Dans la joie de vivre ensemble, de partager ses passions et de voir ses enfants devenir autonomes, ou dans le fait d'offrir à des regards hypothétiques une maison où ne subsiste aucune trace de vie ?

Dans *Libérée*, Titiou Lecoq évoque ainsi l'esthétique aliénante des photos d'intérieurs que l'on trouve sur Instagram, des photos toutes identiques qui imposent insidieusement l'idée que la vraie vie se déroule dans une alcôve d'un catalogue Ikea, une pseudo-norme domestique qui évacue la vie et ce qui en résulte : le désordre et la saleté. Globalement, en glamourisant à outrance les espaces de vie, les photos que l'on trouve sur les réseaux sociaux imposent une norme culpabilisante de plus, qui a pour effet de renforcer les injonctions intériorisées à l'ordre et la propreté, autrement dit, une norme qui procède à l'évacuation de toute expression de la vie.

Et cette vision hygiéniste de l'intérieur n'évacue pas que les microbes : elle exclut la vie elle-même et disqualifie la vitalité de ceux qu'en principe on aime le plus, nos enfants, provoquant ainsi une désaffection névrotique de ce que doit être un espace de vie : paradoxalement, un espace sans vie.

Cette histoire de *femme parfaite* est une construction idéologique héritée, dont Titiou Lecoq fait remonter l'origine à la seconde moitié du XIXème siècle, à l'époque de l'hygiénisme.

11 Ducharme Charlotte, *Cool parents make happy kids,* Marabout, 2017.

Durant cette période où la tuberculose fait encore des ravages, dit Lecoq, la propreté s'impose comme une mesure de prévention des épidémies. Reste donc à enseigner aux femmes à garder le logement propre, tâche que l'État entreprend en lançant une vaste campagne d'éducation des futures ménagères.
Tout au long de leur scolarité, écrit Titiou Lecoq, les filles apprennent le B.-A.-BA de la bonne ménagère.[12]

S'assurer de transmettre aux femmes de bonnes valeurs ménagères, c'est aussi s'assurer de leur vertu. Il y a dans ce bourrage de crâne toujours le même intérêt à la fois très moral et pragmatique : tenir les femmes en permanence occupées. La bonne ménagère trouve toujours quelque chose à faire dans sa maison. Elle fuit l'oisiveté. Pour l'en convaincre, on la menace. L'harmonie de sa famille dépend de l'ordre de son foyer. […]
À toutes celles qui s'étonnent de mal supporter le désordre, dites-vous que, après l'Église, l'État s'est donné un mal considérable pour former artificiellement ce trait de caractère. Aux mecs qui disent : « Mais moi je ne lui demande rien. C'est elle qui se surcharge avec plein de conneries », dites-vous que ce n'est que le résultat d'un long entraînement. Et à celles qui se plaignent : « C'est à cause de ma mère, c'est elle qui m'a refilé sa maniaquerie », rappelez-vous qu'elle aussi a été longuement formée. […] Vous n'êtes pas habitée par une puissance occulte qui prend possession de vous. Vous êtes simplement des descendantes. Vous avez incorporé des comportements.
Dans l'ouvrage scolaire La Fillette bien élevée, *paru en 1901, on peut lire : « il faut qu'elles prennent de bonne heure des habitudes qui leur deviennent une seconde nature, de bonnes habitudes qui exercent sur elles pour toute leur vie une tyrannie bienfaisante ».*
Un autre trait moral sur lequel l'enseignement ménager insiste lourdement, c'est l'acquisition de comportements de dévouement. Il ne s'agit pas seulement de prendre soin des autres, mais carrément de s'oublier soi-même au profit de l'autre. Dans un autre ouvrage scolaire, Suzette, livre de la maîtresse, *on lit : « Son rôle en un mot est de s'oublier et de se sacrifier pour tous ».*[13]

Ces mécanismes de conditionnement orchestré des femmes pour en faire des ménagères dévouées, nous allons les retrouver décrits en détails dans *La Femme mystifiée*, un livre de Betty Friedan, une auteure américaine, qui constituait l'un des incontournables de la littérature fé-

12 Lecoq Titiou, op. cit., p. 62.
13 Lecoq Titiou, ibid., pp. 67- 68.

ministe, lors de la deuxième vague du féminisme dans les années 1960. Depuis plus de 4 siècles, nous vivons dans la civilisation capitaliste et nous croyons inconditionnellement à des récits qu'elle sécrète et qui nous donnent pour vraies certaines visions dont, aujourd'hui, la publicité est la voie royale d'expression.

Écrit par Roland Barthes dans les années 1950, *Mythologies* figure parmi les premiers traités de décodage importants dont ce système de croyances a fait l'objet. Le propre des mythes, c'est de nous vendre pour la réalité, des histoires fictives dont nous sommes imprégnés par conditionnement. Depuis l'avènement de la culture de masse en Occident, ces conditionnements sont notamment assurés par l'éducation et les médias de masse.

Aux côtés des livres de Simone de Beauvoir,[14] et plus récemment Manon Garcia[15] et Olivia Gazale,[16] d'innombrables références pourraient venir appuyer l'idée que, à peine sortis du sein maternel,[17] les filles comme les garçons sont *formatées* pour adopter des identités de genre. Ces conditionnements se traduisent en postures et comportements que l'on retrouve dans tous les domaines, y compris les plus inattendus, comme celui des start-ups technologiques. Ainsi, selon les dires de Reshma Saujani,[18] la fondatrice de *Girls who code*, les filles sont conditionnées à viser la perfection alors que les garçons sont conditionnés à viser l'audace. Les femmes visent les 100% et répugnent à avouer leurs faiblesses. De ce fait, elles ne demandent pas d'aide parce qu'elles considèrent qu'en cas d'erreur, ce n'est pas leur stratégie qui est défectueuse mais elles-mêmes.

Pour une femme, cette notion de *perfection* inclut l'ambition, le dépassement, le perfectionnisme, le besoin de contrôle, la gestion du temps, le refus de l'imprévu, tous les diktats intériorisés – *je dois, il faut* –, le fait de se comparer aux autres, de s'opposer aux schémas de sa propre mère qui était *trop ceci* ou *pas assez cela* : elles feront mieux, c'est facile !

Et ce paradigme s'applique à tous les domaines de la vie : il s'agit de tout mener de front à la perfection. Les trop nombreuses femmes qui souscrivent à ce mythe – peut-être, pour certaines, sans le conscientiser

---

14 de Beauvoir Simone, *Le deuxième sexe*, Gallimard, 1947.

15 Garcia Manon, *On ne naît pas soumise, on le devient,* Climats, 2018.

16 Gazale Olivia, *Le mythe de la virilité*, Lafont, 2017.

17 Cyrulnik Boris, *Sous le signe du lien*, Hachette, 1997.

18 🔗

– s'imposent une pression stressante et inutile au nom d'une conformité à un idéal qu'elles n'ont pas choisi et qui les tyrannise au point de les rendre malheureuses ainsi que leurs proches. Ce mythe de la femme parfaite risque d'autant moins de les rendre heureuses qu'à la maison, il porte sur des questions liées au *faire* – organiser, gérer, ranger, frotter, faire – et au *paraître* – les kilos, les cheveux, les ongles, les vêtements, la conformité à des standards –, et cela, alors que c'est l'accomplissement de son identité en lien avec plus grand que soi qui fait la différence dans une vie, comme en témoigne l'expérience de celles qui ont traversé un burn out.

Ces femmes qui tendent vers la perfection sont d'autant moins heureuses, que les exigences qu'elles s'imposent les entraînent dans un scénario sans fin : l'intendance et la course aux apparences, par définition, ça ne s'arrête jamais. Cette répétition à l'infini les maintient donc dans un sentiment d'inaccomplissement auquel s'ajoutent la honte et la culpabilité face au sentiment d'échec. Ce qui est idiot, c'est que, comme elles l'admettent elles-mêmes quand elles reçoivent le choc – burn out, accident, deuil, etc. – qui les fait reconsidérer radicalement leurs valeurs et leur mode de vie, elles se sont laissé guider par la norme sociale, l'air du temps, les parents, les copines, la publicité. Au fond, elles ne savent pas très bien d'où ça vient.

Souvent, croyant que c'est *dans leur nature*, les perfectionnistes s'exposent à des conséquences que vous constatez autour de vous. Vous êtes peut-être vous-même confrontée à l'une de ces formes d'effondrement que l'on constate fréquemment, notamment le burn out, et spécialement le burn out maternel, l'avatar le plus douloureux de cette tendance. Le burn out maternel, c'est le fait de tant donner qu'à un moment, la coupe déborde et que l'on en vient à ne plus supporter ses enfants. À l'inverse de ce que l'on souhaiterait, on n'a plus de patience ni d'empathie. On se met en colère ; on crie ; on est d'une irritabilité à fleur de peau qui nous entraîne dans la spirale de la culpabilité, du sentiment d'inadéquation et la dévalorisation. On a honte de soi en tant que mère. On se sent une mauvaise mère.
Et c'est exactement à l'opposé de l'idéal de la femme parfaite auquel on aspire consciemment ou non. Résultat : le sentiment d'échec, d'inadéquation et la non-estime de soi grimpent.

En cas de burn out maternel, cette situation se double du sentiment d'être abandonnée de son conjoint. On entre alors dans la logique douloureuse du triangle de Karpman. Si le conjoint n'assure pas comme on le voudrait, on se met à nourrir du ressentiment vis-à-vis de lui et des enfants. Et si l'on ne réagit pas, on risque d'entrer dans une posture ambivalente – l'abnégation, le *sacrifice silencieux* – qui, à terme, va détruire le couple et la famille.

4.2. La consommation comme solution

Depuis la fin des années 1950 en Europe, l'économie de masse a travaillé à convaincre les femmes qu'elle apportait la solution aux charges domestiques. Avec la professionnalisation de la publicité, les foyers ont adopté un appareillage électro-ménager supposé alléger considérablement l'intendance quotidienne. Dès cette époque, la prétention de complètement libérer les femmes du joug domestique faisait déjà son chemin avec, dès les années 1950, l'annonce pour l'an 2000 de la mise sur le marché de robots qui travailleraient à notre place.[19] Entre temps, tout était fait pour stimuler l'économie relative aux électro-ménagers.

Les calamiteux repas en boîtes de conserve que l'on trouvait déjà à l'époque sur le marché ont aujourd'hui laissé la place à une offre attrayante au goût et au premier chef très pratique puisqu'elle nous épargne le temps précieux que nous aurions consacré à la préparation des repas.

Que la composition de cette alimentation nuise à la santé, y compris la santé mentale, cela ne semble pas préoccuper un nombre décisif de consommateurs.

L'économie de masse allant de pair avec la communication de masse, depuis des décennies, la publicité mobilise des stratégies hypnotiques pour brouiller nos repères et nous convaincre que le monde de la consommation vaque à notre plus grand bonheur. Ainsi, à côté des rares chaînes de télévision possédant une vocation éducative, avec la mondialisation, on a vu se multiplier les chaînes et programmes de divertissement qui, comme le mot l'indique, ont pour objet de *détourner l'attention* de leurs spectateurs. Le détourner de quoi ? De ce qui leur serait profitable à eux en tant qu'humains, au bénéfice de ce qui a de la valeur pour les annonceurs. Rappelez-vous les propos de Patrick Le Lay, alors PDG de TF1 lorsqu'en 2004, il a déclaré sans fard que son travail consistait à permettre à ses clients, les annonceurs, de vendre leurs produits : à la base, le métier de TF1, c*'est d'aider Coca-Cola, par exemple, à vendre son produit. Or, pour qu'un message publicitaire*

---

19 🔗

soit perçu il faut que le cerveau du téléspectateur soit disponible. Nos émissions ont pour vocation de le rendre disponible, c'est-à-dire de le divertir, le détendre pour le préparer entre deux messages. Ce que nous vendons à Coca-Cola, c'est du temps de cerveau humain disponible. Comment rend-on les cerveaux disponibles ? Tout simplement en procurant aux spectateurs des contenus qui les plongent dans un état de bien-être, de calme et de relaxation qui fait passer le cerveau en ondes Alpha, ce qui contribue à la synchronisation des deux lobes du cerveau et facilite les apprentissages.[20]

Dans ce contexte, inutile de préciser que la *bouffe* que nous propose l'industrie agro-alimentaire n'a pas pour vocation première de nourrir la population. L'objectif, c'est de nous vendre un maximum de produits sur la base d'un discours paramétré pour nous donner l'illusion qu'ils répondent à nos besoins. De nombreuses offres convoquent ainsi une rhétorique visant notre besoin de sécurité, identifié comme un besoin de base par les professionnels du marketing. Pour donner l'illusion que les produits comblent ce besoin de sécurité, la publicité va donc évoquer l'univers le plus rassurant qui soit, celui de notre enfance en famille. À ce titre, quoi de plus rassurant que d'évoquer Grand-Mère, Bonne Maman, Tante Hélène, ou La petite Fermière pour manger *come a casa* des produits *artisanaux*, *de pure tradition*... Ces évocations des liens familiaux, de l'espace du foyer et d'un savoir-faire transmis de génération en génération, nous renvoient forcément à notre propre passé, à la maison de notre enfance, un espace rassurant où nous nous sentions en totale sécurité. Cette imagerie qu'active la publicité convoque les états émotionnels ainsi que la suggestibilité que nous connaissions dans notre enfance et sape notre vigilance. Ainsi, quand ma mère me parlait de ses galettes *au bon beurre*, elle faisait allusion à ses souvenirs d'enfance, pas à ce produit qu'on nous sert aujourd'hui, issu de vaches maltraitées, bourrées d'antibiotiques, de pesticides et de maïs transgénique.

Tous ces produits élaborés par l'agro-industrie entrent dans notre univers et nous deviennent familiers grâce au recours à des stratégies de persuasion qui nous accompagnent au quotidien dans notre vie privée, notamment grâce à la radio et à la télévision. Et le fait d'aller faire l'ensemble de ses courses dans les supermarchés s'inscrit dans la même logique de familiarité et de facilité : en créant de la familiarité, la publicité crée des habitudes. Il est donc commode, c'est vrai, de considérer que les hypermarchés ont été conçus pour nous faciliter la vie. Ils nous font gagner du temps en nous évitant d'aller chez une série de détail-

20 🔗

lants dispersés géographiquement. Ils le font d'ailleurs d'une façon tellement convaincante que la vie économique et sociale a disparu dans les quartiers et les villages, au profit de ces palais de la consommation situés si loin de chez nous que nous devons prendre nos voitures pour aller nous approvisionner.

La grande distribution nous propose aussi quantité d'aliments préparés qu'il nous suffit de déballer et de servir. Un sérieux gain de temps, à quoi s'ajoute le fait que l'on ne doit même plus penser à ce qu'on va préparer. Qu'il s'agisse des produits d'entretien, de l'alimentation ou de quoi que ce soit, de façon globale, dans la grande distribution, tout est déjà prêt à consommer. On n'a plus qu'à acheter.

D'un autre côté, l'abondance des produits proposés, notamment en promotion, incite beaucoup de personnes à surconsommer. Que les soldes et les promotions soient souvent des leurres n'est pas un problème : ces seuls mots suffisent à faire décoller les ventes. De ce fait, si les produits sont moins chers, au bout du compte, nous dépensons plus du fait que nous nous laissons tenter, entre autres, par des produits d'alimentation qui finiront à la poubelle parce que nous aurons oublié de les consommer à temps. Les statistiques à ce sujet sont d'ailleurs assez effarantes.[21]

En ce qui concerne le rayon textiles, depuis la délocalisation des unités de production vers l'Asie et l'avènement de la *fast fashion* – mode éphémère – qui s'en est suivie, les produits disponibles dans la grande distribution sont à des prix imbattables. Mais à quel prix humain et éthique ? Naomi Klein a pointé le phénomène dans *No Logo* au début des années 2000 et, ensuite, progressivement, la situation est devenue une affaire publique : ces produits sont fabriqués dans des conditions catastrophiques à tous points de vue. Alors que l'industrie textile est réputée pour être la deuxième industrie la plus polluante, les prix des vêtements réalisés en Asie sont très bas en raison d'une exploitation indigne des ouvrières. En 2013, on estimait ainsi qu'une ouvrière du textile meurt tous les deux jours,[22] sans compter le sort des animaux exploités pour l'industrie de la fourrure dont les dépouilles se vendent à des prix tellement cassés que les consommatrices occidentales croient qu'il s'agit de fourrure synthétique, quand il suffirait de lire les étiquettes.

---

21 En juin 2018, *Le Monde* indiquait qu'en France, 10 millions de tonnes d'aliments consommables partent chaque année à la poubelle. https://www.lemonde.fr/les-decodeurs/article/2018/06/07/le-gaspillage-alimentaire-en-france-en-chiffres_5311079_4355770.html
22 https://www.bastamag.net/Au-Bangladesh-une-ouvriere-du

Résultat : ces prix délirants incitent à surconsommer et à ne pas accorder de valeur à ces produits dont la vie est de plus en plus éphémère : à quoi bon s'émouvoir pour un T-shirt à 4 euros ? C'est ainsi qu'au début 2018, on estimait qu'en Europe, alors que 5 millions de tonnes de textiles sont mises sur le marché chaque année, près de 4 millions de tonnes de textiles, neufs ou usagés, étaient jetées.[23] En réalité, la responsabilité éthique des consommateurs de ce genre de produit est très lourde. Et peu importe s'ils le savent ou l'ignorent car ce à quoi la majorité des gens pensent au moment de l'achat, c'est à *la bonne affaire*. Le discours de l'économie de masse nous a tellement conditionnées à mettre l'accent sur le prix et le gain de temps au détriment de critères qualitatifs que notre rapport à ce que nous consommons est désormais totalement biaisé.

Moins de temps, plus de biens, moins cher… Et si l'équation qui fait vraiment la différence reposait plutôt sur un temps de qualité, moins de biens et plus de liens… sans dépenses ?

À l'inverse de cette tendance à consommer des produits de la grande distribution en raison des prix et de la facilité, beaucoup de gens font aujourd'hui le choix de préparer eux-mêmes leurs repas et leurs produits d'entretien. Certains font plus que cela car ils constatent que cette option les détend et leur procure paix et joie de vivre. C'est une question de représentations : certaines croient que la vie est une performance sans fin visant à prouver on ne sait quoi à on ne sait qui, une posture qui va de pair avec un immense besoin de contrôle. D'autres lâchent le contrôle et misent sur la qualité des expériences. Où place-t-on le curseur du besoin de sécurité ? Et quel est l'enjeu de ce besoin ?

Quand on confectionne le goûter à la maison en famille, le cookie ne contient pas seulement du chocolat : il contient aussi de l'amour et le souvenir du bon moment que l'on a passé ensemble à le préparer. De plus, comme le cookie est conservé dans un contenant réutilisable, on ne produit pas de déchet. Cela change des cookies suremballés dans du carton et du plastique auxquels la plupart des enfants sont habitués, sans mentionner le fait que l'on a souvent tendance à vider le paquet de biscuits industriels en une fois. Vider le paquet, cela n'indique pas nécessairement que la recette des cookies industriels est réussie : il est plus probable que les biscuits en question contiennent du glutamate monosodique, un additif qui pousse à la consommation, d'autant plus que,

---

23 https://www.franceinter.fr/economie/le-saviez-vous-les-europeens-jettent-4-tonnes-de-vetements-par-an

pour beaucoup de gens, manger est un espace de compensation. Manger à l'excès peut, en effet, traduire un manque, peut-être ce manque de lien qu'évoquent Pablo Servigne et Gauthier Chapelle lorsqu'ils écrivent que *le délitement des liens entre humains et des liens avec le vivant a créé un grand vide, un immense besoin de consolation, que nous tentons de combler en permanence par l'accumulation frénétique d'objets, de trophées, de conquêtes sexuelles, de drogue ou de nourriture. La démesure, que les Grecs appelaient l'*hybris*, devient alors la seule manière d'être au monde,* concluent-ils.[24]

S'organiser pour préparer les repas en responsabilisant les enfants quant à leur possibilité de prendre les choses en main permet à ces derniers d'évoluer vers l'autonomie et la confiance en soi. Selon Julie Lythcott-Haims[25], auteure de *How to Raise an Adult*, des études menées aux USA indiqueraient d'ailleurs que les enfants qui, à 3 ans, participaient déjà aux tâches ménagères, ont des diplômes plus élevés, gagnent mieux leur vie et ont plus d'amis. Pour prendre un exemple francophone, Nathalie Crahay, professionnelle de l'organisation et auteure de *Un jour tout ceci sera à toi*[26], m'a confié qu'elle avait l'habitude d'annoncer à ses deux fils le programme des repas de la semaine. Un soir, alors qu'elle était en retard, coincée dans le trafic, son fils de 14 ans l'a appelée pour lui annoncer qu'il allait préparer le repas. Une fois rentrée, la maman a constaté que la table était dressée et le repas préparé. L'enfant a savouré chaque bouchée en se félicitant. Cette initiative lui aura permis d'étendre ses zones de confort pour réaliser une tâche qu'il n'avait pas encore accomplie auparavant. Ce faisant, il a apprécié les joies du dépassement, de la fierté et son estime de soi s'en est trouvée grandie.

Rien de tout cela pour les repas préparés : on ne connaît pas le visage des gens qui les ont confectionnés. Sous couvert d'hygiène, les masques, gants et bonnets que portent ces personnes dans l'industrie agro-alimentaire sont une belle image de la déshumanisation et de la réification de ce monde pourtant, par nature, si chargé symboliquement qu'est l'univers de la nourriture. On n'éprouve pas de gratitude ni d'amour pour ces personnes. Et l'on bâfre parce qu'au-delà de la satisfaction d'un besoin, ces aliments sont dépourvus de valeur symbolique et manquent l'objectif qui leur est implicitement assigné quand on

24 Chapelle Gauthier, Servigne Pablo, L'Entraide, l'autre loi de la jungle, Les Liens qui Libèrent, 2017, p. 21.

25

26 Crahay Nathalie, *Un jour tout ceci sera à toi - Désencombrer sa maison et sa vie,* auto-édition, 2019.

dépasse la satiété : combler ce gouffre émotionnel abyssal qu'évoquent Chapelle et Servigne ainsi que Johann Hari que j'évoquerai amplement ultérieurement.

La grande distribution apporte de fausses solutions.

Il s'agit d'abord de bien intégrer l'idée que – contrairement à ce qu'une bonne partie de la population semble encore croire – l'objectif de l'industrie agro-alimentaire n'est pas de nous faciliter la vie ni de nous nourrir. Nous faire gagner du temps et nous proposer prêt à l'emploi tout ce dont nous avons besoin, c'est une argumentation de façade fondée sur une connaissance intime des aspirations des consommatrices : ce sont majoritairement les femmes qui font les courses et, ces dernières se sentant accablées par la logistique quotidienne, elles souhaitent gagner du temps. Sur cette base, le marketing élabore des univers narratifs dans lesquels vous allez vous reconnaître. Reste à revenir à la charge à l'infini via tous les canaux possibles et l'affaire est faite. En fin de compte, l'objectif de la grande distribution, c'est de créer des environnements et des stimuli nous incitant à acheter pour permettre aux actionnaires d'accroître leur capital. La grande distribution et les marques en général ne sont pas animées d'intentions vertueuses.

Pour comprendre combien les enjeux de l'économie de masse nous dépassent, on pourrait remonter aux années 1960, époque où la société de masse a commencé à s'imposer en Europe. Je fais partie de ces gens qui, dans leur enfance, allaient chercher le lait et les œufs à la ferme, la viande chez le boucher, le pain et les gâteaux chez le boulanger-pâtissier, le journal chez le libraire, les clous chez le quincailler, les savons à la droguerie, etc.

J'ai vu les hypermarchés sortir de terre. Et tandis qu'ils poussaient comme des champignons, s'est produit un basculement vers la société de masse et l'hégémonie de l'industrie agro-alimentaire qui la rend possible, comme aux USA, une décennie auparavant.

L'industrie agro-alimentaire et les hypermarchés vont de pair avec l'exploitation industrielle du vivant dans son ensemble – la terre, les animaux et les personnes – ainsi que l'usage de substances toxiques : pesticides, colorants, conservateurs, antibiotiques, etc. Tout cela s'est déroulé sans qu'on s'en aperçoive parce que l'époque a combiné une série de circonstances qui semblaient porteuses d'émancipation pour les femmes : ces dernières avaient accès au travail, la pilule libérait leur sexualité et leur jouissance, les électro-ménagers les délivraient du joug d'une intendance lourde et routinière et les hypermarchés leur faisaient gagner un temps considérable en leur proposant tout sous le même toit.

Mais revenons aux pesticides. D'où viennent-ils ? Nul n'ignore que durant les guerres certains s'enrichissent quand d'autres meurent : l'industrie des armes ne connaît pas la crise. De même, quand, pour certains, la fin d'une guerre est un soulagement, pour d'autres, c'est une catastrophe. En effet, que faire de ces savoir-faire consacrés à mettre au point des gaz et autres substances toxiques conçues pour donner la mort, notamment dans les camps de concentration, comme le rappelait Vandana Shiva dans ses vœux pour l'an neuf 2020 ?[27]

À la fin de la 2ème guerre mondiale, les industriels ont eu à cœur de recycler leur savoir-faire en direction de l'agriculture, offrant aux agriculteurs de générer de meilleurs rendements tandis qu'ils imposaient un nouveau rapport à la terre. Finie l'agriculture paysanne : on procède au remembrement, autrement dit, on supprime les haies qui séparaient les parcelles et on aménage la terre de manière à favoriser les monocultures. Les agriculteurs sont même subventionnés pour opérer leur conversion à l'agriculture intensive tandis qu'ils possèdent leur propre potager : ils ne mangent pas ce qu'ils produisent. C'est le caractère paradoxal de leur position.

C'est ainsi qu'au bout du processus, ce que nous mangeons en famille au quotidien contient des pesticides, autrement dit, des substances qui au départ ont été conçues pour tuer des humains. Il suffit de voir comment certains agriculteurs se protègent quand ils pulvérisent, ainsi que le nombre de cancers dans cette profession[28], pour déduire que l'alimentation que nous proposent les hypermarchés est fabriquée à partir de céréales et de légumes imprégnés de produits chimiques et à partir de la chair d'animaux qui ont mangé des céréales truffées de pesticides, pour ne pas parler des produits transgéniques.

Pendant des siècles, collectivement, nous avons connu nos fournisseurs en direct parce qu'ils produisaient eux-mêmes, et consommaient, ce qu'ils nous vendaient. Aujourd'hui, en revanche, la grande distribution repose sur l'économie globale : les aliments que nous mangeons ont parfois parcouru des milliers de kilomètres avant d'arriver dans

---

27 🔗

28 Confidence reçue d'un représentant des machines agricoles John Deere lors d'une réunion professionnelle à la Chambre de Commerce de Bruxelles.

les rayons des supermarchés. Et même si leur lieu de transformation est assez proche – dans notre pays, par exemple – ils peuvent avoir été fabriqués avec des ingrédients provenant de très loin, et avoir parcouru des milliers de kilomètres pendant leur processus de transformation. Pour être attrayants, les aliments doivent aussi être colorés : achèteriez-vous du jambon et de la viande grisâtres ? C'est pourtant la couleur d'une viande qui s'oxyde naturellement. Pour vous donner envie de les acheter, les aliments sont donc colorés à l'aide de substances chimiques dont il est clairement indiqué sur les emballages qu'elles peuvent exercer un impact sur le système nerveux des enfants. Or, toutes les sucreries sont colorées. Il suffit de lire la composition du produit sur l'emballage. Mais qui lit les compositions de produits ?

Ces produits doivent également nous attendre dans les rayons des grandes surfaces. Pour maintenir l'illusion de leur fraîcheur et éviter qu'ils se détériorent durant ce laps de temps, ils contiennent des conservateurs. De plus, dans ce même but de conservation, les aliments sont suremballés, ce qui nous amène à produire des tonnes de déchets plastique non-biodégradables qui vont venir s'ajouter aux autres tonnes que nous dispersons quotidiennement dans la nature. Nos aliments nous sont par ailleurs généralement proposés dans des contenants en plastique qui ne sont pas inertes : à la chaleur ou à la longue, ils dégagent des formaldéhydes, polycarbonates, polypropylènes et autres substances qui peuvent migrer dans les aliments. Inutile de le dire : toutes ces substances n'ont rien à faire dans notre corps ni celui de nos enfants dont elles perturbent la croissance et les fonctions neurocognitives. Lorsqu'on consomme de l'alimentation industrielle, ces substances franchissent pourtant la barrière placentaire, amenant les jeunes mamans à donner naissance à des bébés dont le sang est déjà contaminé.[29]

Il en résulte que, chaque jour, dès le petit-déjeuner, dans la majorité des foyers, des mamans servent avec amour à leurs enfants des produits issus de l'industrie agro-alimentaire. À cela s'ajoute le fait que les produits d'entretien domestiques ainsi que les composants de la plupart des meubles et tissus d'ameublement contiennent des substances qui rendent l'air à l'intérieur des bâtiments jusqu'à 5 fois plus toxique que l'air extérieur.[30] Voilà comment aujourd'hui, en tant que mères, nous incarnons ce terrible paradoxe qui consiste à nuire à nos enfants en

29 Voilà ce qu'on découvrait dans « Demain, tous Crétins », un documentaire diffusé en 2018 sur Arte.
30 https://www.anses.fr/fr/content/qualit%C3%A9-de-l%E2%80%99air-int%C3%A9rieur

croyant prendre soin d'eux.
Qu'est-ce qui résulte de cette intoxication dont sont victimes au quotidien la majorité des enfants ? Leur capacité de concentration est altérée. Alors que la participation est une tendance spontanée chez les enfants, leur désir de contribuer à la maison et de s'engager dans des interactions pro-sociales est affecté. Leur corps est dans un état inflammatoire chronique et ils déclenchent des maladies. Sur un tel terrain, on comprend mieux l'agressivité de certains enfants à l'école et à la maison ainsi que le fait qu'ils refusent de contribuer à la vie du foyer. Les substances qu'ils ingèrent au quotidien peuvent les rendre malades, paresseux, hostiles, hyper-agités, ce qui amène certains parents à leur faire prescrire des dérivés d'amphétamines alors qu'avant de recourir à la médecine, le contenu de leur assiette serait la première chose à examiner.

Si ce constat est pénible, il permet de comprendre que les solutions de facilité qu'offre l'agro-industrie sont des fausses solutions parce que le supposé gain de temps qui en résulte se paie au présent en tensions familiales et, par la suite, en problèmes de santé qui vont altérer plus ou moins gravement notre qualité de vie et celle de nos enfants.

Aujourd'hui, les enfants souffrent de maladies qui n'existaient pas auparavant à un point tel qu'en France et partout dans le monde – puisque le modèle occidental a progressivement gagné le monde entier – des médecins et chercheurs lancent l'alerte quant aux effets des substances chimiques sur la santé et le développement des enfants. On constate, en effet, une augmentation des cancers infantiles, une multiplication des anomalies de naissance, des troubles hormonaux, l'ensemble lié aux intrants chimiques utilisés dans l'agro-industrie.[31]

En ce qui concerne l'être au monde, la société de consommation nous a progressivement coupés de notre lien immémorial au vivant, nous amenant à réduire notre contact avec la nature au statut de loisir optionnel alors qu'il est indispensable à notre équilibre émotionnel et physiologique. Aujourd'hui, de nombreux enfants des villes ignorent d'où viennent l'eau et le lait, mangent de la chair animale sans connaître le traitement qu'ont subi les animaux que l'on retrouve débités en barquettes en grande surface, sans même parfois savoir que cet aliment est issu d'êtres vivants. Cette situation les empêche de construire le lien d'empathie envers le vivant dont la nature a besoin pour qu'on ait l'élan de la respecter. On en reparlera plus loin.

---

31 🔗

Les objets ont par ailleurs acquis une importance telle qu'ils sont préférés de loin à la sortie au grand air et aux rencontres familiales, ce qui présente des conséquences qu'on n'a pas fini de constater notamment en termes d'évolution de la proprioception et du développement de la vue, comme me l'a révélé Isabelle Filliozat au cours d'une conversation.[32]

4.3. L'amour éternel (ou pas)

Aujourd'hui, en Occident, pour beaucoup de gens, il semblerait qu'il suffise de s'aimer pour former un couple. C'est une illusion dans laquelle on s'entretient quand la relation commence, et elle perdure durant plus ou moins les trois premières années, la période de la lune de miel, le temps qu'il faut pour tomber amoureux, faire un bébé et l'allaiter. Cette expression *lune de miel* désigne une période où l'on vit dans l'illusion d'un bonheur éternel, illusion entretenue par le fait qu'au début d'une relation, on sécrète de la phényléthylamine (PEA), l'hormone de la passion, et qu'on fait une projection narcissique sur l'autre : on voit en lui la personne idéale dont on rêve. Et cette personne idéale, nous lui attribuons nos croyances et systèmes de valeurs. On croit, en quelque sorte, qu'elle est notre jumelle et que la complicité nous épargne de parler de la relation.

Ce que les amoureux ont de particulier, c'est qu'ils veulent faire plaisir à l'autre. À la maison, Madame invite Monsieur à se détendre pendant qu'elle prépare le repas. Ou bien elle lui sert le petit déjeuner au lit. L'ennui, c'est que, même si c'est festif, ce que l'on fait une fois crée un précédent. Quand on le fait deux fois, on crée une habitude ; et cela devient rapidement une prérogative pour l'autre qui, si vous interrompez ce comportement, peut se demander ce qu'il a bien pu faire pour mériter que vous interrompiez cette chouette habitude. Ce scénario, les professionnelles de la relation conjugale le rencontrent régulièrement. Quand la femme propose à l'homme de se détendre pendant qu'elle fait le ménage, il n'est pas vraiment nécessaire de le lui répéter, tout simplement parce que la majorité des hommes, encore aujourd'hui, ont été conditionnés de cette manière dans leur famille d'origine : leur conjointe ne fait que prendre le relais de leur mère. Et quelques années plus tard, la femme se demande ce qu'elle a bien pu faire pour en arriver là.

Peut-être n'a-t-elle pas été attentive aux messages que lui envoyait son corps, comme je n'ai pas été attentive aux messages que m'envoyait le

32 Dans le cadre des Sommets de la Transition.

mien. En effet, si nous n'avons pas conscience du fait qu'une situation ne nous convient pas, notre corps, lui, le sait instantanément et le traduit en sensations désagréables. Au départ, le langage du corps est relativement binaire : c'est agréable ou c'est désagréable. Ensuite, à mesure qu'on l'écoute, on décode ses messages de plus en plus subtilement. Que dit-il ? La situation est-elle agréable ou nous met-elle mal à l'aise ? À partir de là, on identifie le besoin ou l'émotion que traduit cette sensation et l'on communique avec son conjoint. Mais combien d'entre nous ont-elles appris à s'écouter et à exprimer cette vérité qu'exprime notre corps et cela, d'une manière qui n'entrave pas le dialogue ? Trop souvent, au sein de son couple, on est plutôt encline à ne pas être attentive à ses émotions, à ne pas les exprimer, à ne pas parler de la relation, pour ne pas en rajouter, pour faire bonne figure, pour sauver les apparences, parce qu'on a peur de la réaction de l'autre.

Au long de la vie d'un couple et d'une famille, il est pourtant nécessaire d'exprimer ses besoins et émotions, de parler de la relation, de parler de ses valeurs, de ce qui compte pour nous et de la façon dont on a besoin que nos valeurs se déclinent concrètement pour vivre une vie qui ait du sens et où l'on s'accomplisse, et cela, régulièrement, parce que chacun de nous évolue et que ce qui était juste hier peut ne plus l'être demain. Si on ne le fait pas, on s'expose à des risques de désaccord sur des sujets aussi délicats que ce dont on a besoin pour se sentir heureuse, sur l'éducation des enfants, sur la gestion de l'argent, sur qui se charge de quoi dans l'intendance quotidienne, etc. Et plus on diffère le moment de parler, plus les tensions s'accumulent, plus on a peur de la réaction de l'autre, moins on parle, et plus le couple est en péril.

Pourquoi est-ce nécessaire d'être attentive à ses émotions et ses besoins, de les exprimer et de méta-communiquer au sein d'un couple et cela, dès le début de la relation ? Parce que, comme le dit Esther Perel évoquée précédemment, chacun a une histoire, des valeurs, des croyances et un programme pour l'avenir, que tout cela fait de nous des êtres complexes qui, souvent, ne se connaissent pas eux-mêmes, voire ne s'acceptent pas et ne s'aiment pas tels qu'ils sont. Dès lors comment espérer construire un couple sur la durée ? Ne pas se connaître soi et ne pas dialoguer quand on s'engage pour l'avenir, c'est une erreur qui infléchit l'avenir du couple et de la famille dans un sens qui fait de la femme une perdante.

La femme est perdante dans un scénario où le couple ne parle pas de la relation parce que quand on n'instaure pas explicitement des règles et des codes de façon délibérée, quand on n'évalue pas régulièrement nos expériences respectives au sein de ces systèmes que sont la famille et le couple, des règles et des codes s'insinuent quand même au sein des interactions. Ces règles, je les ai évoquées plus haut, ce sont celles qui résultent des mythes et croyances que nous intégrons par conditionnement, principalement au cours de notre enfance : elles émanent de notre culture, de notre histoire propre, de celle de notre ascendance, du contexte culturel dans lequel nous baignons, des héritages culturels de genre, des mythologies que cisèle la société de masse ; bref, ces règles sont un corps d'*évidences* qui, si l'on n'exerce pas une vigilance constante, gouvernent nos existences sans que l'on s'en aperçoive. Si nous ne sommes pas présentes, si nous ne prêtons pas attention au présent, ces mythes et croyances fonctionnent alors comme des réglages par défaut et nous conditionnent malgré nous.

L'idéologie structure nos pensées et rend plausibles des scénarios dont on ne voudrait pas si l'on y réfléchissait en toute lucidité, comme s'il s'agissait de la situation d'une autre. Elle nous coupe de notre discernement et nous amène à appréhender comme *naturels* des scénarios que l'on déconseillerait à une amie.

On l'a vu dans les témoignages ainsi que dans la mise en contexte historique que donne Titiou Lecoq, le modèle patriarcal pose que la femme est au service de toute sa famille, elle la met en posture de soumission. Et les femmes ont tellement incorporé ces programmes qu'elles les suivent sans s'en rendre compte et, pour la plupart d'entre elles, les transmettent à leurs enfants, perpétuant ce modèle dont nous cherchons à nous délivrer sans nous apercevoir que nous le transmettons.

Quelque évolué que soit notre statut par rapport à celui des femmes des générations précédentes, encore aujourd'hui, le modèle patriarcal légitime que les hommes se fassent prendre en charge et que les femmes assument l'éducation des enfants et l'intendance. Si cette affirmation est contestable dans le cadre du seul couple, elle se vérifie dans le cadre de la famille qui naît quand l'enfant paraît et dont, en général, on n'a pas anticipé les bouleversements. Malgré les bonnes intentions initiales et le féminisme auto-proclamé, quand l'enfant rejoint la famille, la femme endosse hypnotiquement le rôle de domestique, comme en témoigne Titiou Lecoq dans son livre *Libérées !*

Ce mode de fonctionnement, il est utile de le comprendre parce qu'il est en partie à l'origine de la charge mentale dont se plaignent tant de femmes, qui les rend malheureuses, les isole et peut les conduire au burn out. Cette fameuse charge mentale, les échanges que j'ai eus avec de nombreuses personnes, et notamment des professionnelles de la relation de couple, m'ont permis de comprendre qu'elle repose sur deux piliers : le discrédit de l'éducation associé à un problème de gouvernance au sein du couple et de la famille, qui amène la femme à rester la domestique de la maison, en dépit des acquis du féminisme.

Depuis les années 1970, en effet, l'éducation telle quelle s'est pratiquée jusque-là connaît un discrédit inédit sous la pression de plusieurs facteurs conjoints tels que les suites de mai '68 qui s'allient avec l'accès des femmes à la contraception. Dans ce nouveau cadre, beaucoup plus d'enfants sont désirés et, de ce fait, surinvestis, comme le dit Philippe Meirieu. Les deux phénomènes associés ont conduit à l'émergence de l'enfant roi, auto-centré, arrogant et tyrannique que l'on rencontre dans de trop nombreuses familles. Par ailleurs, depuis les années 1980, on a aussi vu émerger un modèle éducatif inspiré de la théorie de l'attachement, notamment commentée en francophonie par Boris Cyrulnik et Isabelle Filliozat, promotrice de l'éducation positive. Ce modèle met de côté toute forme d'autoritarisme et, alors que l'éducation des enfants est encore très majoritairement assurée par les femmes, on en voit certaines s'engager sur la pente de ce que le psycho-pédagogue Bruno Humbeeck désigne comme *l'hyperparentalité (un niveau d'exigence extrême que s'imposent les parents et qui se répercute sur les enfants, cf. « Masochisme et maltraitance »)*. Associée à l'*happycratie*[33], l'obligation de rendre heureux cet être qu'on a « convoqué à naître » et à une appropriation parfois sans nuances de la pédagogie positive, cette tendance confine à la *babycratie*, variante de l'enfant roi, condamné à être heureux et à tout réussir sous peine de générer chez ses parents une anxiété culpabilisante.

Avec mai '68, on est entrés dans une ère où l'on met l'accent sur les droits des individus et où les devoirs individuels vis-à-vis du collectif passent à la trappe. En matière d'éducation, le résultat global de cette nouvelle idéologie, c'est qu'on n'ose plus transmettre de règles aux enfants, ni à l'école, ni à la maison. Les parents qui le font sont vus comme des tortionnaires et les enseignants reçoivent des claques des parents. Il faudra quand même attendre 2019 pour qu'en France, la loi interdise de lever la main sur les enfants tandis qu'en Belgique, cette loi est passée dans les années 1990.
À partir des années 1970, l'éducation étant désormais perçue comme

33 Cabanas Edgar, Illouz Eva, *Happycratie*, Premier Parallèle, 2018.

du dressage, on voit s'imposer un nouveau type de relation où il s'agit parfois plus d'occuper les enfants que de leur transmettre des valeurs ou favoriser leur autonomie. Accompagner un enfant, cela vous expose au risque de ne pas être aimée. Cette crainte, peut-être inconsciente, des mères de déplaire à leur rejeton en prenant le risque de le frustrer, Claude Halmos l'évoque dans ses livres *Pourquoi l'amour ne suffit pas*[34] et *l'Autorité expliquée aux parents*.[35] On y découvre qu'en agissant de cette manière, on s'apporte du soin à soi mais pas nécessairement à son enfant et qu'éduquer réellement, c'est notamment soutenir dans sa construction l'adulte qu'il est appelé à devenir, en passant si nécessaire par la frustration.

À cela, s'ajoute une montée en puissance de la culture de masse, diffusée en continu via les médias de masse et, de façon privilégiée aujourd'hui, via les écrans, désormais omniprésents. Or, la culture de masse propage des modèles régressifs. Et ces orientations se trouvent exacerbées par la tendance, dont on a déjà parlé, qu'ont beaucoup de femmes à tout prendre en charge. Dans ce contexte délicat, les mères débordées ont des alliés ambivalents car si les télévisions, ordinateurs, consoles, puis tablettes et smartphones occupent les enfants c'est au prix d'inconvénients dont le nombre va croissant à mesure qu'on les découvre. On sait aujourd'hui que l'addiction à ces pratiques appauvrit considérablement les apprentissages des enfants, en rendant certains carrément biophobes tandis que leur cerveau s'emplit de modèles et d'idées qui vont conforter une régression sociétale dont on constate l'impact chaque jour. À partir de la fin des années 1980 – avec la montée en puissance successive de la télévision, de la mondialisation culturelle, de l'avènement du web et celui des écrans – dans beaucoup de foyers, la culture de masse prend la main sur l'éducation.

Un enfant est toujours *sous influence*. Et cela, tout simplement parce qu'il est littéralement une machine à apprendre : son cerveau est conçu pour incorporer toutes les informations avec lesquelles il entre en contact. Il intègre donc tout ce dont il est témoin, à commencer par le comportement de ses parents. Céline Alvarez en parle amplement dans son livre *Les lois naturelles de l'enfant*. Les parents pourraient du coup en profiter pour créer les conditions favorables à l'expression de son potentiel. Mais pour beaucoup de mamans, cela représente trop de choses à gérer. Débordés ou en quête d'instants de répit, qu'on soit à la maison ou ailleurs, trop de parents s'en remettent trop souvent aux écrans pour

---

34 Halmos Claude, *Pourquoi l'amour ne suffit pas*, Pocket, 2008.
35 Halmos Claude, *L'autorité expliquée aux parents*, Le Livre de Poche, 2011.

occuper leur enfant, le privant de ce dont il a vraiment besoin : de la disponibilité et du lien. C'est ainsi que l'enfant va adopter les modèles qui l'entourent, en particulier ceux véhiculés par les écrans. Voilà qui pourrait notamment aider à comprendre la sexualisation de plus en plus précoce des jeunes, et spécialement des filles.

Cela dit, de façon générale, la culture de masse a pour effet de maintenir tout le monde dans un état d'enfance, aussi bien les adultes que les enfants. Elle infantilise les adultes en exaltant chez eux un sentiment de toute puissance narcissique qui est, en fait, une tendance enfantine. Et ce sentiment de toute puissance coupe l'adulte de ce qui est le propre de l'âge l'adulte : la responsabilité et la morale. Le processus de décivilisation perceptible dans lequel nous sommes engagés depuis l'avènement de la société de masse se traduit par une perte nette du sens, de la responsabilité, de la morale, des codes sociaux et de la civilité autant chez les adultes que chez les enfants.

5. Le syndrome du kangourou

Parmi les habitudes qui sont à l'origine de la charge mentale, figure une tendance à tout faire à la place de tous ; à la place des enfants parce que ça va plus vite et à la place du conjoint, parce qu'il ne fait pas les choses *comme elles devraient être faites*.

Hormis les conditionnements que nous avons envisagés précédemment, deux bonnes raisons peuvent inciter les femmes à faire ce choix : gagner du temps et réaliser les opérations comme elles estiment que ces dernières doivent être accomplies. Le paradoxe étant que, pour réellement gagner du temps, il vaudrait peut-être mieux accepter de considérer que ce qui est fait est fait, en laissant à celui qui le fait la liberté d'agir comme il l'entend et à son propre rythme. Peut-être ces concessions sont-elles difficiles à accepter parce qu'elles auraient pour effet de faire perdre aux femmes le pouvoir et le sentiment d'importance qui vont de pair avec leur besoin de contrôle. Pourquoi ne pas envisager cette question chacune pour soi ? Quel est le bénéfice résultant du fait de tout faire pour les autres ? Contrôler le territoire du foyer ?

À force de travailler pour les autres, les femmes qui cultivent ce genre de comportement nourrissent un ressentiment croissant vis-à-vis de leurs proches et se victimisent, réduisant d'autant leur liberté de reprendre leur vie en main. La victimisation, c'est un problème de représentation liée à l'histoire que l'on se raconte sur soi et la situation que l'on vit. Pour exemple, alors que ses filles ont 3 et 5 ans, Virginie en veut toujours à son conjoint d'avoir si peu assuré lors de la naissance des enfants. Dans ses échanges avec son conjoint, elle n'a jamais évoqué ce ressentiment. Aujourd'hui encore, comme si ce scénario était gravé dans le marbre, elle trouve qu'elle en fait beaucoup trop et qu'il se fait prendre en charge. Qu'est-ce qui l'empêche de dialoguer ?

Alors qu'elle se persuade d'être victime de sa situation, la femme qui joue tous les rôles se condamne elle-même à une souffrance qui, souvent, peut devenir le lot d'une vie entière. Dans son livre *Je t'en veux, je t'aime,* Isabelle Filliozat donne de nombreux exemples de tensions familiales lourdes qu'en tant qu'intervenante professionnelle, elle a contribué à dénouer du simple fait que les gens – dans ce cas, les enfants adultes envers les parents – ont enfin exprimé ce qu'ils avaient sur le cœur. Et bien que, comme nos témoignages nous l'ont confirmé, on redoute la réaction de l'autre, il apparaît souvent que le parent est soulagé et triste, de comprendre la cause de ce que son enfant a sur le cœur et n'a de cesse de réparer pour restaurer la paix. Dans la sphère conjugale, d'après l'expérience de Sophie Mercier, auteure, thérapeute et conseillère conjugale et familiale, il arrive trop souvent que les couples viennent demander de l'aide alors qu'ils sont à l'agonie, l'absence de communication ayant consumé tout ce qui faisait lien entre les conjoints.

Et donc, oui : en effet, le fait d'assurer l'intendance pour tous au sein de la famille rend la situation complexe et pénible. Et elle l'est pour chaque membre du système familial, parce que même si, dans de nombreuses familles, on inhibe ses émotions et sentiments, intuitivement, émotionnellement, on sent que ça va mal. L'abnégation ne laisse pas l'équation neutre énergétiquement : le parent ou le conjoint – femme ou homme, d'ailleurs – qui se tait *mais n'en pense pas moins,* entretient un silence chargé de ressentiment que les autres perçoivent. Or, le ressentiment ne laisse pas le système familial indemne : il génère une insécurité qui est le contraire de ce qu'on attend de sa famille. Il en résulte que la famille n'est plus un lieu d'épanouissement ni pour les adultes ni pour les enfants parce qu'une mère qui se sacrifie le fait payer, sciemment ou inconsciemment, à son conjoint et à ses enfants. On se côtoie alors dans une ambiance de désamour endémique car si l'on n'exprime ni ses émotions, ni ses sentiments, ni ses besoins, en miroir, les enfants intègrent ces modes d'être, eux aussi et, quoique présentes en sourdine, toutes les tensions restent intériorisées.

Ce qui est idiot, c'est que la situation revêt souvent un degré de pénibilité très élevé et qui se prolonge parce qu'elle repose sur le consentement – ambivalent et pourtant sans cesse réitéré – de la personne qui se tient pour la victime. Comme le dit Titiou Lecoq, il y a aussi une jouissance et un pouvoir à tout faire car si, après neuf ans de cohabitation, mon conjoint ne sait toujours pas où se trouvent les objets dans la cuisine, cela me confirme qu'il vit *chez moi* et que je détiens l'hégémonie sur mon foyer. Il en va de même avec les enfants : oui, *je fais tout sans rien attendre en retour* ; c'est *normal* pour moi, mère, de tout donner. Mais je les trouve ingrats ; et quand on me fait remarquer le côté paradoxal de ma posture, je coupe court. Dans l'intervalle, cette ambivalence, cultivée pendant des années, va de pair avec l'accumulation d'une colère et d'un ressentiment qui minent l'attachement réciproque et qui sapent les fondations du couple et de la famille. Or, comme le dit Manon Garcia, [36] identifier ce en quoi on contribue à la situation que l'on dénonce, autrement dit, s'écarter de la posture de victime, est vecteur d'émancipation dans le sens où on libère alors sa capacité à modifier sa situation pour, à terme, déployer sa capacité à prendre sa vie en main.

En ce qui concerne l'impact sur leurs proches, les femmes qui *font tout pour tout le monde* ne mesurent pas le caractère pervers de leur posture et cela, non seulement pour elles mais aussi pour leur conjoint et leurs enfants. Pervers envers leur partenaire parce qu'au sein du foyer, elles adoptent envers lui une posture maternelle et lui assignent ainsi une position d'enfant, opérant – selon la vision d'Esther Perel – une castration symbolique qui bride son initiative et l'empêche d'agir selon sa tendance spontanée : apporter des solutions, même si ce ne sont pas les solutions qu'on attend. Aujourd'hui, un nombre croissant d'hommes sont, en effet, prêts à assurer leur part des tâches liées à l'intendance. Ils ont peut-être besoin d'une phase d'apprentissage qui demandera le temps nécessaire parce qu'effectivement, ils sont nombreux à ne pas avoir reçu le *mode d'emploi*, mais ils sont prêts à assurer leur part. Les empêcher de le faire – parce qu'ils ont besoin qu'on leur dise que faire, parce qu'ils ne le font pas à notre manière, parce qu'ils sont maladroits ou parce qu'ils sont trop lents – c'est augmenter son stress à soi et c'est catastrophique pour la santé du couple parce qu'un homme humilié déplace son attention vers des zones plus sécures pour lui. Ainsi, comme me le suggérait un père, lorsque naît la famille, il arrive que des jeunes mères s'accaparent jalousement tout ce qui relève de la sphère du soin

36 🔗

au bébé. En écartant le père, elles l'empêchent de cultiver avec l'enfant une intimité qui jouerait pourtant un rôle précurseur dans la nature du soin qu'il serait en mesure et désireux d'apporter à ses enfants par la suite. Du côté des enfants, tout faire à leur place est anti-éducatif, notamment parce que, pour se socialiser, les enfants ont besoin de contribuer. Ils désirent le faire et en ont la capacité parce qu'ils procèdent en modélisant les adultes qui les entourent. Et ils ont besoin de le faire à leur rythme, l'enfance étant une période d'apprentissage où l'on fait inévitablement des gaffes, corollaires de tout processus d'apprentissage. Une personne qui ne fait pas d'erreurs est une personne qui n'évolue pas : sa maîtrise indique juste qu'elle agit dans ses zones de confort. Or, le rôle de l'éducation, c'est d'aider l'enfant à étendre ses zones de confort, ce qui ne se fait pas sans hiatus.

Cette tendance à tout prendre en charge pour tout le monde au point d'anticiper les besoins supposés de nos proches, ce *syndrome du kangourou*, entretient les familles dans le marasme : il humilie le conjoint, déresponsabilise les enfants et entretient les femmes dans une misère émotionnelle qui les accable et les entraîne dans une dynamique perverse alimentée par la frustration et le ressentiment. Ce système est tout le contraire d'un modèle familial qui mettrait en œuvre la bienveillance, la coopération, la souveraineté, la responsabilité, le tout au service de la joie de vivre ensemble qui devrait constituer le socle du lien familial.

6. Le triangle dramatique

Contributeur de l'analyse transactionnelle, Stephen Karpman a proposé un outil qui permet d'éclairer nos enfermements dans des rôles improductifs et malheureux : le triangle dramatique, où se diluent l'énergie coopérative et la joie de vivre.

Quand je me sens impuissante à faire changer les choses, que je me considère *victime* de la situation, des autres, j'ai envie d'abandonner, de me soumettre ou de me rebeller – certainement pas de coopérer – et j'endosse le rôle de *victime*.
Quand je me sens angoissée face à des difficultés, quand j'ai peur de ne pas atteindre mon objectif, quand j'ai l'impression d'être seule à prendre les risques, j'ai tendance à exiger des garanties, à vouloir imposer mes règles – certainement pas à coopérer – et j'endosse le rôle de *persécuteur*.
Quand je manque de confiance dans les capacités des autres mais qu'en

même temps, j'ai terriblement besoin qu'on reste ensemble, je suis prête à me sacrifier pour tout faire à leur place – certainement pas à coopérer – et j'endosse le rôle de *sauveur*.
Victime, persécuteur, sauveur : ce sont les trois rôles disponibles sur la scène du triangle dramatique.

Quand, gouvernée par mes peurs et mon sentiment d'impuissance, j'endosse l'un de ces rôles, j'encourage les autres à entrer en scène pour incarner les rôles complémentaires. La victime appelle un persécuteur et un sauveur ; le persécuteur, une victime et un sauveur ; le sauveur, une victime et un persécuteur. Et quand l'un des trois protagonistes est à court d'inspiration et d'énergie dans son rôle, on change de rôle. Lasse que l'on fasse tout à sa place, la victime se révolte contre les normes qu'on lui impose et tente à son tour d'imposer ses règles ou de prendre tout en charge. Excédé de se sacrifier, le sauveur se plaint de la situation, la reproche aux autres et exige d'eux des sacrifices identiques. Désespéré de ne pas obtenir de résultats, le persécuteur se pose en victime ou se sacrifie pour tout faire.

Tant que les besoins des uns et des autres sont négligés, et tant que j'estime l'autre ou les autres responsables de la situation, ce triangle infernal engloutit l'énergie qui pourrait être mise au service de la coopération familiale et de la joie de vivre ensemble.

Que faire pour retrouver ma souveraineté ?
Prendre le temps de me poser, prendre la responsabilité de ma vie et de mes actes.

Première étape : lorsque je remarque dans le miroir des réactions des autres qui jouent l'un des rôles complémentaires, que j'ai mis en œuvre l'un de ces comportements, la première chose que j'ai à faire, c'est de l'accepter : une part de moi s'est sentie effrayée, impuissante ou abandonnée parce qu'elle avait besoin de sécurité, de liberté d'action ou d'amour. L'accepter, c'est le reconnaître. Le reconnaître, c'est pouvoir le changer.

Deuxième étape : il va me suffire d'adopter d'autres comportements pour répondre à ces besoins. Des comportements adaptés, efficaces et générant du bonheur pour moi-même et pour ma famille.

Qu'est-ce qui nous amène à minimiser nos capacités ? À nous laisser submerger par nos émotions ? À refuser notre responsabilité dans les situations dont nous nous plaignons ? À entretenir un défaitisme et une confusion chroniques alors que nous avons besoin de liberté d'action ? Qu'est-ce qui nous empêche d'incarner un *« je » libre*, l'héroïne que nous sommes au fond, et de mettre en œuvre notre imagination, de proposer, d'agir spontanément, de façon autonome, avec réalisme et clarté ?

Qu'est-ce qui nous amène à tenter d'imposer des règles rigides, souvent difficiles, voire impossibles à appliquer, inutiles et parfois humiliantes alors que nous avons besoin de sécurité ? Qu'est-ce qui nous empêche d'incarner notre *« je » harmonisant*, notre *leader coopératif*, de proposer des règles souples, utiles, applicables, respectueuses et protectrices ? Qu'est-ce qui nous amène à outrepasser notre rôle, sans attendre une demande de la part de l'autre, en nous sacrifiant, en faisant tout, alors que nous avons besoin de reconnaissance, d'intégration, de contribution ? Qu'est-ce qui nous empêche d'incarner notre *« je » contributif*, de participer par plaisir, en restant dans notre rôle, en respectant les limites, la demande de l'autre et en le laissant faire sa part ?[37]

Pablo Servigne et Gauthier Chapelle consacrent leur livre *l'Entraide, l'autre loi de la jungle*[38] à la compilation de travaux scientifiques témoignant au sein du vivant d'une culture de l'entraide, reposant sur une tendance collective spontanée à la solidarité, l'empathie, la bienveillance et la réciprocité. Pour notre part, dans la sphère privée, qu'est-ce qui nous amène à nous emmurer dans des logiques contraignantes et à appréhender notre relation à notre conjoint et nos enfants comme s'ils étaient des êtres indigents, incapables de dialogue, de coopération, de bienveillance, de réciprocité et d'empathie ? Qu'est-ce qui nous amène à privilégier des choix désespérants dont nous ne voyons pas l'issue et à entraîner ceux que nous aimons dans cette spirale morbide ? Voilà le problème que nous allons tenter de circonvenir avec la deuxième partie.

37

38 Chapelle, Servigne, op. cit., pp. 85- 104.

Partie 2 – Comprendre

Chapitre 1

Pourquoi les femmes sont-elles des chieuses ?

Pourquoi les femmes sont-elles des chieuses ?

Je ne me serais peut-être jamais posé la question en ces termes si je n'avais pas vécu la micro-aventure qui suit et qui a totalement bouleversé ma compréhension du phénomène *charge mentale*.

Un après-midi, alors que je quittais la bibliothèque, mes bouquins empaquetés et mon manteau boutonné, j'ai regardé à gauche, sur la table où des livres sont disposés, un peu comme aux abords des caisses, les commerces exposent snacks et friandises.

L'ouvrage qui m'appelait : une brique de 550 pages intitulée *La Femme mystifiée*[39], un livre de Betty Friedan auquel font allusion deux auteurs que j'ai étudiés pour écrire ce livre. Dans la mesure où il était paru en 1963, j'imaginais que le livre de Betty Friedan était tombé aux oubliettes. Je ne l'avais même pas cherché. Et, en cela, je me trompais lourdement. *La Femme mystifiée* est un monument de la littérature féministe américaine qui, aussitôt paru sous le titre *The Feminine Mystique,* a immédiatement été traduit en français par Yvette Roudy et est devenu un *must read* – une lecture indispensable – chez les féministes européennes dans les années 1960, où il a contribué à l'émergence de la deuxième vague féministe qui débutait à l'époque. Danielle Bajomée, professeure émérite de l'université de Liège, alors jeune féministe, m'a

39 Friedan Betty, *La femme mystifiée*, Gonthier, 1964.

confirmé que ce livre faisait partie des références de base. On le voit même déposé sur le lit de Nora, apprentie féministe, dans le film *Les Conquérantes* de Petra Volpe diffusé en 2017. On comprend dès lors que le livre de Betty Friedan ait été réédité en français en 2019, y compris au format poche, préfacé cette fois par la même Yvette Roudy qui, entre temps, a connu la carrière politique que l'on sait, au service de la cause des femmes.

Bien que l'ouvrage de Betty Friedan porte sur la condition des femmes des banlieues américaines des années 1950, l'enquête qui en constitue la matière s'avère d'une contemporanéité stupéfiante et justifie amplement que l'on interroge la question de la charge mentale dont se plaignent les femmes d'aujourd'hui à la lumière des constats et intuitions de Betty Friedan.

La lecture de ce livre m'a d'ailleurs permis de mesurer le gouffre qui sépare la véritable nature du mal-être des femmes d'aujourd'hui et les solutions qui sont proposées, solutions qui, pour la plupart, procurent des outils pour supporter la situation mais peu de choses pour remédier au problème.

Commençons par le titre qui ne dit pas la même chose en français et en anglais. Quand – pour le titre français – on parle de *mystification*, on parle de *travestissement*, d'*arrangement des faits pour abuser quelqu'un*. La *Femme mystifiée* est la femme que l'on abuse en lui faisant croire des fables. Quelles fables ? C'est le titre anglais qui donne la réponse : *The Mystique*, c'est la *mythologie* au sens où l'entendait Roland Barthes, à savoir *une affabulation construite de toutes pièces et qui se donne pour un récit fondateur*. Il s'agit en d'autres termes de propagande. Et le récit en question n'est pas raconté tel quel : il est instillé dans l'imaginaire, comme un virus, à travers des moyens infiniment plus insidieux que le registre verbal, lequel s'adresse au conscient avec une argumentation de type pseudo-rationnel. Non, comme le démontrait Barthes dans *Mythologies*, le langage de cette mythologie est celui de ce que les Américains dénomment encore aujourd'hui les *public relations*, autrement dit le *marketing*. Dans l'espace des médias de masse, le marketing repose sur un arsenal de moyens – images animées, musique, récits, métaphores, injonctions, répétitions à l'infini, le tout incarné par des stars auxquelles on s'identifie malgré soi – pour accomplir le programme qui est posé comme une évidence face à ses destinataires.

On constate ainsi que les ressources de l'hypnose et de la psychologie des profondeurs sont mises au service de la propagande économique. Ce constat posé par Betty Friedan me semble intimement corrélé à l'aliénation des femmes d'aujourd'hui : à mes yeux, la charge mentale est liée au fait que, même si elles se croient émancipées, les femmes d'aujourd'hui épousent hypnotiquement des modèles qui opèrent à leur détriment.

1. De quoi a-t-on convaincu les femmes ?

Dans les années 1950, on a vendu aux femmes le *programme* – au sens de modèle, matrice, marche à suivre – de ce qu'est la *féminité*. *The Femimine Mystique*, c'est la *Mythologie de la féminité*, une mythologie qui est toujours à l'œuvre de nos jours et qui est relayée par les mêmes moyens qu'à l'époque : les médias, les émissions télévisées, la publicité sous toutes ses formes, la presse féminine, la mode, le cinéma, la littérature, les clubs féminins, les enseignants et les manuels scolaires, les jouets, le corps médical, les ministres du culte, les copines, l'éducation au sein de la famille, chacun avec leur rhétorique propre.

Actuellement encore, les féministes déplorent que les femmes soient si peu présentes – à la fois peu nombreuses et laissées dans l'ombre – dans la sphère publique, qu'il s'agisse de la politique, du monde de l'entreprise, du monde du sport, du monde de l'art, etc. Les victoires des féministes du début du XXème siècle avaient pourtant ouvert aux femmes l'accès à l'université et à une vie professionnelle nettement plus gratifiante. Ainsi, ses recherches ont amené Betty Friedan au constat que les revues féminines parues *entre les années 1930 et les années 1950 mettaient en valeur la personnalité des femmes et le fait qu'elles construisaient une carrière. L'accent était* [alors] *mis sur la quête passionnée d'une personnalité authentique que représentait pour les femmes l'exercice d'un métier.* Ce constat vaut pour une période qui s'étend jusqu'aux années 1950 car, ensuite, l'évolution du contexte a induit une régression dans le statut des femmes.[40] À partir des années 1950, l'auteure note, en effet, que *dans les revues féminines, plus aucune héroïne n'est engagée dans une carrière, une profession, un travail, un art, une mission dans le monde autre que celle de ménagère. Comparées à celles des années 1930 et 1940, les héroïnes sont de plus en plus jeunes, physiquement ainsi que dans leur façon d'être assujetties, à la manière d'un enfant. Leur seul débouché sur l'avenir réside dans la maternité.*[41] *L'héroïne disparaît totalement* : *elle a perdu son identité particulière et*

40 Friedan Betty, ibid., pp. 55-60.
41 Friedan Betty, ibid., p. 63.

n'est plus maîtresse de son destin. Au bout du chemin se trouve la vie commune qui ne laisse à la femme aucun domaine secret à cacher : elle n'existe que par procuration à travers son mari et ses enfants.[42]

En termes de contenus rédactionnels, ce qui fonde la différence entre les contenus de la presse féminine d'avant et celle d'après la deuxième guerre mondiale, c'est qu'entre les années 1930 et les années 1940, les auteurs de la plupart des articles étaient des femmes. Or, les contenus reflétant l'image d'une femme dynamique faisant carrière furent presque exclusivement l'œuvre de femmes écrivaines et rédactrices. En revanche, Betty Friedan constate que dans les années 1950, les études psychologiques révèlent que la jeune maîtresse de maison qui vient de finir ses études secondaires ou qui quitte l'université pour se marier ne lit que des magazines qui considèrent que les femmes ne s'intéressent pas aux idées. Ainsi, si les magazines des années 1930 et 1940 abordaient des sujets d'ordre social et politique, dans les années 1950, on n'y trouvait plus que des articles traitant du foyer et de la ménagère, ou bien des articles parlant de la femme en tant que femme d'intérieur, une façon discrète de valider la condition de ménagère et d'éviter d'encourager les femmes à nourrir des aspirations qui les détourneraient de leur réclusion. Passant en revue le sommaire d'une revue féminine des années 1960, Betty Friedan y découvre l'image d'une femme jeune et frivole très féminine, passive, animée d'une seule quête : le mari. *Dans la seconde moitié du XX*^ème^ *siècle,* note l'auteure, *l'univers de la femme américaine se limitait à des préoccupations corporelles et esthétiques, à savoir : tirer parti de ses charmes pour retenir un homme, engendrer une descendance, et entourer de soins et d'attention un mari, des enfants, un foyer.*[43]
Mais où se trouvent les rubriques qui devraient être consacrées aux nourritures spirituelles, à la vie de l'esprit ? Demande l'auteure.

Sachant que ces articles de revue étaient rédigés par des hommes, on devine combien ils pouvaient refléter les désirs de leurs auteurs et non les aspirations des lectrices. Sous couvert de parler d'elles aux femmes, c'est le programme que les hommes et la société ont élaboré pour elles qu'on leur a fait avaler.

Après les droits obtenus de haute lutte par les féministes dans les années 1920, cette mythologie apparaît ainsi comme un revers redoutable puisqu'elle consiste, en fait, à ramener les femmes à leur fonction biolo-

---

42 Friedan Betty, ibid., p. 68.
43 Friedan Betty, ibid., pp. 49-51.

gique.

Si elle se réduit à sa seule nature biologique, la femme se doit d'être désirable. « Désirable », cela signifie « enfantine, immature psycho-émotionnellement » et aux formes suffisamment rebondies pour éveiller le désir. Sachant que, comme l'écrit Victoire Tuaillon, *la domination masculine n'est pas [...] librement consentie, que toutes, nous débarquons dans une culture déjà constituée, nous en sommes les produits, et nous la produisons, par nos pratiques et nos existences.*[44]

Dès les années 1950, on voit donc les femmes se marier de plus en plus jeunes, dès 18 ou 19 ans. Entrevoyant le gouffre existentiel qui les attend, certaines confessent à Betty Friedan qu'elles n'entreprennent pas d'études, de crainte de nourrir des aspirations intellectuelles dont l'inaccomplissement augmenterait leur frustration. En effet, dans la mesure où son horizon consiste à prendre soin de son époux et engendrer, la femme doit être une bonne ménagère, une experte de l'intendance domestique et doit réduire ses ambitions aux limites de son foyer. La propagande veillera d'ailleurs à faire du statut de ménagère un *métier* qui sera carrément indiqué sur la carte d'identité. Que ce statut soit castrateur, voilà ce que pressentent les jeunes femmes avant de s'y engager, puisqu'elles se refusent à faire des études supérieures avant leur mariage.

Dans *The Feminine Mystique*, Betty Friedan évoque les fondements sociologiques, historiques et les motivations de cette mythologie qui a arraché aux femmes des années 1950 cette précieuse dignité acquise par leurs grands-mères quelques décennies auparavant et qui avait notamment permis aux femmes d'étudier à l'université et d'accéder à des emplois valorisants. À partir des années 1920, on a donc vu les femmes débarquer sur le marché du travail et la presse féminine adopter un nouveau ton, mettant en valeur ces héroïnes autonomes, assertives et souvent engagées dans la vie professionnelle. À son tour, la deuxième guerre mondiale permettra aux femmes d'occuper des postes à responsabilités et de maintenir la stabilité économique tandis que les hommes sont au front.

C'est au retour des hommes que les choses se gâtent, signale Betty Friedan. On fait tout d'abord en sorte que les femmes s'effacent au profit de ces hommes qui doivent retrouver un emploi, ce qui, par exemple, du côté de la presse féminine, rendra aux hommes leurs postes de ré-

44 Tuaillon Victoire, *Les couilles sur la table*, Binge Audio-Éditions, 2019, p. 11.

dacteurs tandis que les femmes seront poussées vers la sortie, ce qui fut le cas de Betty Friedan, à l'époque elle-même journaliste (avec une formation initiale en psychologie). L'auteure note aussi qu'au retour de la guerre, les hommes ne rêvent que d'un nid douillet et de réconfort, ce qui apportera un élément de motivation supplémentaire à l'édification de cette *mythologie de la féminité* qui renvoie les femmes au foyer.

Privilégiant les ambitions domestiques, cette *mythologie de la féminité* présente les femmes qui font des études et exercent une profession comme des femmes dénaturées, masculines et frigides. Dans les faits, les choses semblent bien différentes puisque l'enquête de Betty Friedan a établi que les femmes qui terminent leur parcours universitaire et exercent un métier stimulant font des mariages plus matures, dans un rapport d'égalité avec leur conjoint qui apporte son soutien à leurs projets. L'enquête indique aussi qu'en termes d'accomplissements sexuels ces femmes sont plus satisfaites et, notamment, connaissent l'orgasme beaucoup plus que les *ménagères* ne peuvent y prétendre.

Comment des millions de femmes se sont-elles laissé convaincre d'opter pour le *métier* de ménagère, alors que leurs grands-mères avaient remporté le droit d'étudier et d'exercer un métier et que leurs mères travaillaient elles aussi ?

C'est le fruit de stratégies d'ingénierie sociale au service de l'économie et subsidiairement au service des hommes : des *professionnels du marketing* ont œuvré à saboter l'image de la femme qui s'était fait jour depuis les années 1920 et qui avait amené des femmes de plus en plus nombreuses à devenir autonomes et à s'affirmer sur le marché du travail, et cela, pour la ramener au foyer et en faire une consommatrice.

Au sortir de la 2ème guerre mondiale, de la même manière que l'industrie chimique s'est trouvé de nouveaux débouchés en développant l'agro-industrie,[45] la reconversion de l'industrie de guerre a conduit les établissements industriels travaillant pour la défense nationale à consacrer leurs stocks et leurs capacités techniques à la production de biens civils : tracteurs à chenilles, machines agricoles, équipement pour les mines, machines à coudre, machines à laver, réfrigérateurs, motocyclettes, etc.[46]

---

45 https://sosbiodiversite.wordpress.com/2008/11/11/agro-industrie-industrie-de-guerre-les-liaisons-coupables/

46 https://www.lemonde.fr/archives/article/1956/08/30/reconversion-partielle-de-l-industrie-de-guerre_2245246_1819218.html

Sachant que les femmes représentaient aux USA autour de 75 % du pouvoir d'achat, il s'agissait donc de modifier les mentalités, de reconfigurer l'imaginaire des femmes et de la vie domestique de manière à gommer l'épisode *femmes émancipées* et à rendre désirable le statut de ménagère pour ramener les femmes au foyer et en faire des consommatrices. Le monde de l'industrie a donc embauché des professionnels du marketing pour développer une propagande de nature à concrétiser cet objectif et faire passer la femme du statut de *citoyenne* à celui de *consommatrice*.

Pour comprendre l'élaboration des campagnes de propagande qui ont conduit ces millions de femmes à considérer l'autonomie comme un mauvais choix et préférer le statut de *ménagère*, on doit évoquer Edward Bernays, le père fondateur du marketing contemporain. Concepteur de l'expression *public relations* (l'équivalent américain de notre *marketing*) en remplacement du trop explicite *propagande*, en 1929, il a publié un livre intitulé *Propaganda*, qui fut réédité en français en 2007.[47]

Même si l'histoire a oublié le personnage, l'impact qu'Edward Bernays a exercé sur la société américaine et le destin des femmes en particulier est, encore de nos jours, d'une prégnance tellement profonde que l'on ne peut faire l'économie d'une évocation détaillée.
Par ses apports, Edward Bernays a révolutionné les pratiques du monde de la publicité, amenant les publicitaires à abandonner la simple annonce composée de l'image du produit accompagnée d'un slogan vantant ses pseudo-qualités. Suivant le fondateur, ils ont adopté des procédés mettant en œuvre les rouages de la psychologie des profondeurs pour opérer de véritables conditionnements de masse auxquels le déploiement des médias de masse a aujourd'hui donné une ampleur planétaire.

Neveu de Freud, dont il maîtrisait les concepts et dont il a assuré la notoriété aux USA, Edward Bernays était aussi l'émule de Gustave Lebon et de ses travaux sur la psychologie des foules. Il s'alimenta également aux réflexions de son contemporain, Walter Lippman, dont les idées sur la *Fabrique du consentement* ont inspiré à Noam Chomsky et Edward Herman *La Fabrication du consentement*, un ouvrage qui étudie notamment le système économique et social qu'Edward Bernays a contribué à mettre en place aux USA.

---

47 🔗

Edward Bernays est connu pour avoir développé des campagnes de propagande à l'échelle nationale aux USA, dont le succès est proprement effarant, compte tenu du cynisme qui les animait. Concernant les femmes, il a notamment élaboré la campagne *the torches of Freedom.*

2. Les torches de la Liberté

Edward Bernays est donc connu pour avoir lancé la pratique qui consiste à intégrer la psychologie des profondeurs et les techniques du conditionnement dans la conception des campagnes de marketing qu'il élaborait pour ses clients *corporate,* ce qu'on désigne aujourd'hui plus explicitement comme *l'ingénierie sociale.* Ainsi, dans les années 1920, il a été mandaté par une compagnie œuvrant dans l'industrie du tabac pour inciter les femmes à fumer. Il faut savoir qu'à l'époque, seuls les hommes fumaient, tandis qu'un tabou interdisait aux femmes de fumer en public, ce qui privait l'industrie du tabac de l'accès à 50 % du marché. Edward Bernays a donc trouvé le moyen d'inciter les femmes à fumer en public en associant la cigarette au mouvement de libération des femmes qui se déployait à l'époque, dans les années 1920.

Pour ce faire, il a recruté un groupe de jeunes femmes qu'il a présentées aux médias comme des suffragettes. Ces filles avaient pour consigne de fumer ouvertement lors de la *Easter Parade* de 1929 sur la 5ème avenue à New York, en désignant les cigarettes comme les *torches de la liberté*, en référence à la statue de la Liberté. Edward Bernays donna des indications telles aux médias que cette mise en scène fut perçue comme un mouvement spontané et interprétée comme un moment clé dans la lutte pour l'égalité des genres. C'est ainsi que le décodage orchestré de cette mise en scène intronisa la cigarette comme un emblème fort de l'émancipation féminine. Ce faisant, Edward Bernays témoignait une fois encore de la possibilité d'industrialiser la manipulation de l'opinion publique à des fins économiques et politiques. Il n'est d'ailleurs pas étonnant qu'Hitler et Goebbels aient été fascinés par les réussites d'Edward Bernays en matière de manipulation des foules au point d'intégrer ses stratégies dans leurs programmes.

On peut deviner l'influence d'Edward Bernays sur deux des tendances qui ont infléchi le destin des femmes à partir des années 1950 : pour commencer, l'accent mis sur la biologie. Ensuite, celui mis sur la consommation.

Betty Friedan associe l'argumentation du mouvement de domestication des femmes aux théories freudiennes dont, je le rappelle, Edward Bernays avait orchestré la diffusion aux USA dans les années 1920. Dans les années 1950, la psychanalyse avait gagné l'ensemble du territoire des Etats-Unis. De nombreux cabinets de psychanalyse s'étaient ouverts et Anna Freud, la plus jeune fille de Freud, était la cheffe de file du mouvement. Dans ce contexte idéologique, Betty Friedan, qui était psychologue, note que ce sont les théories freudiennes qui ont légitimé la réduction des femmes à leur fonction biologique. Cette influence freudienne est double puisque d'une part, elle conditionne la représentation de la femme qui va s'imposer à partir des années 1950 – née pour procréer, elle est destinée à œuvrer à l'intérieur du foyer. Pour ce faire, elle doit d'abord être séduisante pour s'attirer un époux et ensuite, veiller au maintien du foyer. D'autre part, la théorie de l'inconscient et spécifiquement le travail du rêve fournit les moyens d'influence qui seront mobilisés pour orienter les décisions des femmes.

Betty Friedan explique aussi combien l'image de *la militante féministe* présentée comme une mante religieuse frigide et castratrice – vision promue par les détracteurs du mouvement féministe – est directement issue de la vision freudienne de *l'envie du pénis* qu'éprouverait la petite fille lorsqu'à la vue du pénis d'un garçon, elle se perçoit comme castrée. Par ailleurs, comme je l'ai écrit précédemment, les femmes qui poursuivaient des études universitaires, avaient un métier, se mariaient plus tard et affirmaient un certain *leadership* étaient, elles, présentées comme des hommasses, alors qu'en réalité, il s'agissait plutôt de femmes libres qui poursuivaient le mouvement d'émancipation amorcé dans les années 1920.

Qu'est-ce qui a amené tant de jeunes filles des années 1950 à céder aux sirènes du lavage de cerveau ? La peur de l'avenir. La propagande organisée pour domestiquer les femmes s'étant attachée à tourner en ridicule celles qui travaillaient, le discrédit qui pesait sur leurs mères privait ces jeunes filles de modèles auxquels se référer. La plupart d'entre elles ne parvenaient dès lors pas à se projeter dans l'avenir où elles ne voyaient qu'un gouffre sombre. Face à cette perspective inquiétante, le mariage apparaissait comme l'issue salvatrice parce qu'il leur offrait un scénario cousu de fil blanc, l'avenir sûr qui les mettrait à l'abri de tout danger

En préférant la *féminité* aux risques d'une crise de croissance, en refusant de se construire une personnalité dans la confrontation avec le principe de réalité, *ces filles,* dit Betty Friedan, *se condamnaient finalement aux souffrances d'une insatisfaction confuse, de la non-existence, d'un non-engagement, d'une vie sans but, de ce que l'on peut appeler*

« anomie », ou absence d'identité, ou simplement « l'indéfinissable malaise ».[48]

C'est donc dans cette mer d'ennui, qu'apparaît le *problème qui n'a pas de nom, the problem that has no name*, expression sous laquelle Betty Friedan désigne l'incommensurable mal-être qui frappe ces femmes qui, au départ pour se rassurer, ont cédé à la tentation du *métier* de *ménagère*. Cette expression – *The problem that has no name* – donnera son titre à un livre ultérieur de Betty Friedan.

3. Le problème qui n'a pas de nom et le métier de ménagère

Ce problème que certains médecins finiront par appeler le *syndrome de la ménagère cultivée* n'est pas sans évoquer ces deux tendances actuelles que sont *l'*épuisement maternel et le *bore-out*, que l'on confine habituellement à la sphère du travail. Dans les colonnes du New York Times, dépouillées par Betty Friedan, on découvre dans les années 1950 que *toutes* [les ménagères] *reconnaissent qu'elles éprouvent parfois un profond sentiment de frustration dû à une absence de vie personnelle, aux charges qui reposent sur elle, à la monotonie de la vie familiale, et ses limites étroites*. Betty Friedan complète le tableau avec ces mots : *tout comme un schizophrène, elle faisait autrefois de la critique poétique. Elle écrit maintenant des notes pour le laitier. Jadis, elle déterminait la température d'*ébullition de l'*acide sulfurique*. [...] *Il semble que personne, et elle encore moins que les autres, ne se rende bien compte de ce qu'elle est en train de devenir sous l'effet de cette curieuse métamorphose qui mue une poétesse en mégère.*[49] Car oui, on le constate trop fréquemment, l'absence de stimulations dans le contexte domestique suscite des réactions émotionnelles qui, au bout de quelques années, convertissent la nymphette en virago. C'était vrai dans les années 1950. C'est vrai aujourd'hui. L'une de mes témoins ne se qualifie-t-elle pas elle-même de *harpie* quand elle évoque la façon dont elle s'en prend à son conjoint et ses enfants ?

En conséquence de la répression des besoins en stimulations intellectuelles, pour anesthésier leur fureur de vivre, beaucoup de femmes se sont donc mises à prendre des tranquillisants, comme on prendrait des pastilles contre la toux. *Quand on se réveille le matin et que l'on ressent l'inutilité et l'absurdité de la journée qui s'*étend devant soi, on prend un tranquillisant et l'*on oublie que tout cela est sans intérêt,* témoigne

48 Friedan Betty, op. cit., p. 269.
49 Friedan Betty, ibid., p. 31.

l'une d'entre elles.[50]

Plus encore, face à leur vide existentiel, elles surinvestissent leur intérieur, leurs enfants et leur mari, vivant en quelque sorte par procuration, comme en témoigne cette jeune fille de 17 ans en 1960 : *Ma mère est comme vide. Elle met tellement d'elle-même dans sa famille qu'il ne lui reste plus rien et elle nous en veut parce que nous ne lui donnons pas suffisamment en retour. Mais par moments, il semble que sa vie soit dépourvue de sens. Ma mère ne semble pas avoir d'autre utilité que d'entretenir la maison. Elle n'est pas heureuse et elle ne rend pas mon père heureux. Si nous ne comptions pas pour elle, le résultat serait le même. En la voyant telle qu'elle est, je me surprends à vouloir différer d'elle en tout. Je ne pense pas qu'il puisse s'agir d'amour. Quand j'*étais petite et que je me précipitais vers elle pour lui dire que je venais d'*apprendre à faire le poirier, elle n'*écoutait même pas.[51]

Cet état de déréliction qui trouve un dérivatif dans le surinvestissement du foyer trouve un exutoire dans une manie d'achats compulsifs qui constituent une véritable manne pour l'économie. La boucle est donc bouclée, puisque l'une des finalités de la domestication des femmes est bien de doper l'économie.
À ce stade, dans ses traits les plus sinistres, Betty Friedan indique que le *syndrome de la ménagère cultivée* se traduit dans le sentiment de vide, la paresse, l'ennui, l'alcoolisme, le penchant pour la drogue, le laisser-aller physique, la maladie ou le désespoir. Certaines d'entre elles sombrent dans l'hypersexualité, allant jusqu'à s'offrir aux voisins ou aux représentants de commerce.

Dans ce contexte, les Américaines ont tellement perdu la notion de ce que c'est qu'être une femme que, pour se forger une identité elles se réfèrent à l'image publique d'une perfection glacée que diffusent les revues féminines et la publicité. Loin d'être innocente et fortuite, cette identité suggérée résulte, comme je l'écrivais plus haut, de la mobilisation de millions de *dollars que le monde de l'entreprise investit dans la publicité précisément pour orienter les décisions de ces femmes dont on s'est arrangé pour qu'elles ne sachent plus qui elles sont.*[52]

Mais qui est ce *on* ?
Betty Friedan souligne que dans tout ce qui a pu être dit sur le rôle de

---

50 Friedan Betty, ibid., pp. 43-44.
51 Friedan Betty, ibid., p. 106.
52 Friedan Betty, ibid., p. 103.

la femme et la féminité, on tend à oublier que le monde des affaires est la force la plus puissante des États-Unis et que la survivance de la vocation de *ménagère* et de la mythologie de la féminité se comprend aisément quand on prend conscience du fait que les femmes sont les principales consommatrices du marché américain. À *un certain niveau de l'*édifice, dit l'auteure, *quelqu'un a dû s'apercevoir qu'elles achèteraient davantage si on les enfermait dans leur condition de femme au foyer, avec leurs énergies disponibles, dans cet état de semi-utilité et d'aspirations confuses.*[53] Et c'est là que l'auteure évoque sa rencontre avec le double d'Edward Bernays : *J'ai compris comment le phénomène s'est produit le jour où j'ai rendu visite à un homme qui recevait près d'un million de dollars par an pour se livrer sur les femmes à des manipulations psychologiques à des fins commerciales,* écrit-elle. [...] *Les murs d'une pièce aussi grande qu'une salle de bal de deux étages sont couverts de rayonnages métalliques abritant un millier d'*études de toutes sortes effectuées pour le compte *d'industries et de milieux d'affaires et 300 000 interviews prises pour la plupart auprès de ménagères américaines. [...] L'esprit qui avait dirigé ces études approfondies était allègrement et pleinement conscient du vide, de la stérilité de la plupart des vies des ménagères, de leur existence sans but et de leur vie sexuelle sans joie.*
Avec cynisme, ce précieux serviteur des puissances cachées m'expliqua le but de la politique de la femme au foyer. Il me montra que le vide créé par son manque de personnalité, sa disponibilité [pouvaient] être comblés par un pouvoir d'achat convertible en dollars. « Convenablement manipulée la femme américaine peut trouver dans le besoin d'acheter que nous créons en elle, un palliatif à ce manque de personnalité, de but, à ce dessèchement et à cette insatisfaction sexuelle que nous lui connaissons », concluait le témoin de Friedan.[54]

Betty Friedan évoque ainsi une étude de marché pour les appareils électriques ménagers demandée par l'éditeur d'un important magazine féminin en 1945 et note que les résultats de cette enquête intéressèrent au plus haut point les entreprises que la fin de la guerre allait priver de contrats et qui songeaient à les remplacer en créant de nouveaux besoins chez les consommateurs. Il s'agissait d'une étude de la psychologie de la ménagère qui concluait que la *maîtresse de maison équilibrée* représente le type de cliente le plus favorable au marché. Les fabricants d'articles ménagers avaient dès lors intérêt à faire naître chez le plus grand nombre de femmes possible le désir d'appartenir à cette catégorie et à

53 Friedan Betty, ibid., pp. 307-308.
54 Friedan Betty, ibid., pp. 309-310.

les persuader – à l'aide de procédés publicitaires – qu'être une maîtresse de maison accomplie est un art et doit être le but de toute femme normalement constituée.[55] Les conclusions de l'enquête donnaient ce conseil : *« aidez-la à accepter ses tâches serviles en lui représentant qu'elle est tout simplement l'ange gardien de sa famille, celle qui détruit par millions les microbes. Mettez l'accent sur son rôle de pilier de la famille… aidez-la à devenir une spécialiste hautement qualifiée plutôt qu'un simple manœuvre. »*

4. Le mythe de la perfection

Ces informations éclairent d'une lumière crue le contexte culturel et le marasme psychologique dans lesquels le perfectionnisme fait son nid et l'on perçoit plus clairement la frénésie obsessionnelle qui l'anime. S'engageant sur cette voie qu'on lui prescrit, la femme au foyer devient *omnisciente* : elle est l'experte de son foyer et au nom de cette expertise, elle maltraite son conjoint et ses enfants.[56]
*Ses condensés d'*économie domestique et de vie conjugale à la main, dit Russel Lynes,[57] *des exemplaires du Docteur Spock et du Docteur Van de Velde sur l'*étagère, la jeune épouse américaine, tout entière vouée à son mari, ses enfants et sa maison, a commencé insensiblement, irrésistiblement, épouvantablement, à régenter sa famille plus étroitement encore que ne l'*avait fait sa mère.*

Pour avoir recueilli de nombreux témoignages de femmes se plaignant de charge mentale, je pense que pas mal d'entre elles pourraient, non sans effarement, se reconnaître dans ces descriptions. Le surinvestissement du foyer et de l'intendance, le fait de malmener son conjoint et ses enfants au nom de l'intégrité domestique, l'omniscience, la tendance à compenser son état de déréliction dans une compulsion d'achats apparaissent comme autant d'indices d'un conditionnement qui est d'une tout autre essence que psychologique.

Pour en revenir à l'étude de marché réalisée pour l'éditeur d'un important magazine féminin mentionné plus haut, le rapport suggérait encore d'*exploiter le sentiment de culpabilité que la ménagère ressent à l'idée que tout n'est pas parfaitement propre chez elle, que des recoins ont échappé à sa vigilance, afin qu'elle mette sa maison sens dessus dessous et se lance dans des opérations de grand nettoyage qui lui don-*

55 Friedan Betty, ibid., p. 313.
56 Friedan Betty, ibid., p. 321.
57 Russel Lynes était à l'époque le rédacteur en chef du *Harper's Magazine*.

neront pour plusieurs semaines le sentiment du devoir accompli. (Les moments de grand nettoyage sont les moments où elle est le plus vulnérable, où elle essayera le plus volontiers de nouveaux produits et la publicité idéale lui fera miroiter la promesse d'une tâche parfaitement remplie). À ce sujet, le rapport prodiguait ce conseil tout spécial : *e vendeur doit également souligner le plaisir que l'on retire de l'accomplissement parfait de chacune des tâches en gardant à l'esprit que presque toutes les ménagères – même celles qui détestent franchement leur emploi – en arrivent quelquefois assez paradoxalement à trouver un dérivatif à la monotonie de leurs travaux soit en les acceptant simplement, soit en s'y « jetant à corps perdu » selon leurs propres termes.*[58]

On retrouve ici un encouragement à l'*ergomanie*, le besoin d'être occupée en permanence au sein du foyer associée à la *grandiosité* – la conviction que tout a de l'importance – mentionnées précédemment au sujet des femmes d'aujourd'hui, et qui permettent de maintenir une forme d'équilibre en se convainquant que les moindres préoccupations matérielles, comme les soins à donner aux enfants, ont une valeur mystique créatrice, et que les enfants seront incroyablement frustrés si elle les perd un instant de vue.

Chez Betty Friedan, cette forme d'affairement les cadenasse dans des routines domestiques qui leur procurent un sentiment de futilité ou de vide. Elles refont la salle à manger, encaustiquent le revêtement de la cuisine plus souvent que nécessaire, ont un nouvel enfant pour que les soins au bébé s'ajoutent aux autres tâches domestiques, mais en réalité, la majeure partie de leur temps est consacré à des tâches inutiles.[59] Et ici encore, on retrouve la tendance qu'ont beaucoup de femmes d'aujourd'hui à s'imposer des tâches dépourvues de motivation réelle pour préserver dans leur foyer une netteté superflue.

Le problème de la femme américaine, conclut Betty Friedan, *est de ne pas avoir de vie personnelle en propre pour s'intéresser à des questions qui la concernent, elle. Même si elle avait plus de temps et un endroit à elle, elle ne saurait qu'en faire.*[60] Cette affirmation ne se vérifie pas auprès des femmes d'aujourd'hui. Contrairement aux femmes dont parle Friedan, la majorité des femmes qui se plaignent aujourd'hui de charge mentale ont des ambitions, des rêves, des projets. L'idéologie a cependant agrégé une telle quantité de contraintes, de devoirs et d'obligations

58 Friedan Betty, op. cit., pp. 324-325.
59 Friedan Betty, ibid., p. 362.
60 Friedan Betty, ibid., p. 368.

allant à l'encontre de leurs projets qu'elles en viennent à y renoncer ou à les reporter indéfiniment.

En filigrane, se profile la question du temps, cette denrée précieuse après laquelle on court frénétiquement… et l'interrogation importante à son sujet : pourquoi n'a-t-on jamais le temps ? Ou encore, pourquoi courons-nous après le temps ? C'est la loi de Parkinson qui nous apporte la réponse sous forme de plusieurs reformulations valables aujourd'hui comme dans les années 1950 : *le travail ménager augmente en fonction du temps dont on dispose pour l'accomplir* ; ou *les fonctions de la mère de famille prennent plus d'ampleur en fonction du temps dont elle dispose* ; ou *les problèmes sexuels prennent d'autant plus d'importance que l'on a plus de loisirs. La loi de Parkinson explique en somme pourquoi, même avec les appareils ménagers les plus sophistiqués qui lui économisent tant de peine, la femme américaine passe plus de temps à s'occuper de son intérieur que sa grand-mère.*[61] Et il y a de bonnes raisons à cette dilatation du temps : l'affairement qui l'accompagne comble le vide existentiel qui constitue le problème majeur de la ménagère.

5. Épuisement et *bore-out*

Betty Friedan observe que, alors que de nombreuses ménagères se plaignent de fatigue, certains médecins ont découvert qu'elles dormaient trop et ont affirmé que la cause du mal dont elles souffraient n'était pas la fatigue, mais l'ennui.

Le travail de Betty Friedan met en perspective la façon dont on se représente la charge mentale aujourd'hui. En effet, alors que de nos jours on l'appréhende d'un point de vue phénoménologique et sur base de la seule évocation de l'expérience de celles qui s'en plaignent, du fait de la mise en perspective qu'elle opère, Betty Friedan nous donne la mesure de l'aliénation qui affectait les femmes des années 1950, aliénation dont les femmes d'aujourd'hui sont légataires : quand on les invite à étendre l'expression de leur mal-être au-delà de la question de l'intendance, cela fait peu de doute.

Ainsi, le livre de Betty Friedan ne fournit pas une préfiguration de la charge mentale abordée du seul point de vue de la personne qui s'en plaint mais une espèce d'hologramme, une sorte de perspective chorale

---

61 Friedan Betty, ibid., p. 358.

constituée de l'expérience des protagonistes, de l'évaluation des professionnels, pédagogues, médecins et thérapeutes, et de la restitution de l'expérience des proches, ce qu'on n'obtient pas quand ce sont les femmes elles-mêmes qui se plaignent de leur situation. Dans la mesure où, souvent, les influenceuses encouragent les femmes à s'exprimer à partir d'une position de victime, on ne les voit pratiquement jamais s'évaluer à partir de la position du *bourreau*, ou du *sauveur*, ce qui apparaît ici, parce qu'on bénéficie d'autres points de vue qui font surgir le caractère anomique du problème.

Ainsi, alors que les témoins d'aujourd'hui ne l'évoquent quasi pas, on voit ici émerger *le côté obscur* de la charge mentale : le fait d'abdiquer le sens de l'existence, d'en quelque sorte se dissocier, qui conduit à privilégier les objets, à surinvestir l'intendance domestique, à harceler ses proches, à être omnisciente et normative – un penchant usuellement appelé *le perfectionnisme* – à être encline à l'ergomanie et la grandiosité, ainsi qu'aux ennuis de santé et notamment les problèmes gynécologiques, ainsi que les addictions : hyperphagie, consommation de substances toxiques, achats compulsifs, etc.

Quand elles se plaignent, les femmes d'aujourd'hui s'en tiennent à une phénoménologie de leurs problèmes et se voient offrir des propositions d'accompagnement de même nature, des *méthodes* relevant des thérapies cognitives et comportementales qui les aident à supporter leur situation, voire à la transcender mentalement par la voie des techniques du développement personnel mais ne les émancipent pas : on leur propose de *faire avec*, de s'accommoder de cette situation qui ne semble pas sujette à discussion. Personne ne semble envisager la nature symptomatique de ce que vivent les femmes en situation de charge mentale et la possibilité d'aller au-delà des apparences pour mieux comprendre et, idéalement, changer de paradigme.

Si l'on interroge l'histoire on constatera que d'autres manifestations de nature analogue ont été étudiées, tantôt dans le cadre de la psychiatrie, tantôt dans le cadre de l'ethnopsychiatrie. Que l'on pense aux *hystériques* de Freud ou aux rituels du tarentisme notamment observés par Ernesto de Martino dans le Salento, l'extrême pointe du talon de l'Italie. On constatera que les sujets sont principalement des femmes affectées de phénomènes interprétés comme de la possession ou de la transe hystérique (à caractère dionysiaque pour le tarentisme) et que ces phénomènes se déroulent dans des contextes où l'église autant que la culture imposaient aux femmes des contraintes insupportables auxquelles ces rites offraient un exutoire salutaire.

6. Le mythe de la féminité au XXIème siècle

Ainsi, alors que les approches actuelles associent la charge mentale principalement à des problèmes d'intendance, par l'éclairage qu'il apporte sur la situation des *ménagères* dans les années 1950, l'ouvrage de Betty Friedan nous révèle que le mal-être des femmes d'aujourd'hui est alimenté par des motivations dont l'origine ne remonte pas à la nuit des temps mais est toute proche, au contraire. On peut même conclure que rien n'a changé et que l'oppression s'est même consolidée notamment du fait de l'évolution des technologies de la communication, technologies qui favorisent aujourd'hui un harcèlement mental, et donc un conditionnement, d'une intensité encore jamais atteinte dans l'histoire de l'humanité. Si l'on a oublié Edward Bernays, aujourd'hui ses héritiers harcèlent sans répit des femmes intronisées *consommatrices* sans l'avoir demandé.

Quand on écoute les femmes parler, on pourrait croire que certaines manies comme le perfectionnisme, l'ergomanie ou l'abnégation traduisent des traits de personnalité. Par la littéralité de ses apports documentaires, le livre de Betty Friedan nous suggère au contraire qu'une série de sujets de plaintes associés à la charge mentale sont conditionnés par *le mythe de la féminité* dont, je le rappelle, la domestication des femmes au service des hommes et de l'économie, constitue la double motivation principale.

Voici une liste non-exhaustive de ces traits revus à l'aune du *mythe de la féminité*.

- Le fait de redouter une évaluation extérieure, une sorte de *Big Brother* ou de *sur-moi* qui opère en permanence dans tous les domaines de la vie et qui amène à craindre le regard des autres au cas où la maison serait mal rangée, les enfants habillés sans goût ou inscrits aux *mauvaises* activités.
- L'immaturité et ses corollaires que sont le besoin de validation et une quête de réassurance tous azimuts.
- Le fait de se sentir coupable pour un oui pour un non.
- L'ergomanie et son corollaire, la grandiosité, qui amènent à s'affairer sans répit et à accorder une importance égale à tout et à vouloir *faire tout et tout bien en s'efforçant de le vivre bien* (car nous sommes au-

jourd'hui dans l'ère de la *happycratie*).
- La normativité, fréquemment revendiquée sous l'appellation euphémique de *perfectionnisme*.
- Le surinvestissement de la chose domestique.
- Le fait de se sentir investie au service de ses enfants et les dérives possibles qui en résultent du côté de l'hyperparentalité et de la babycratie.
- L'abnégation et le déni de ses propres besoins, autrement dit, la soumission, dont parle Manon Garcia, qui est en même temps un pouvoir exercé sur l'autre, en particulier le pouvoir d'exiger de lui une vie qui a du sens, là où soi, on a abdiqué.
- La réification de ses proches s'exprimant dans une posture omnisciente, dans le contrôle, et dans une ambivalence vis-à-vis du couple et de la parentalité.
- La somatisation, autrement dit l'expression dans le corps du mal-être existentiel. À ce sujet, l'usage de la pilule est l'une des manifestations contemporaines les plus prégnantes de l'aliénation des femmes. Ses effets étant aujourd'hui beaucoup mieux identifiés, la pilule est notamment réputée pour agir sur les femmes comme une camisole chimique qui lisse leurs émotions et bride l'accès à leur véritable nature, cette nature tant redoutée de *femmes sauvages* qui amène régulièrement l'une ou l'autre d'entre nous à se faire traiter de *femme dangereuse*, expérience qui révèle la persistance des clichés qui entachent les femmes *instruites*, les femmes qui militent, bref les femmes émancipées qui échappent aux stéréotypes.

Tous ces éléments traduisent l'aliénation dont font l'objet les femmes d'aujourd'hui, aliénation qui les amène à agir en ennemies d'elles-mêmes, mettant l'accent sur les objets au détriment des liens et imputant à des *autres* intériorisés par le pouvoir de la colonisation intérieure la responsabilité de leur malheur.

L'aliénation leur ayant été léguée en héritage, la plupart des femmes d'aujourd'hui s'aiment comme elles ont été aimées : comme des objets. Et parce qu'elles s'appréhendent comme une pure matérialité, elles prennent soin des apparences et se réalisent dans la matière.

Cependant, bien qu'elles aient *tout pour être heureuses,* elles ne le sont pas. À l'intérieur, les tensions retenues résonnent dans un gouffre ontologique sans fond. L'être crie mais on n'a pas les oreilles pour l'entendre. Alors, il recourt au seul langage que l'on a appris à considérer : le symptôme, les maladies auto-immunes, gynécologiques et autres, l'accident, le burn out, la stérilité, les fausses-couches, la naissance d'un enfant malformé, le deuil, etc. Et en attendant l'effondrement, cet immense vide intérieur, on le comble dans des addictions dérivatives : au ménage, à la mauvaise humeur, à la plainte, à la médisance, aux réseaux sociaux, à la bouffe, à la cigarette, à l'alcool, aux séries, aux jeux-vidéos, aux achats compulsifs. Pas tellement au sexe, parce que le sexe, ça demande d'être deux ; et ça, c'est compliqué.

Pour relier mon propos à l'expérience présente, j'ai interrogé des femmes sur ce côté obscur de la charge mentale. Elles sont nombreuses à accepter de se départir de la posture usuelle de victime et d'opérer un mouvement mental qui consiste à se regarder penser et agir, la méta-cognition. Ainsi, sur 100 femmes, 39 admettent avoir l'habitude de se plaindre et de mettre l'accent sur ce qui va mal. 32 admettent harceler régulièrement leur conjoint et leurs enfants, tandis que 35 déclarent accorder vraiment beaucoup d'importance à l'ordre et à la propreté. En guise d'activités de compensation, 28% admettent manger trop, 19 % déclarent faire des achats pour se détendre et 19 % sont accros aux séries diffusées en streaming.

En ce qui concerne les mots de leur conjoint au sujet de leurs attitudes et comportements, elles se font reprocher :

> - Leur normativité ou perfectionnisme : *maniaquerie, besoin de contrôle, emmerdante* ; *je suis trop exigeante* ; [il dit que] *selon moi, ce qu'il fait n'est jamais bien* : *j'ai toujours raison et ça l'agace* ; *il me traite de « mère sup' » parce que j'en fais trop, que je cherche trop à organiser les liens familiaux, que je me mêle trop de ses affaires ou que je suis trop moralisatrice* ;
>
> - Leur *omniscience,* (un terme utilisé par Betty Friedan) : *je suis le centre du monde* ; *je décide de tout et ne suis jamais contente de rien* ; *je joue les juges et avocats* ; *mes listes sont décourageantes* ;
>
> - Leur ergomanie : *tu es épuisante* : *tu as toujours quelque chose à faire* ;
>
> - Leur hyperémotivité : je prends tout pour moi ; Je lui parle mal ; je suis chiante, trop stressée ; *j'exagère bêtement* ; *je suis agressive, je parle fort, je crie* ; *je me prends trop la tête* ;
>
> - Leurs lubies : Il ne me comprend absolument pas : *il fait*

*un blocage complet ; il dit : « Mais moi je suis fatigué ! Je travaille ! J'ai un vrai travail, moi ! » ; il trouve que j'ai de drôles d'idées, que je ne suis pas dans l'action ; il me dit que je suis sur une autre planète ! Que la vraie vie, ce n'est pas ça, qu'on ne vit pas au pays des bisounours ; il me dit « Prends ma place ! », à propos de la méditation et de l'*écoute de conférences sur les chakras et les énergies, il me dit de faire attention aux gourous, etc.

On reste bien dans le schéma décrit par Betty Friedan concernant *le syndrome de la ménagère cultivée* : elle est seule, stressée, flotte dans la déréliction, en quête de sens ; elle cherche à mettre de l'ordre, de la cohérence, surinvestit le foyer et sa famille et cherche des dérivatifs à l'extérieur, sans parvenir à s'accomplir.

Cette vacuité ontologique que l'on compense par de l'affairement n'est pas sans évoquer l'ambivalence que pointe Manon Garcia, lorsqu'elle constate que *par sa soumission, la femme* [d'aujourd'hui] *se décharge sur l'homme du poids de trouver un sens à sa vie. Et elle s'arroge sur lui un pouvoir qui est presque aussi grand que le pouvoir que l'homme a sur elle,* dit la philosophe féministe *: celui d'exiger de lui qu'il soit à la hauteur de l'immensité du sacrifice qu'elle lui a offert* : *celui de la réalisation de ses ambitions (à elle*).[62]

Qu'il s'agisse de ceux recueillis par Betty Friedan au début des années 1960, des plaintes recueillies de nos jours via le Web par des blogueuses ou instagrameuses ou de ceux que j'ai recueillis dans le cadre de mes enquêtes et ateliers, l'ensemble des témoignages confirme que la charge mentale dépasse la définition canonique qui se perpétue depuis que l'illustratrice Emma l'a mise à la mode en 2018. On entend en effet invariablement définir la charge mentale comme *le fait d'avoir en permanence dans la tête le soin, l'idée, la préoccupation de la maison, de la vie du couple et de la vie familiale*.[63]

Cela dit, quand on écoute ce que disent les femmes qui se plaignent, on constate que le phénomène inclut aussi l'adhésion à des valeurs extrinsèques, autrement dit à un idéal (de la féminité, de la perfection, de la famille, du couple, etc.) dicté de l'extérieur ; le besoin de validation qui nous amène à renoncer à nos aspirations profondes et pose la barre très haut en matière d'exigences. Ces exigences, on se les impose à soi-

62 https://www.binge.audio/ce-que-la-soumission-feminine-fait-aux-hommes/
63 Je cite ici Titiou Lecoq, une définition donnée au média en ligne Simone.

même et à ses proches, que l'on peut être encline à harceler, à brimer, le tout au nom d'une omniscience et d'une clairvoyance acquises à force de lectures et de formations. La charge mentale inclut aussi le surinvestissement du foyer, l'auto-dépréciation et finalement, pour certaines, la résignation et les addictions.[64]

Quand on élargit la vision de la charge mentale à ces aspects qui ne relèvent pas de sa définition habituelle mais font partie de son paysage expérientiel, on constate au moins deux choses. Tout d'abord, que la définition canonique se limite au factuel et écarte l'expérience subjective. Si l'on inclut la dimension subjective, on constate ensuite combien *la charge mentale* évoque ce que les médecins des années 1950 dénommaient *le syndrome de la ménagère cultivée*. Car oui, les femmes dont j'ai recueilli les témoignages ainsi que celles que Betty Friedan a interrogées, ces femmes qui pensent leur condition et restituent leur expérience subjective avec tant d'acuité, ont fait des études supérieures et universitaires, certaines jusqu'au doctorat ou, dans de rares cas, sont autodidactes.

De ce fait, à ce stade, il devient tentant d'imaginer que le terme *féminité* est une variante euphémique du concept de *ménagère* que strictement personne n'aurait acheté, ni dans les années 1950, ni aujourd'hui. Tandis que dans les années 1950, les femmes étaient plutôt soit ménagères, soit travailleuses, il reste à confirmer que, de nos jours, les femmes sont majoritairement au-delà de l'alternative : elles cumulent. En effet, s'il est clair que la plupart des femmes concernées travaillent, celles qui ont une famille sont aussi *ménagères*, statut qu'elles agrègent malgré elles, et sans que ce ne soit jamais dit, par le biais du conditionnement autour de la *féminité*.

La *féminité*, c'est ce que promeuvent à longueurs d'années les magazines féminins ainsi que la publicité, le cinéma, etc., avec l'implicite sémantique mentionné auparavant : juvénilité, immaturité psycho-émotionnelle, maturité sexuelle, érotisation, soumission. Que l'on songe au succès de *50 Shades of Grey – 50 nuances de Grey*, cette daube misogyne à ce jour plus vendue que *Harry Potter* et le *Da Vinci Code*, et l'on aura un état des lieux de la façon dont les femmes d'aujourd'hui assument une posture de soumission induite de toutes parts. La perversion mièvre assortie de la promotion de valeurs consuméristes qui animent ce film cadre à la perfection avec l'étau idéologique qui contraint la liberté

64 Lecoq, ibid.

de penser des femmes.[65]
Les marronniers de la presse féminine, une certaine forme de culture consumériste ainsi que les clichés que la publicité véhicule en continu maintiennent ainsi à température ce bain idéologique qui nous rend *naturelle* notre posture de soumission, en même temps qu'elle nous dicte au jour le jour les derniers critères qui garantiront notre quotient érotique. Que ces critères – mince, épilée, maquillée, coiffée, entalonnée, sophistiquée, etc. – ne cadrent pas avec les désirs authentiques de la plupart des hommes n'est pas le sujet. Il reste cependant intéressant de noter que ces normes auxquelles nous nous plions viennent, à leur tour, imposer aux hommes des objets de désir qui *a priori* n'ont pas d'attrait pour eux.[66]

Et donc, Mesdames, quand nous sommes encouragées à exalter notre *féminité*, c'est la soumission à l'identité de *ménagère* qui nous est implicitement prescrite avec, en toile de fond, le cycle mythologique de la séduction, du mariage, du foyer et des enfants. Au-delà du slogan de Titiou Lecoq selon qui *le combat féministe se gagne devant le panier de linge sale*, c'est alors plutôt la décolonisation de l'intérieur qu'il s'agit d'envisager. Aujourd'hui, peut-être plus qu'auparavant, il est possible de choisir de se soustraire à cette soumission. *Choisir de ne pas être soumise, c'est choisir d'aller contre ce qui nous est prescrit,* comme le dit Manon Garcia. Certes, cela représente un coût social et psychologique élevé mais devant, il y a la vie et l'aventure, ce pour quoi nous sommes là.

65 https://www.nouvelobs.com/rue89/rue89-culture-pop/20150216.RUE7918/misogyne-raciste-et-ultracapitaliste-fifty-shades-of-grey-est-bel-et-bien-tres-pervers.html
66 https://www.binge.audio/ce-que-la-soumission-feminine-fait-aux-hommes/

Chapitre 2

Ce que notre déprime et nos addictions disent de nous

Ce que notre déprime et nos addictions disent de nous

En tout état de cause, en filigrane, tous les témoignages révèlent une immense solitude.
Aujourd'hui, comme avant, la plupart des femmes parlent de leur conjoint et de leurs enfants comme s'il n'y avait ni dialogue, ni amour et dès lors, pas de volonté de co-construire un projet de famille qui soit un espace d'épanouissement pour chacun. La femme qui se plaint de charge mentale endure souvent ses affres dans la solitude et la résignation face à une inéluctabilité perçue. Elle se sent confrontée à un conjoint et des enfants qui se font prendre en charge et ne voit pas comment changer la situation. Et elle en parle peu à l'extérieur, généralement parce qu'elle s'auto-déprécie suffisamment pour croire qu'elle est la seule à vivre ce genre de situation. Et puis, dans beaucoup de cas, elle veut *faire bonne figure* car elle a honte de ce qu'elle considère comme un échec. Elle craint aussi le jugement des autres femmes : elle a un statut à tenir. Il en résulte une solitude endémique face à la charge mentale, et la déprime qui l'accompagne.

1. La découverte de Johann Hari

C'est la lecture de Johann Hari qui m'a mise sur la piste de Betty Friedan. Journaliste et auteur anglais, Johann Hari se passionne pour la question des addictions et de la dépression. Grand narrateur, il évoque son enfance parmi des proches qui souffraient d'assuétudes profondes tandis que lui est tombé en dépression dès son adolescence. Comme la théorie veut que la dépression soit liée à des déficits biochimiques, il a été gavé d'antidépresseurs durant toute sa jeunesse, jusqu'à ce qu'il entame les investigations qui ont donné lieu au livre que nous allons maintenant découvrir dans l'intention d'apporter un éclairage complémentaire à celui de Betty Friedan sur la question de la charge mentale.

Paru chez Actes Sud, le livre de Johann Hari qui m'a inspirée s'intitule en français *Chaque d*épression *a un sens* : *Causes méconnues et soins novateurs*. En anglais, il s'intitule : *Lost Connections: Uncovering The Real Causes Of Depression – And The Unexpected Solutions*.
Alors que le titre français met l'accent sur le problème, le titre anglais me semble plus signifiant parce qu'il met l'accent sur l'explication. Les solutions, nous y viendrons plus loin ; et, en effet, elles sont novatrices et inattendues dans le cadre idéologique où nous évoluons collectivement aujourd'hui.

Je crois plus intéressant de m'en référer au titre anglais – *les liens perdus* – parce que je suis persuadée que c'est là que se trouve la réponse au problème de la charge mentale. Dans l'immédiat, nous trouverons auprès de Johann Hari l'explication psycho-émotionnelle et, par la suite, nous découvrirons une mise en perspective du côté de l'anthropologie culturelle avec Mohammed Taleb. Et là, nous aurons ce qui m'apparaît comme la vraie clé, celle qui procure leur fondement aux solutions que propose Johann Hari. Comprendre, c'est un premier pas vers la résolution parce que cela crée dans notre cerveau les sentiers synaptiques vers d'autres manières possibles de voir la réalité, la vie et les relations.

Bien qu'il soit très nourri scientifiquement, le livre de Johann Hari est agréable à lire parce que l'auteur y raconte les investigations qu'il a menées comme de véritables aventures qui ont constitué pour lui un chemin initiatique parsemé de découvertes qui élargissent le spectre de l'intelligence du problème. Pour comprendre la dépression, Johann Hari a multiplié les voyages à la rencontre de chercheurs universitaires, de praticiens ou de simples quidams qui s'étaient sentis appelés par son propos. Il est parti à la découverte de projets sociaux et de pratiques de vie qui, progressivement, lui ont ouvert les yeux sur ce que c'est qu'être en vie et ce que c'est qu'être à côté de la vie. En découvrant la différence entre les deux, il a établi 9 causes de la dépression et de l'anxiété liées à la rupture des liens. Ces 9 causes ne nous intéressent pas de manière égale mais la plupart d'entre elles éclairent généreusement la question de la charge mentale.

2. Le travail privé de sens

La première cause qui nous intéresse, c'est l'enfermement dans un travail privé de sens.
Pour donner corps à cette cause, Johann Hari commence par évoquer l'histoire de Joe, employé dans un magasin de peinture, qui répétait à longueur de journées les mêmes tâches routinières, recevant les ordres de son boss, sans jamais bénéficier d'une quelconque forme de validation. Quand Joe se confia à Johann Hari, il lui dit que *la monotonie naît du sentiment constant de faire des choses qu'on ne veut pas faire*. Joe avait le sentiment d'un vide à combler, sans pouvoir mettre le doigt sur ce qu'était réellement ce vide. Il aurait voulu contribuer en apportant ses idées mais on ne lui demandait pas son avis. De retour à la maison, Joe négligeait les siens. Il n'avait qu'une envie : s'affaler devant la télévision et se saouler devant un match.

Amené à côtoyer un médecin urgentiste confronté à des cas interpellants comme celui de Joe, Johann Hari se rallia à la conclusion selon laquelle c'était la difficulté de leurs circonstances de vie qui maintenait les gens en dépression, ce qui amena ce jeune interne, Michael Marmot, à inférer que les maladies et les situations de détresse qu'il voyait étaient révélatrices de l'état de la société et de ses dysfonctionnements.[67]

Des années plus tard, ayant mené des recherches à grande échelle sur le stress au travail, Michael Marmot confirmait que ce ne sont pas les responsabilités à assumer qui stressent vraiment les gens, mais le fait d'avoir à supporter un travail monotone, ennuyeux, déprimant, situation qui leur donne l'impression de mourir un peu tous les jours parce qu'il ne mobilise aucun aspect de leur personnalité. *Chargé par la suite de comprendre les taux élevés de suicides dans les services fiscaux britanniques, Michael Marmot découvrit que le manque de contrôle sur la tâche et le déséquilibre entre l'effort et la récompense étaient à l'origine de la dépression sévère qui poussait* [les employés] *au suicide*.[68]

En matière de dépression et d'anxiété, les recherches ont ainsi mis en évidence le contraste qui sépare les personnes qui exercent des postes à responsabilité – directeurs, managers, etc. – des personnes situées au bas de la hiérarchie et qui sont de simples exécutantes. On a ainsi observé que les personnes situées au bas de la hiérarchie sont celles qui sont les plus sujettes à l'anxiété et à la dépression, précisément parce

67 Hari Johann, *Chaque dépression a un sens*, Actes Sud, 2019, pp. 83-88.
68 Hari Johann, ibid., pp. 90-94.

que leurs jobs sont les plus répétitifs et les plus aliénants, tandis que, par contraste, même si elles sont fatigantes, les activités des décideurs sont créatives et génératrices d'accomplissements.

À ce stade, pour mieux éclairer le mal-être des femmes à la maison, ces considérations méritent d'être genrées. Titiou Lecoq constate, en effet, que de nos jours encore, le contraste entre poste de décideur/créatif qui est générateur d'accomplissement et le poste d'exécutant/répétitif, qui est générateur d'anomie, recouvre beaucoup trop souvent le clivage entre hommes et femmes : les hommes occupent les postes créatifs tandis que les femmes se voient assigner les postes les plus répétitifs. Et en miroir, à la maison, les rôles se distribuent de la même manière : quand les hommes s'investissent dans la maison, ils se chargent de tâches gratifiantes – en général du bricolage – qui génèrent des résultats et donc de la reconnaissance. Les femmes, elles, assurent les tâches répétitives, souvent invisibles, qui ne génèrent aucune reconnaissance de la part des usagers de première ligne – le conjoint et les enfants, en particulier parce qu'on ne considère pas le ménage comme du travail. Titiou Lecoq prend ainsi l'exemple des serviettes de bain qui sont propres sans que personne ne s'interroge – ni ne remercie jamais – sur ce cycle merveilleux qui les maintient dans un état de propreté éternelle.[69]

De retour auprès de Joe à qui il confia les découvertes qu'il avait accumulées, Johann Hari lui demanda ce qui l'empêchait de donner sa démission et de partir réaliser son rêve en Floride. Joe lui répondit *qu'il y avait toujours une part de nous pour tenter de nous convaincre que si on continue à s'acheter toujours plus de choses, si on s'offre finalement cette Mercedes et cette belle maison avec quatre garages, les autres penseront qu'on a réussi, et on pourra alors faire en sorte d'*être heureux.[70]

Joe, aussi bien que les personnes qui ont fait l'objet de ces études, semble avoir subi le même type de conditionnement que les éléphants que l'on dresse en Asie de telle sorte qu'une fois la structure acquise, on peut se contenter de les attacher par une simple corde : ils n'envisagent plus de s'échapper, tant ils ont intériorisé leur captivité. Être aliéné, c'est être captif de l'intérieur et agir de son propre gré à l'encontre de ses intérêts. C'est la colonisation intérieure dont parlent, entre autres, les féministes, inspirées par la pensée de Marx.

---

69 🔗
70 Hari Johann, op. cit., p. 96.

Dans le contexte de globalisation économique et culturelle où nous sommes aujourd'hui, nous faisons l'objet de manipulations de masse telles qu'une majorité d'entre nous achètent toutes ces représentations sans envisager qu'il pourrait en être autrement. La plupart sont ainsi convaincues, que *nous n'avons pas le choix* et que, pour vivre, nous devons en passer par là. On en vient alors à accepter des conditions de travail qui, tout en nous offrant une sécurité sclérosante, affament nos besoins de reconnaissance et d'accomplissement. Le salariat fait de la plupart des travailleurs des rouages d'une mécanique de production visant à générer du capital. Et non seulement le salariat réifie les travailleurs, il les convainc également que leur réalité se limite à leur matérialité. Il les amène à s'appréhender eux-mêmes comme des objets dont seuls les objets peuvent combler les besoins.

La vacuité abrutissante des existences pousse à la consommation addictive de substances qui ne font que creuser le gouffre immense qui nous habite ; et, parce que nous sommes persuadés que la matérialité est notre réalité, nous nous sommes également laissé convaincre que le bonheur repose sur la possession de biens matériels qui nous distrairont un moment de l'inaccomplissement de nos aspirations.

En ce qui concerne la vie privée, on retrouve aussi dans les paroles finales de Joe, cette idée de *faire bonne figure* aux yeux des *autres* en affichant des signes extérieurs de réussite se référant à des valeurs extrinsèques et donc consensuelles. Sur base de cette réussite normée, on tentera d'être heureux, puisque le bonheur, c'est ça.

Cette construction du bonheur n'est pas sans évoquer les critères de séduction intériorisés par les femmes et qui finissent par imposer aux hommes ce par quoi il est bon d'être séduit, ce mécanisme évoqué par Manon Garcia un peu plus haut. On pourrait d'ailleurs voir dans tout ceci le reflet de la problématique que rencontrent les femmes accaparées par la vie domestique dont l'absence de gratification, de sens et de reconnaissance les amène paradoxalement à surinvestir leur foyer. Quel est le degré de dépersonnalisation des femmes qui misent frénétiquement sur l'ordre et la propreté quand l'essentiel est ailleurs ? En réalité, on n'est pas *obligée* de vivre le foyer comme l'espace privilégié de la vacuité, de la soumission et de la consommation. Mais pour savoir que d'autres voies sont possibles, il faut croiser d'autres influences.

3. La perte du lien avec les autres

La perte du lien avec les autres constitue la deuxième cause de dépression et d'anxiété que pointe Johann Hari.

La solitude pèse aujourd'hui sur notre civilisation comme un épais brouillard, écrit l'auteur : *les gens qui déclarent se sentir seuls sont plus nombreux que jamais.*[71] Pour explorer la question, il s'intéresse aux recherches de John Caccioppo qui, au terme d'expériences menées à l'université de Chicago, a découvert que le fait de se sentir seul faisait monter en flèche le taux de cortisol qui atteignait des niveaux comparables à ceux qu'on observe en cas d'événements très perturbants. L'étude en question montrait qu'une solitude extrême pouvait être une expérience aussi stressante qu'une agression physique.[72] Des études complémentaires amenèrent ensuite Caccioppo à conclure que la solitude est la cause d'un nombre important de cas de dépression et d'anxiété dans notre société[73] et qu'elle apparaît comme un produit de notre mode de vie contemporain.

Johann Hari s'est, par ailleurs, intéressé aux travaux de Robert Putnam, un professeur à Harvard qui, depuis des décennies, a documenté l'une des tendances majeures de notre temps, à savoir les façons dont les êtres humains se rassemblent pour prendre part à des activités collectives : équipe de sport, chorale, bénévolat, bande d'amis qui se retrouvent régulièrement autour d'un dîner. Après avoir récolté pendant des années des statistiques mesurant la fréquence de ces rassemblements, Robert Putnam a découvert qu'elle était en chute libre. *En à peine une décennie, nous avons très rapidement cessé, nous autres, Occidentaux, de nous regrouper* : *en un clin d'*œil, nous nous sommes retrouvés chacun chez soi. Ainsi, *la majorité des Américains n'a aujourd'hui aucun ami proche*, écrit Johann Hari. De même, Putnam a mis en évidence le fait que presque toutes les formes de convivialité familiale sont devenues moins courantes au cours du dernier quart du XXème siècle. Et ces statistiques valent pour tous les pays occidentaux.[74] Il ne s'agit pas d'une pathologie proprement américaine. La France, par exemple, connaît actuellement l'une des pires crises de solitude au monde.

Au cours de ses travaux, John Caccioppo s'est posé la question de savoir ce qu'était la solitude. *Se sentir seul*, découvrit-il, *ce n'est pas la même chose que le simple fait d'*être seul. Il existe même une

71 Hari Johann, ibid., p. 99.
72 Hari Johann, ibid., p. 100.
73 Hari Johann, ibid., p. 104.
74 Hari Johann, ibid., pp. 106-108.

corrélation relativement faible entre les liens qui existent objectivement et les liens ressentis. [...] Pour se libérer de la solitude on doi*t sentir qu'on partage avec les autres une chose qui compte. Il faut que quelque chose nous rapproche, et ce quelque chose peut être n'importe quoi du moment qu'on y accorde une valeur et un sens.*[75]

Cette vision de la solitude éclaire l'état de déréliction où sont de nombreuses femmes qui pourtant vivent en famille. Les bribes d'échanges citées plus haut indiquent combien il est possible d'être étrangers l'un à l'autre tout en vivant sous le même toit, en partageant la même table, en ayant des enfants ensemble et en partageant le même lit. On peut n'avoir au quotidien que des échanges dépourvus de substance, d'affect, voire d'amour, et s'en tenir à des contacts superficiels qui évitent d'aborder l'essentiel : l'agonie de la relation. Que l'on s'étonne alors de multiplier les ennuis de santé : ce dont parle ce chapitre, c'est précisément de l'incidence immédiate du manque d'amour sur l'immunité et plus globalement, sur le bien-être et le bonheur.

4. Des « valeurs en toc »

Un environnement de valeurs en toc, voilà comment Johann Hari désigne le troisième élément qui entrave notre bien-être au point de nous plonger dans l'anxiété et la dépression. Le psychologue Tim Kasser auprès de qui il a exploré le sujet, a connu, comme lui, une enfance où prévalait l'idée que le bonheur résulte du fait d'acheter et de posséder des biens matériels. Au cours de ses études, Kasser s'est cependant progressivement rangé à l'idée selon laquelle le fait de *survaloriser la possession de biens et d'argent, ou de vivre pour l'image que les autres avaient de nous ne pouvaient que nous rendre malheureux.*[76]
Cette conviction le décida à mener des études scientifiques destinées à en vérifier la validité.

Dans un premier temps, ses recherches amenèrent Tim Kasser au constat que *les personnes matérialistes, qui pensaient que le bonheur* est *lié à l'accumulation des biens et à l'obtention d'un statut social important, étaient plus sujettes à la dépression et à l'anxiété.*[77] Au cours du développement de ses travaux, il intégra à sa vision les deux types de motivation qui nous font nous lever chaque matin. Ainsi, les motiva-

75 Hari Johann, ibid., pp. 111-112.
76 Hari Johann, ibid., p. 125.
77 Hari Johann, ibid., p. 126.

tions *intrinsèques* sont liées à ce qu'on fait parce qu'on y trouve de la valeur en soi, et non parce qu'on espère en tirer un bénéfice. Les motivations *extrinsèques*, quant à elles, sont liées à ce qu'on fait *pour obtenir quelque chose en échange, que ce soit de l'argent, de l'admiration, du plaisir sexuel ou un statut plus avantageux.*

Les motivations extrinsèques animent la plupart des salariés : on travaille parce qu'on a besoin d'argent. Ainsi on retrouve l'exemple de Joe qui détestait son travail, mais avait besoin d'argent pour payer son loyer, s'acheter les comprimés qui lui permettaient de s'abrutir et supporter sa vie, acquérir la voiture et les vêtements qui lui garantiraient, pensait-il, le respect des autres.[78]

Tim Kasser observa ensuite que le fait d'atteindre ses objectifs extrinsèques requiert une dépense d'énergie immense pour un résultat nul en termes de bonheur. À l'inverse, les personnes qui travaillent à la réalisation d'objectifs intrinsèques trouvent leur vie de plus en plus satisfaisante. Le chercheur avait ainsi découvert que la notion d'une vie satisfaisante telle que la conçoit notre culture était inadéquate pour la plupart des gens, un constat que de nombreuses études menées ultérieurement dans d'autres pays vinrent confirmer.[79]

Tim Kasser mit par ailleurs en évidence au moins 4 causes de l'effet négatif de ces *valeurs en toc* qui motivent les choix de vie de beaucoup de gens.
La première : épouser des valeurs extrinsèques empoisonne nos relations avec les autres car on est amené à les juger et donc à trier et à choisir de les fréquenter ou pas, sur base de leur apparence, de leurs revenus ou leur notoriété. Cette posture ne va pas sans réciprocité : en effet, quand on ne se sent pas apprécié pour ce que l'on est, on est enclin à se détourner de celui qui nous évalue péjorativement, ce qui tend à isoler les personnes animées par des valeurs extrinsèques.
La deuxième cause de l'effet négatif des *valeurs en toc* : les personnes matérialistes connaissent des états de *flow* beaucoup moins fréquemment que les autres, le flow étant approximativement défini ici comme *des moments où nous nous abandonnons tout simplement à ce que nous aimons en profitant de la magie de l'instant*.[80] La raison en est précisément que les personnes matérialistes sont sans cesse occupées à se surveiller, s'interdisant de ce fait, de se laisser aller au plaisir de l'instant.

78 Hari Johann, ibid., p. 127.
79 Hari Johann, ibid., p. 128.
80 Hari Johann, ibid., p. 130.

La troisième cause est que les personnes extrêmement matérialistes se demandent sans relâche ce que les gens pensent d'elles dans l'attente d'une gratification précise.[81] Au lieu de se consacrer aux activités qu'elles aiment et à ceux qui les apprécient, elles s'imposent ainsi une attente anxiogène.
La quatrième cause de l'effet négatif des *valeurs en toc* : *ce dont nous avons fondamentalement besoin, c'est de tisser des liens avec les autres, mais la société prétend que nous avons surtout besoin de biens matériels et de reconnaissance. Dans l'*écart qui sépare ces deux injonctions contradictoires, la dépression et l'*anxiété prospèrent tandis que nos besoins réels restent insatisfaits.* [...] [Car] *faire une fixation sur le fait d'accumuler des biens matériels ou d'obtenir de la reconnaissance réduit automatiquement la part de notre vie consacrée au maintien de nos relations et à la recherche de sens.*[82]

L'impact des valeurs extrinsèques sur la qualité de vie des personnes qui s'y réfèrent donne un éclairage intéressant sur l'état d'être des femmes qui se plaignent de charge mentale. La référence omniprésente à un autre extérieur susceptible de les évaluer, les soumet, en effet, à une logique du dépassement permanent et les incite à une accumulation d'actions sans limites. En détournant leur attention vers des préoccupations chronophages et inessentielles, cet affairement s'opère effectivement paradoxalement au détriment de ce que l'on tient pour l'essentiel, la famille et les liens que l'on entretient avec nos proches.

Dans la mesure où notre civilisation encourage une seule tendance – dépenser plus, travailler plus – elle *ne cesse de nous détourner de ce qui fait la beauté de la vie,* estime Tim Kasser. *Une sorte de propagande nous contraint à vivre dans des conditions qui nous empêchent de satisfaire nos besoins psychologiques les plus naturels, si bien que nous vivons dans un état d'insatisfaction permanente qui nous semble incompréhensible.* [...]
Plus on se persuade que la vie se résume à posséder richesses et statut et à les exhiber, plus on devient malheureux, dépressif et anxieux.[83]

Tim Kasser supposait par ailleurs que la publicité explique en grande partie notre préférence pour un système de valeurs qui nous rend malheureux au quotidien, observe Johann Hari. Avec sa collègue, Jean Twenge, il s'attacha ainsi à définir la part du PIB américain représenté

81 Hari Johann, ibid., p. 131.
82 Hari Johann, ibid., p. 132.
83 Hari Johann, ibid., p. 132.

par les dépenses publicitaires entre 1976 et 2003 et constata que plus les dépenses publicitaires étaient élevées, plus les adolescents devenaient matérialistes. Validant ce constat, il y a quelques années, Nancy Shalek, responsable d'une agence de publicité, expliqua que *les meilleurs spots publicitaires parviennent à persuader les consommateurs qu'ils ne sont rien tant qu'ils n'ont pas tel ou tel produit en leur possession. Les enfants sont très sensibles à ce genre d'arguments de vente. [...] Il s'agit donc de créer une vulnérabilité émotionnelle, et dans ce cas, c'est d'autant plus facile qu'ils sont par nature plus vulnérables émotionnellement.*[84]

Depuis les années 1920, confirme Johann Hari, *les publicitaires admettent aisément en privé que leur travail consiste à créer une sorte de manque chez les gens, qu'il s'agit de combler grâce aux produits qu'ils vantent, présentés comme la solution à un problème qu'ils ont eux-mêmes causé. Les publicités sont donc les pires des faux amis.*[85] Selon le point de vue de Tim Kasser, le système dans lequel nous vivons nous apprend d'ailleurs à penser que *rien n'est jamais assez.*[86]

Depuis le début de nos observations, je vous ai fait remarquer combien les femmes, et en particulier celles qui se plaignent de charge mentale, se sentaient poussées à agir à l'encontre de leurs aspirations et de leurs intérêts, et notamment à soigner des apparences qui trahissent leurs valeurs, en référence à un regard extérieur qu'elles définissent ou pas, qui va de pair avec un besoin de validation. Ce que j'ai constaté par ailleurs, c'est que ce regard et ces valeurs sont intériorisés : les femmes évoquent *les gens*, *la société*, *les générations précédentes* et donc personne de précis qui soit lié à une mésaventure marquante.

Moi-même, notamment quand j'ai réfléchi au regard dégradant que je posais sur mon propre corps, après avoir dans un premier temps pensé que cela venait de mon père, j'ai dû me rendre à l'évidence : non, cela ne venait pas de mon père, tout simplement parce qu'il ne m'a pas éduquée, que je ne l'ai pas côtoyé au quotidien et que, pour le peu que je l'ai vu, il ne tenait pas de propos dégradants à mon égard. Idem pour ma mère et mes grands-parents : ils utilisaient des petits mots qui soulignaient que j'étais une enfant ronde mais c'était de l'ordre de la taquinerie, pas de l'insulte. Ce n'était pas dégradant. Pour sa part, ma mère m'a fait faire mon premier régime quand j'avais huit ans et

84 Hari Johann, ibid., p. 134.
85 Hari Johann, ibid., p. 134.
86 Hari Johann, ibid., p. 135.

elle-même faisait constamment un régime. Elle ne tenait cependant aucun propos dégradant au sujet de son propre corps et, même avec ses bourrelets, quand j'étais enfant, je la trouvais très belle. À dire vrai, au cours de mon histoire, je n'ai jamais rencontré quiconque qui exprime, à l'égard de mon physique, le dixième de la dépréciation que mon regard projetait sur mon corps. C'est en menant ce raisonnement que j'ai admis que j'avais intériorisé cette oppression : je n'avais pas besoin que l'on me dise répugnante pour me trouver répugnante. C'est cela, la colonisation intérieure.

Ce qui est par ailleurs à souligner c'est que la prédominance de ces valeurs extrinsèques repose sur une soumission consentie de façon non-délibérée. Nous ne voyons pas nos conditionnements à l'œuvre. Et l'on ne voit pas non plus qu'en s'en remettant à un *autre* intériorisé, c'est nous-mêmes, notre propre discernement et notre propre valeur que nous disqualifions. Nous n'avons pas appris à nous aimer, non pas nécessairement du fait que nos parents ne nous ont pas aimées – en général, ils ont fait du mieux qu'ils pouvaient – mais du fait qu'ils nous ont donné l'exemple d'un mode de vie reposant sur des motivations extrinsèques. Quand j'étais enfant, alors que marchant dans la rue, je glissais ma main dans la sienne, à plusieurs reprises, ma mère m'a dit : « Arrête ! Qu'est-ce qu'on va penser !? ». Un jour, elle a même précisé : « Arrête ! On va nous prendre pour des lesbiennes ! ». Se référant à des valeurs extrinsèques, nos parents ne nous ont pas appris à nous fier à notre discernement, à nous faire confiance et, au bout du compte, à nous aimer nous-mêmes tout simplement.

On notera aussi la prégnance, soulignée par Tim Kasser et Johann Hari, de la publicité, de la propagande, du formatage des aspirations orchestrés de propos délibérés pour brouiller le lien à nos propres aspirations, nous proposer une identité standardisée et nous inciter à consommer, à la recherche d'un bonheur qu'on nous présente comme une pure matérialité alors que c'est l'ennui, la vacuité et la déréliction qui nous attendent.

5. La privation de la considération sociale et du respect des autres

Après avoir pris connaissance des études d'éthologie portant sur les rapports hiérarchiques au sein de populations de babouins menées par Robert Sapolsky, Johann Hari a interrogé de nombreuses personnes dé-

pressives. Son intention : vérifier si la dépression pourrait être, au moins en partie, une réaction à l'humiliation que le monde contemporain inflige à bon nombre d'entre nous.
Il suffit d'allumer la télévision, pour s'entendre dire que les célébrités et les riches sont les seules personnes qui comptent, note Johann Hari, *alors que l'on sait bien que nos chances de rejoindre l'une ou l'autre catégorie sont extrêmement minces. Rien qu'*à parcourir un feed *Instagram ou un magazine en papier glacé, notre corps tout à fait bien proportionné nous paraît aussitôt hideux. [...]* Même quand nous avons la chance de ne pas subir d'*humiliation volontaire, nous n'*échappons guère à la crainte constante de perdre notre statut social. Cette insécurité généralisée touche tout le monde, y compris les classes moyennes et supérieures. Et précisément, en observant ses babouins, Robert Sapolsky avait découvert qu'un statut social incertain créait une détresse plus grande qu'un statut inférieur.
Il est donc imaginable que la dépression et l'anxiété constituent une réaction à l'angoisse dans laquelle nombre d'entre nous sont plongés aujourd'hui à l'idée de perdre leur statut social.[87]

Les travaux de Kate Pickett et Richard Wilkinson ont mis en valeur cette souffrance que nous sommes si nombreux à éprouver comme une réponse humaine aux circonstances dans lesquelles nous vivons : ce n'est pas un simple problème personnel mais un problème commun imputable à notre société. Ici encore, nous retrouvons l'influence prégnante de la publicité et des médias de masse au service d'une idéologie qui insécurise et démoralise la population, orchestre la dépersonnalisation des individus et la déconstruction du tissu social, au profit d'une économie amorale dont le seul objectif est de prospérer quel qu'en soit le prix.
En cédant aux sirènes de la consommation, nous allons foncièrement à l'encontre de nos besoins de base tels que, comme le rappelle Johann Hari, être entouré, se sentir valorisé, en sécurité, avoir l'impression qu'on fait quelque chose d'utile, disposer d'une certaine autonomie ou exceller dans un domaine.[88]

S'opposant à ces besoins fondamentaux, l'idéologie consumériste vient les éroder à longueur de journée en nous mettant sans relâche sous le nez ses injonctions débilitantes – nous avons surtout besoin de biens matériels et de reconnaissance – auxquelles on cède, dans l'espoir toujours trompé d'être enfin consolés. *La publicité manipule nos émotions,*

---

87 Hari Johann, ibid., pp. 157-158.
88 Hari Johann, ibid., p. 130.

conclut Johann Hari, *pour nous amener à consommer tandis que nos besoins réels restent frustrés et que la dépression et l'anxiété prospèrent sur ces friches émotionnelles*.[89]

Au bout de sa réflexion, Hari en arrive à la conclusion que *la dépression est en réalité une forme de deuil, le deuil des liens nécessaires que nous avons perdus*.[90]

Au départ dépressif naïf, confiant dans le discours canonique de la médecine officielle qui l'a gavé d'antidépresseurs depuis son adolescence, Johann Hari a accumulé les éléments d'une critique du modèle sociétal occidental. La force de cette critique résulte du fait qu'elle ne constituait pas l'objectif *a priori* de l'auteur. Elle est la conclusion qui se dégage implicitement ou explicitement de travaux de chercheurs universitaires, de gens de terrain et de témoins, uniquement focalisés sur la clarification de leurs hypothèses, l'intelligence de leurs pratiques ou la compréhension de leurs maux. Tout au long de la lecture, on voit bien qu'il ne s'agit nullement ni pour Johann Hari ni pour ses interlocuteurs d'opérer une critique marxiste du système ; et pourtant, tout converge vers la mise en cause d'un modèle sociétal qui réifie le vivant, aliène l'humain, brise les liens et érige les objets, leur possession et leur consommation en finalité de l'existence, alors même que les recherches prouvent qu'un matérialisme excessif constitue une catastrophe existentielle et écologique.

89 Hari Johann, ibid., p. 273.
90 Hari Johann, ibid., p. 331.

Chapitre 3

Ce que notre mal-être dit de nous et de notre rapport au monde

Ce que notre mal-être dit de nous et de notre rapport au monde

1. Le deuil des liens essentiels et du sens

C'est l'un des sujets qui sous-tendent les recherches de Mohammed Taleb, ce philosophe algérien qui enseigne notamment l'écopsychologie, l'éducation relative à l'environnement et l'écoformation. D'une érudition impressionnante, il établit des liens entre les civilisations et les cultures et observe des convergences et des récurrences éclairantes.

Ce manque de liens qui fait l'objet des recherches de Taleb, je l'ai constaté dans les témoignages que je reçois aujourd'hui de nombreuses femmes, ainsi que par ma propre histoire, qui reflètent des besoins frustrés de sens et d'accomplissement. Ils restituent aussi en filigrane, la difficulté d'aimer, de s'aimer, de se sentir aimée, de construire des liens sincères avec ses proches et au-delà.

La demande la plus pressante des femmes qui se plaignent de charge mentale, c'est d'obtenir des *trucs* pour être soulagées au quotidien de cette chape qui pèse sur leurs épaules. Quand elles bénéficient d'un accompagnement pour dissoudre leur fardeau et changer de perspective, émergent pourtant des réticences qui parlent de l'état de friche de leurs relations à elles-mêmes, à leur conjoint, leurs enfants et leur communauté. Au fil des ans, les griefs se sont accumulés sans trouver de résolution ; on s'est habituée aux travers des autres envers qui ont nourrit une colère sourde. Et cette colère sabote les relations, tout en maintenant l'apparence de la réussite. En les écoutant et en considérant le commentaire que leurs témoignages me restituaient sur mon expérience passée, à l'époque où je vivais en famille, j'ai imaginé que cette montagne de tâches sous laquelle ploient tant de femmes, c'était en grande partie de l'affairement, une dilatation de l'activité qui colonise tout l'espace mental disponible. C'est ce que laisse entendre la loi de Parkinson évoquée plus haut, selon laquelle *le temps investi dans un travail varie en fonction du temps disponible* : ainsi, si j'ai 5 heures devant moi, je vais entièrement les consacrer au ménage, alors que je pourrais décider de réserver 2h30 à une activité qui me réjouit mais que je me refuse, d'une part, parce que je me sens coupable – car mon boulot, c'est de me dévouer – et d'autre part, parce que je ne sais que faire du temps qui resterait. La perspective du vide et du silence m'effraie.

J'ai un jour invité l'une de mes étudiantes à se demander ce qui arriverait, si toutes ses pensées n'étaient pas occupées par sa colère envers son conjoint *qui n'avait tellement pas assuré lors des deux naissances et qui, au quotidien, se faisait prendre en charge*. Céline s'est sentie piégée par ma question : si elle écartait ce ressassement qui l'occupait tout entière, il ne restait rien, me dit-elle : c'était vide. Idem pour Virginie qui, dès l'instant où, dans le cadre de la formation qu'elle suivait à mes côtés, est parvenue à ce que *le ménage se fasse tout seul*, a indiqué qu'elle sentait un grand vide qui la déstabilisait. Et ce n'est pas surprenant puisque nous n'avons pas appris à apprivoiser notre intériorité, à faire connaissance avec nous-mêmes, ni avec plus grand que nous, et à y apporter du temps et du soin : nous ignorons qu'un aspect immatériel de nous demande de l'attention, en contrepartie de quoi notre sentiment d'appartenance, notre bonheur et notre bien-être peuvent grandir.

Animée par la seule logique marchande, notre civilisation matérialiste veille à faire de chaque individu un rouage esseulé d'une mécanique où le producteur de biens est aussi un consommateur de biens. Depuis 50 ans et la fin du système scolaire des humanités au sein duquel les jeunes trouvaient une culture générale qui les rendait capables de poser la question du sens, et alors que la majorité des parents sont aujourd'hui formatés par cette logique consumériste, l'école elle-même s'est laissé contaminer par la marchandisation du monde. Comme l'observe Nico Hirtt,[91] les élèves et étudiants d'aujourd'hui se voient, en effet, à leur tour évalués sur des compétences au regard desquelles le territoire des sciences humaines s'est réduit comme peau de chagrin pour faire place à une pensée unique qui se donne pour la restitution du réel. Et même

91 🔗

dans les milieux de transition, dit Mohammed Taleb, *nous sommes encore dans les savoirs spécialisés : nous reproduisons la compartimentation qui existe dans le capitalisme éducationnel, qui a sacrifié la culture générale au profit des savoirs techniques. Or, les savoirs techniques ne peuvent pas poser la question du sens. La culture générale, on la retrouve en Orient et en Occident, en Chine, en Europe, dans le monde arabe, dans une convergence autour des humanités, avec l'idée que c'est à travers le beau, les belles- lettres, les beaux-arts, que l'apprenant se forge une conscience et une identité* : rien de tout cela ne subsiste désormais dans le système scolaire colonisé par le capitalisme.

Dans ce contexte qui focalise les individus sur le *faire afin d'avoir*, l'idée même que nous possédons une intériorité est totalement écartée de la perspective individuelle et collective. Or, ce dont on n'entend pas parler, ce à quoi il n'est jamais fait allusion, on n'en soupçonne pas la possibilité.

C'est ainsi que, sans même parler de métaphysique, la majorité des gens ignorent qui ils sont, comme me le confirmait dans un entretien la thérapeute Ana Sandrea.[92] Ils sont le siège d'une friche émotionnelle à laquelle ils sont tellement étrangers que leurs propres émotions les dépassent et, souvent, les effraient au point qu'adultes, à force de les réprimer, certains sont incapables de les ressentir, d'identifier leurs besoins et de les exprimer. Pourtant, apprivoiser son intériorité s'apprend, comme le reste. Mais si, en tant qu'enfant, vos adultes de référence – parents, famille, enseignants – n'y sont pas reliés ou n'y font pas allusion, comment s'ouvrir à sa possibilité ? Et si nous avons appris à nous appréhender comme une simple matérialité, comment nous prêter à nous-mêmes de la profondeur ainsi qu'aux autres et au vivant dans son ensemble ?

Avant de poursuivre, pourquoi nous interroger sur la question de l'intériorité, alors que la charge mentale est le sujet principal ? Parce que quand on la limite à une simple question d'intendance, cette problématique est tronquée : quand elles sont vraiment soulagées des problèmes d'intendance, les femmes qui se plaignaient de charge mentale se retrouvent face à d'autres problèmes qui ne sont pas inclus dans l'idée de « penser à tout pour tout le monde ». La perception d'une charge mentale m'apparaît plutôt comme le symptôme d'un mal-être profond dont les harmoniques affleurent dans les maux de nos corps et dans les mal-être quotidiens que notre affairement nous pousse à négliger jusqu'à ce

92 Sandrea Ana, *Guérir de ses blessures émotionnelles*, Trédaniel, 2018.

que nous nous effondrions. Et là, on découvre combien nous avons vécu à côté de nous-mêmes, combien nous ignorons tout de nous et combien nous nous maltraitons chroniquement, en prélude à la maltraitance que nous infligeons à nos proches et au vivant.

2. Aliénation et intériorité

Dans d'autres régions du monde aujourd'hui ainsi que par le passé en Occident, le réel est et était appréhendé comme constitué de plus que la simple matérialité des choses et du vivant. Mohammed Taleb s'intéresse à la représentation du réel qui animait ceux qui nous ont précédés de 4 siècles et à ce qui a présidé à l'avènement de notre aliénation, cette rupture entre nous et nous-mêmes qui nous pousse à agir à notre détriment, celui des autres et celui du vivant dans son ensemble.

Au XVIème siècle, on a assassiné l'Âme du monde, dit Mohammed Taleb, *en l'excluant du champ de la vérité, de la connaissance et du sens* : *on a exclu le thème de l'*Âme du m*onde de la théologie, de la philosophie, de l'art, et de la science.*[93]

De quoi parle-t-on quand on évoque l'*Âme du monde* ?
La notion d'*Âme du monde* désigne la dimension symbolique de ce qui est. Elle dit que le monde – les lieux, les arbres, les paysages – tout a une âme, une profondeur qui dépasse les apparences.

Co-auteur, avec Michel Cazenave, de l'*Éloge de L'Âme du monde*, Mohammed Taleb nous dit que *L'Anima Mundi* assure une fonction de reliance : elle est la gardienne des liens à l'échelle universelle. Pour convoquer d'autres déclinaisons de l'*Âme du Monde*, on peut évoquer Rupert Sheldrake et sa notion de *champ morphique* ou *morphogénétique*, ou la *matrice*, telle que la désignent Lynne Mac Taggart, Joe Dispenza ou Gregg Braden, tandis que Jung parlait de l'*Inconscient Collectif* et des *archétypes*.

La notion d'*Âme du Monde* va de pair avec une idée de cohérence, d'organisation qui s'orchestre sur base d'affinités, d'influences, de correspondances et pose que les choses n'existent pas indépendamment les unes des autres.

L'*Âme du monde* met en forme le monde. Elle crée de l'harmonie et procède à une mise en beauté. *En ce sens,* dit Taleb, *lorsqu'elle dispa-*

93 T. Mohammed, intervention dans le cadre du Sommet du Féminin en Transition, 2019.

raît, nous entrons dans un processus d'enlaidissement du monde que Max Weber a autrement nommé le désenchantement du monde.

La philosophie de l'*Âme du monde* inclut une perception multidimensionnelle de la réalité. Le réel possède plusieurs dimensions qui sont réelles : d'une part, le niveau de la matière, de l'espace-temps physique dans lequel nous sommes manifestés. D'autre part, dans les sociétés traditionnelles, en Orient et en Occident, au Sud et au Nord, la réalité comporte également des niveaux non matériels, symboliques, qui renvoient aux mythes, aux légendes, à la poésie. Même s'ils sont dépourvus de dimension physique, ces niveaux de réalité sont tenus pour réels.

Dans la philosophie de l'Âme du monde, dit Taleb, que celle-ci s'envisage ailleurs dans le monde ou en Occident jusqu'avant le XVIIème siècle, *le monde est donc pensé et vécu sur un mode pluridimensionnel* : *il comporte une dimension physique et une dimension métaphysique qui, toutes deux possèdent une égale dignité.*[94]

Les stratégies de connaissance de ces deux dimensions empruntent des chemins différents. Ainsi, la physique du monde s'appréhende par la voie de la rationalité. Pour appréhender la dimension symbolique, on recourt à d'autres modes de connaissance que, notamment à l'époque de la Renaissance, en Europe, on appelait *l'imagination intellectuelle*, *l'intuition*, *la vision*, et avec Carl Gustav Jung *l'imagination créatrice* ou *active*, tandis que chez les peuples traditionnels, on parle aussi parfois de *cosmovision*. On est là dans des modes d'accès à la réalité qui privilégient les images et les symboles, alors que l'approche rationnelle privilégie les concepts.

Il ne s'agit pas de dire qu'une voie est plus intéressante ou valable que l'autre, dit Taleb : *nous avons besoin des deux. C'est pourquoi le cœur de la philosophie de l'Âme du monde réside en cette alchimie entre* logos *et* mythos*, rationalité et imagination, entre la preuve et l'*épreuve, entre l'*objectivité de la science et la subjectivité de la personne qui expérimente.*

Au XVIIème siècle, avec l'émergence de la science rationnelle moderne, la représentation de l'univers change radicalement. Désormais, sur

94 Précisons que les mythes auxquels Mohammed Taleb fait référence sont les récits fondateurs des sociétés traditionnelles. Il utilise donc le terme au sens anthropologique, comme le fait Simone de Beauvoir dans le premier volume du *Deuxième Sexe*, et non au sens sociologique du Roland Barthes de *Mythologies*.

base de l'affirmation que le réel se réduit au matériel, on exclut la possibilité que le monde ait une âme. Sur le terrain de la métaphore, une vision nouvelle se fait jour : le monde est d'abord une machine. Dans la pensée mécaniste qui désormais domine et soumet le monde aux lois scientifiques, aux lois de la physique et de la chimie, le thème de l'*Âme du monde* ne fait pas sens. La pensée mécaniste exclut donc la dimension symbolique, et le réel se réduit désormais au matériel. (64) Voilà ce dont nous nous sommes laissé convaincre collectivement jusqu'à aujourd'hui.

À travers la plupart de ses œuvres, Mircea Eliade, un historien des religions renommé, indique que, dans les sociétés traditionnelles, dans le monde rural, au Moyen Âge, dans l'Antiquité, en Orient, etc., la nature et le cosmos étaient porteurs de sacralité. Et c'est la sacralité de la nature – *de l'environnement*, dira-t-on aujourd'hui – qui permettait aux humains de nouer avec la nature des relations beaucoup plus fines que le rapport de prédation et l'utilitarisme qui nous animent aujourd'hui. Et cette vision mécaniste qui émerge au XVIIème siècle et qui va de pair avec l'avènement d'une nouvelle civilisation prive le monde de son âme, le réduit à sa matérialité et nous fait basculer du sacré vers le profane, autorisant toutes les formes de profanations que traduisent les dérives dont nous sommes à la fois les objets, les acteurs et les témoins aujourd'hui.

La nature ayant été réduite au rang de ressource, la crise écologique que nous connaissons aujourd'hui, n'est effectivement, aux yeux de Taleb, *rien d'autre que le fruit d'un acte de profanation* : *en lien avec une vision désenchantée de la nature vivante, a émergé une écologie contemporaine ressourciste*. L'idée de bien gérer l'environnement à coup de gestes éco-citoyens relève de cette approche dépourvue de dimension symbolique. D'où l'appel à de nouveaux récits collectifs que lancent des acteurs du changement comme Rob Hopkins et Cyril Dion, récits qui restitueraient sa profondeur au monde et restaureraient une vision et du lien pour les humains.

L'émergence du rationalisme mécaniste au XVIIème siècle va apporter une explosion de connaissances sur le monde, certes. Dans le même temps, nous avons perdu une quantité énorme de connaissances. Ces savoirs perdus, constitués en grande partie des savoirs paysans et artisanaux, de la sagesse des peuples qui ont été colonisés, sont souvent liés à l'*Âme du monde* : ils ont trait aux règnes végétal, animal, minéral, aux quatre éléments, à ce que les cultures populaires ont appelé les

Esprits de la nature, etc. Et cette opération de répression de ces savoirs empiriques, observe Mohammed Taleb, s'est effectuée dans le sang : entre 1550 et 1650, en Europe et en Amérique du Nord, plus de 100 000 femmes ont ainsi été assassinées. Dans les campagnes, celles qu'on a appelées *sorcières* vivaient en symbiose avec la Nature dont elles connaissaient les mystères et notamment les secrets thérapeutiques. Leurs savoirs devaient disparaître, précisément en raison de l'émergence de cette science et de cette médecine rationnelle, objective, qui réfutait le mystère et réduisait le vivant à sa matérialité.

Dans ce basculement historique, le maintien du courant de l'*Âme du Monde* devenu impensable, il fallait tout simplement briser les porteurs et les porteuses de ces savoirs qualitatifs issus du monde rural. Leur éviction était d'autant plus inéluctable que ce XVIIème siècle voit émerger la civilisation capitaliste, avec de nouvelles classes sociales et en particulier la bourgeoisie qui va piloter ce nouveau processus où les villes triomphent sur les campagnes.

Il en est résulté ce qu'Aminata Traoré, ancienne ministre de la culture du Mali, appelle aujourd'hui *Le Viol de l'imaginaire*, du nom de son livre. Dans cet ouvrage que mentionne Mohammed Taleb, Aminata Traoré affirme que ce qui se joue aujourd'hui, c'est la standardisation des imaginaires, l'uniformisation des cultures, ce qu'on appelle parfois l'occidentalisation du monde, où le moins intéressant de la culture occidentale – c'est-à-dire la culture marchande, consumériste, publicitaire – devient la norme.

La plupart des propos de Mohammed Taleb rapportés jusqu'ici sont issus de l'entretien qu'il m'a accordé dans le cadre du *Sommet du Féminin en Transition* diffusé en novembre 2019 et avril 2020. Pour ne citer que le témoignage de Françoise, voici en quels termes elle résume l'impression que lui a inspirée ce dialogue *: Je crois que ça m'a reconnectée à des mémoires ancestrales et permis de les libérer, de les assumer, d'être plus indulgente avec moi-même, de m'aimer mieux et donc de mieux aimer les autres avec leurs failles. Une expérience initiatique.* Elles ont été nombreuses à réagir de la même manière, comme s'il suffisait de lever un voile dont quelque chose en nous a toujours su ce qu'il dissimulait. Et, en effet, une dimension de nous *sait*. Si nous prenons le temps de l'*écouter, nous saurons qui nous sommes et de quoi nous avons besoin*.

3. Une sorcière comme les autres

Mohammed Taleb identifie la réification – la *chosification,* donc – comme la propriété spécifique de la civilisation capitaliste dont nous sommes héritiers depuis le XVII*ème* siècle. Cette idéologie qui, depuis notre naissance, se donne pour le reflet de la réalité, nous a convaincus que nous étions une pure matérialité. Portée par des myriades de relais humains et non-humains, elle nous dicte comme naturel un scénario de vie standardisé qui, depuis des générations, nie ce qu'il y a de vivant en nous et nous convainc dès notre naissance que nous sommes des robots biologiques qui n'ont qu'*à observer des protocoles prescrits*.

Depuis quelques dizaines d'années la contestation du mode de vie dicté par l'économie capitaliste a vu émerger l'éco-féminisme qui reflète la prise de conscience du lien entre les femmes et la terre et l'homologie entre la chosification des femmes et celle de la terre, ainsi que leur exploitation.

Dans le même temps, les femmes dites *sorcières* du passé ont retrouvé une dignité posthume : parmi les victimes des bûchers, beaucoup d'entre elles étaient des sages-femmes dont les savoir-faire remontaient à la nuit des temps et reposaient sur une connivence avec la nature dont nous faisons partie même si, aujourd'hui, la plupart d'entre nous l'ignorent. L'efficacité des médecines dites *parallèles*, héritières de cette sagesse, confirment à loisir combien cette connivence était juste. Et si l'on creuse un peu sans pour autant céder au biais essentialiste, en tant que femmes, nous ne pouvons que constater que nous sommes des êtres cycliques et, qu'au sein de ces cycles, s'ils sont naturels, se déploient des énergies particulières qu'il y a lieu d'apprivoiser pour faire de cette nature en nous une alliée. Et pourtant, nous avons été dressées pour ignorer ces aspects fondamentaux de notre vie. Non seulement, pour celles qui en parlent, nous ne le faisons que dans des cercles privilégiés mais, alors que les représentations de la sexualité se déploient publiquement sans réserve, encore aujourd'hui, un tabou pèse sur cette part essentielle de l'humain. Oui, *l'humain* car, si les hommes chérissent leurs enfants, c'est aux femmes qu'ils doivent ces derniers.

À ce sujet, comme l'indique Iris Brey,[95] c'est le regard masculin qui conditionne la représentation du monde et spécialement celle de la femme au cinéma, l'un des grands vecteurs de conditionnement collectif. Or, jusqu'à nouvel ordre, l'idéologie viriliste continue à poser les

---

95 🔗

femmes en proies et en faire-valoir et ne s'encombre pas de règles, de dysménorrhées, de grossesses, d'avortements, d'épisiotomies, de dépressions post-partum, d'allaitement, etc. Et quand un avortement est évoqué, comme dans le terrible *Revolutionary Road*, ce film de 2008 de Sam Mendes qui reflète si bien l'état de déréliction des ménagères des années 1950, la scène se déroule derrière une porte qui vient de se fermer : elle est gommée par une ellipse, un procédé narratif classique au cinéma. Et pourtant, cette scène inexistante a suffisamment marqué les esprits pour faire l'objet d'un extrait disponible sur Youtube.[96] C'est dire la part de vie et de nature en nous que nous acceptons de désavouer au profit d'une image de la femme comme objet de désir sans tache.

Mais il y a plus car l'idéologie de la féminité ayant traversé les décennies, même si elles font des études, la majorité des jeunes femmes d'aujourd'hui n'ont de cesse d'épouser le schéma stéréotypé de la séduction suivie de l'union, la famille, la maison, les enfants, les deux voitures et le chien. Comme dans les années 1950, le couple reste l'idéal rassurant auquel la majorité aspire. Cela dit, en cédant au modèle dominant, elles consentent à brimer ce qui, en elles, pourrait se déployer de singulier et qui présente en même temps l'énorme danger de la divergence. Les femmes qui n'ont pas d'enfant à *l'*âge dû le savent : la non-observance du scénario classique leur vaut de se faire harceler de toutes parts. Quels risques y a-t-il, en tant que femme, à rompre avec les valeurs extrinsèques auxquelles la majorité d'entre nous se plient dans notre société occidentale ? Hors des milieux artistiques, dans une société comme la nôtre où, au sein des clans familiaux ou amicaux, les individus jouent souvent les uns vis-à-vis des autres un rôle de censeur implicite, au moins 5 risques possibles me viennent à l'esprit.

Le premier auquel je pense est le risque de recevoir des commentaires discriminants parce qu'on prend des initiatives inusuelles de la part d'une femme. À titre personnel, vers mes 40 ans, j'ai pris un congé pour entreprendre une formation en peinture décorative. Une fois sur les chantiers, mes réalisations ont été évaluées par des hommes qui m'ont dit qu'ils n'imaginaient pas une femme capable de ça. Comme sur l'un des plafonds, j'avais choisi de peindre un attelage vu d'en bas, on m'a adressé un nombre impressionnant de sourires bourrés d'implicite en désignant du regard les testicules de l'étalon que j'avais peints. Ensuite, de retour au collège où j'étais enseignante, le fait que l'on parle de moi dans la presse écrite et à la télévision a généré de l'ostracisme chez certaines de mes collègues.

---

96 🔗

Le deuxième risque que je ne suis pas la seule à avoir affronté est celui d'être perçue comme *dangereuse* parce qu'on déploie une énergie, un engagement, une motivation, une clairvoyance, une puissance dont on ne veut pas de la part d'une femme. Dans le milieu du travail, tout le monde – les hommes comme les femmes – attend des femmes qu'elles la jouent en mode mineur : une femme est discrète, retenue, dévouée, ne commente pas, exécute, se plie aux règles implicites qui dictent les comportements adéquats. Dès lors, une femme enthousiaste, motivée et désireuse de contribuer dérange les autres dans leurs routines et risque un jour ou l'autre de subir un recadrage verbal du style : « toi, tu es dangereuse », voire de se faire harceler de la pire des manières possibles, soit en étant dégradée, soit en ne se voyant plus rien confier de signifiant et en se retrouvant alors face à des tâches qui conduisent au *bore-out*.

On peut également craindre d'être perçue comme une *folle* parce qu'on s'arroge une liberté à laquelle beaucoup de femmes ne songent même pas. Pour cela, il ne faut rien faire de vraiment extravagant. Ne pas agir conformément à la *norme* suffit : avoir un style vestimentaire personnel, être plus tonique qu'on ne l'est habituellement à votre âge, être plus créative que les gens que vous côtoyez au quotidien, être enthousiaste quand il convient de se plaindre, impliquer vos enfants dans la vie du foyer quand il convient de tout faire à leur place, les nourrir avec du bio quand la bouffe industrielle constitue la norme, etc.

Comme me l'a indiqué Jacques Ferber,[97] la crainte d'être évaluée par les autres femmes comme une *pute* ou une *salope* représente un autre élément de pression qui peut conduire une femme à réprimer sa vitalité. On peut ainsi hésiter à manifester sa joie de vivre via un style trop *personnel* comme le fait de ne pas porter de soutien-gorge, ne pas se maquiller, ne pas porter de talons, oser un décolleté, porter des vêtements colorés ou faits main et donc peu conventionnels, transgresser les standards vestimentaires de son âge, etc.

Enfin, on peut craindre le risque – immense sur le plan psycho-affectif – du désaveu de vos proches quand vous osez contourner leurs attentes. Ce risque est d'autant plus grand que beaucoup de parents ne se contentent pas de voir évoluer leurs enfants adultes : souvent, ils posent sur eux des projets et s'attendent à être témoins de la réalisation de ces derniers. On peut ainsi inhiber ses élans de crainte de déroger aux standards de réussite de ses parents, de crainte de les décevoir et ce faisant, de se sentir coupable.

97 Ferber Jacques, *L'Amant tantrique*, Le Souffle d'Or, 2007.

Quand on considère la quantité de limites à transgresser pour affirmer son autonomie, on prend la mesure du *coût social et psychologique* dont parle Manon Garcia.[98] Car oui, en exprimant sa créativité, cet élan vital jailli du tréfonds de notre incarnation, dans différents domaines de sa vie, une femme s'expose au désaveu de ses proches.
Rares, en effet, sont les parents capables d'accueillir la singularité de leur fille, enfant ou adulte, notamment parce que le besoin de conformité les anime eux-mêmes. Quant aux autres, amis ou enfants, ils peuvent eux aussi encourir la crainte d'être associés à une personne non-conforme, crainte qu'ils vous révéleront ou pas suivant les codes de votre milieu mais les faits eux parleront : l'idée d'être associés à une dingue leur fait honte.

Cela dit, sommes-nous vraiment nées pour perpétuer la soumission et transmettre à nos enfants ce modèle sociétal dont le mal-être est un sous-produit majeur ? Ne serait-il pas temps de sortir de cette posture infantile et d'accéder à la maturité et à l'autonomie ? En réaffirmant à chaque instant notre dignité et notre souveraineté, y compris à nos propres yeux, ne serions-nous pas mieux à même de désapprendre les modalités de la soumission et de vivre une existence où l'affairement n'aurait plus sa place tant notre créativité et notre élan de vie nous empliraient ?
J'ai précédemment évoqué des moments dans l'histoire européenne où, la société civile et l'église s'associant pour orchestrer l'incarcération mentale des femmes, l'hystérie et les rites de possession dionysiaques étaient les seuls exutoires qui leur étaient laissés pour débonder leur élan vital. Si la *puissance du féminin* est un mystère dont la compréhension implique que l'on soit consciemment reliée à notre intimité profonde, les religions anciennes ne s'y sont pas trompées : la présence à son intimité sacrée – la zone anatomique située au niveau du périnée et du bas ventre – confère à la femme un magnétisme objectivable qui a été perçu de tous temps et qui est précisément ce qui effraie car, clairement, la puissance de la femme dépasse sa forme corporelle.

À ce sujet, quand Mohammed Taleb appuie sa vision de *l'Âme du monde* sur la conjonction du sacré et du profane, il n'inclut pas la notion de *numineux* que l'on semble avoir oubliée alors qu'elle éclaire d'un jour intéressant la fascination qu'exerce la *grotte sacrée* et, par inférence, la femme. Au début du XXème siècle, le théologien Rudolf Otto[99] apporte une précision éclairante à la définition du *sacré*. À ce terme, il préfère celui de *numineux* (61), qui associe la terreur que peut nous ins-

98 Garcia, Podcast Binge, op. cit.
99 Rudolf Otto, *Le Sacré*, Payot, 1917.

pirer l'altérité radicale du divin à la fascination face à ce qui séduit en lui au point d'entraîner le délire. La *grotte sacrée* justifie le qualificatif de *numineux* tel que l'a défini Rudolf Otto, à savoir ce dont l'altérité puissante à la fois séduit et effraie, renvoyant celui qui la considère à sa propre finitude. Et ce mystère effrayant et fascinant, celui-là avec lequel étaient en lien les femmes que l'on dira *sorcières* – qui, pour beaucoup, étaient sages-femmes – par métonymie, gagne la femme tout entière : ce n'est pas seulement sa capacité à accueillir le mystère de la vie qui effraie ceux pour qui la femme est *l'autre* : c'est elle tout entière. L'imaginaire collectif lui prête une puissance incontrôlable, solidaire de l'incommensurabilité que l'on prête au divin, qu'il va falloir cadrer, brider, briser. Et entre autres idéologies, le *mythe de la féminité* analysé par Friedan, mythe dont nous sommes héritières aujourd'hui, en réduisant l'image idéale de la femme à une ébauche mièvre et immature a précisément pour effet d'ôter leur puissance aux femmes, de les couper de leur lien naturel à l'infini.

À ce titre, on pourrait noter qu'au-delà du traitement des névroses, ce qui intéressait Jung, c'était précisément de remettre ses patients en contact avec le numineux, avec la profondeur du monde et, dès lors, avec leur puissance d'êtres de nature reliés à l'*Âme du Monde*. *L'accès au numineux est la seule véritable thérapie*, écrit-il dans sa correspondance,[100] anticipant ainsi les conclusions des chercheurs, praticiens et témoins qui ont aidé Johann Hari à développer son propos.

Dans le cadre de sa psychologie analytique, Carl Gustav Jung associait le numineux aux archétypes, des formes symboliques transculturelles relevant de l'inconscient collectif, déclinaison jungienne de *l'Âme du monde*. La boucle est ainsi formellement bouclée.

Si l'aliénation collective à laquelle préside la culture dérivée de la civilisation capitaliste a pour effet de museler la possibilité d'une incontrôlable démesure, il apparaît ainsi de plus en plus qu'en réponse, c'est par une œuvre délibérée de *dépouillement personnel* que l'on peut se soustraire à la soumission et affranchir le potentiel qui sommeille en nous.

Toute la question pour beaucoup d'entre nous, c'est d'oser. Oser se passer de validation extérieure et oser dépasser son besoin d'être aimée, geste qui présuppose que l'on soit capable de se passer de l'approbation et de l'amour des autres. En préalable, la question centrale est de savoir si nous consentons, à titre individuel, à faire le nécessaire pour cesser d'avoir besoin de confier – voire d'imposer – aux autres la responsabilité

100 Du latin *numen*.

de nous aimer comme nous voudrions l'être.

Et si nous choisissions une autre voie que le malheur ?
La majorité des autres étant aux prises avec leurs propres affres, ils ont du reste autre chose à faire que de nous aimer. Cela dit, nous jouissons d'un réservoir de ressources trop méconnu : tout en nous laissant d'épaisses cicatrices, trophées ostentatoires de nos batailles, ce mouvement vital qu'est la résilience peut nous entraîner au-delà de nous-mêmes, par-delà les dépendances, vers l'autonomie affective, qui n'est nullement synonyme d'indifférence.

Et si, par ailleurs, on cessait de chercher à être adéquates, quand il suffit de nous accepter et de nous aimer nous-mêmes telles que nous sommes ? Pour cela, il s'agit d'apprendre l'amour de soi, dont l'absence est peut-être ce qui nous pousse à accepter tout ce à quoi nous consentons malgré nous, bafouant sans relâche notre élan intime. Les nombreux témoignages que j'ai recueillis donnent la mesure de notre dépendance possible aux autres : on subordonne sa réalisation à des normes extérieures... jusqu'à ce que l'on se rende compte qu'on s'est trahie ; on rend *les autres* responsables de notre malheur ; on se sent l'esclave des autres.

Ce qui apparaît, c'est que pour la plupart d'entre celles qui ne sont pas en contact avec leur intériorité, nous ignorons qui nous sommes, nous ignorons ce qui pourrait nous pousser, nous ne nous aimons pas et, parce que nous subordonnons nos choix à des normes extérieures qui nous amènent à nous considérer comme inadéquates, nous ne nous acceptons pas et ne sommes pas sur le chemin de l'amour de soi. Et quand nous souffrons, nous adoptons une posture de victime, imputant aux autres et à la société la responsabilité de notre malheur, entrant dans ce que Jean-Jacques Crèvecœur[101] a appelé une *complicité circulaire* qui nous incite à dire *oui* quand nous sentons *non* et à adopter une posture de soumission qui renforce ou induit chez l'autre une posture de domination dont il n'est pas certain du tout qu'il ait envie.

Betty Friedan espérait que l'éducation délivre les femmes de l'aliénation liée au statut de *ménagère*. En dépit du fait qu'énormément de femmes font des études supérieures, il apparaît aujourd'hui que l'état de *ménagère* n'est pas un statut, ni une activité mais une identité, qui n'est évidemment pas revendiquée en tant que telle. On n'est pas ména-

101 Crèvecoeur Jean-Jacques, *Prenez soin de vous - N'attendez pas que les autres le fassent !,* Jouvence, 2004.

gère comme on est LGBT+. Il n'y a aucune identité de groupe, aucune revendication et aucune fierté : ça vient un jour se coller à vous sans que vous n'ayez rien demandé et hop ! Vous êtes une ménagère ! Titiou Lecoq en parle différemment mais ce qu'elle décrit semble correspondre à cette expérience. Et c'est possible parce que tout concourt, dans cette société, à vous pousser, en tant que femme, à désirer les prémices de cette identité – se bichonner, séduire, être élue, être amoureuse. Une fois lancé, le programme n'a plus qu'à se dérouler : vous êtes piégée. L'ensemble du scénario déboule avec son fondement inébranlable : la soumission. Est-ce un pur hasard si *La Femme mystifiée* a été publié aux États-Unis la même année – 1964 – que *L'Homme unidimensionnel* d'Herbert Marcuse, qui théorisait combien, collectivement, l'idéologie marchande nous englue comme des mouches, nous vidant de toute profondeur, de toute substance pour faire de nous des consommateurs voués au fétichisme des objets ?

4. Où est la sortie ?

Mohammed Taleb a consacré un livre et des séminaires à Theodore Rozsak, théoricien de la *contre-culture*, un mouvement qui, de la fin des années 1950 au début des années 1970, a ébranlé l'ensemble des domaines de la culture américaine au sens de cet *American Way of Life*, que contestaient Betty Friedan et Herbert Marcuse. Qu'il s'agisse de la musique, de la littérature, de la sociologie, de l'architecture, de l'éducation, de la médecine, de la politique, de l'agriculture, de la philosophie, de l'alimentation, tous les domaines de la vie ont été touchés, ramenant une partie de la population – les jeunes et certains intellectuels – vers des valeurs proches de celles que défendaient les mouvements romantiques : liens retrouvés envers son intériorité, la nature et le vivant dans leur noblesse et leur profondeur ; retour à des valeurs, une vision et des pratiques qui étaient celles des alchimistes et des femmes que l'on a dites *sorcières*.

À l'époque, les gens se sont mobilisés politiquement, contre la guerre du Vietnam, contre le nucléaire, pour les minorités, contre l'impérialisme… *Arrivé en Europe dans les années 1970, ce mouvement s'est dépolitisé*, dit Taleb, *nous léguant la spiritualité New Age, un idéal de vie cool qui réserve une place de choix aux thérapies alternatives, au coaching et à toute une panoplie d'approches focalisées sur l'individu, la responsabilité de son ascendance sur ses névroses et la gestion de ses conflits interpersonnels*.

En soi, le New Age tel que nous en avons hérité en Europe est une bonne chose puisqu'il a amené de nombreuses personnes à gérer la confusion qui les contenait. Cependant, la vague du développement personnel a incité pas mal de gens à privilégier une perspective nombriliste au détriment d'un engagement politique, d'une mobilisation au bénéfice de la communauté qui est, en fait, ce à quoi nous sommes très nombreux à aspirer. En nous incitant à nous focaliser sur la sphère personnelle et interpersonnelle, ces approches nous détournent de la dimension politique et sociétale et de la nature que nous appréhendons à l'excès dans sa dimension objective, avec les confusions de genre (*les éco-gestes augmentent la charge mentale*) et les débordements que nous constatons aujourd'hui.

Nous avons aujourd'hui accès à des savoirs dont ne disposaient pas nos aînés. Aussi, à leur sagesse et leur expérience, nous pouvons associer les perspectives vertigineuses que nous apportent notamment les neurosciences et les connaissances issues de la physique quantique. Aujourd'hui, tout contribue au constat que nous sommes infiniment plus *grands* que ce que nous avons accepté de croire : nous possédons des ressources que la plupart d'entre nous ignorent et qu'il est possible d'apprivoiser pour être plus vivants. De nos jours, nous sommes nombreux à réaccéder à l'expérience que la réalité dépasse largement sa simple matérialité.

Dans le même temps, nous sommes confrontés à l'urgence de lever le nez et d'adopter une vision systémique qui, au-delà de notre personne et nos relations, inclut, comme levier de mobilisation, des dimensions de nous en lien avec le vivant dans son ensemble, la nature, non réduite à sa simple matérialité mais animée d'une profondeur et d'un mystère qui nous relient tous : la vie. Nous devons y veiller, à la fois par obligation morale mais aussi parce que sa détérioration reflète l'état de délabrement de nos sociétés qui elles-mêmes reflètent notre propre déréliction individuelle. Cette dégradation dont nous sommes témoins accuse le consentement passif dans lequel sont la plupart d'entre nous.

Toutes ces considérations nous ramènent au constat que la charge mentale n'est définitivement pas un problème d'intendance : si les *astuces* organisationnelles la rendent supportable, elles ne résolvent pas les difficultés existentielles et ontologiques qui l'accompagnent.
À travers ces lignes est apparue la possibilité que le mal-être que traduit la charge mentale est principalement tributaire de la perte du sens et des liens : perte du lien à soi et à sa profondeur d'être de nature, dété-

rioration du lien authentique aux autres, oubli de notre appartenance à des structures sociales avec lesquelles nous faisons pourtant corps, évanouissement du sens et de la symbiose avec plus grand que nous, le tout constituant un ensemble organiquement solidaire.
Dans la partie suivante, nous allons tenter de voir par quels moyens retrouver le chemin de notre maison et faire en sorte que chaque jour, des sorcières cessent de se consumer sur l'autel de l'aliénation.

Nous nous sommes éloignés de notre tribu depuis trop longtemps
Nous devons désormais rentrer à la maison.
Johann Hari
(en référence à Naomi Klein, *This Changes Everything: Capitalism Vs The Climate*)

Partie 3

Retrouver le chemin

Chapitre 1

Un état des lieux

Un état des lieux

Le travail de Betty Friedan nous a sensibilisés à l'idée que la mythologie de la féminité domestique les femmes au service des hommes et de l'économie. Avant d'aborder les issues possibles à la charge mentale, je récapitule brièvement les informations que j'ai recueillies, ceci afin de saisir en quoi cela correspond (ou pas) à des problèmes que vous identifiez dans votre vie.

1. La domestication à l'œuvre

Aujourd'hui, à mesure que les regards se croisent sur le sujet, la vision que l'on a de la charge mentale dépasse de plus en plus la définition qui lui avait été assignée quand l'illustratrice Emma a stigmatisé le phénomène en 2018 : la charge mentale résulte aussi de l'adhésion à un idéal (de la féminité, de la perfection, de la famille, du couple, etc.) dicté de l'extérieur ; d'un besoin de validation qui nous amène à renoncer à des aspirations profondes que l'on n'a pas nécessairement identifiées (et qui émergent souvent au moment où l'on s'effondre) et à poser la barre des exigences démesurément haut. Elle va de pair avec une tendance à adopter une posture omnisciente, à partir de laquelle les femmes harcèlent leur conjoint et leurs enfants. La charge mentale inclut aussi des inconvénients résultant du surinvestissement du foyer et de délires maniaques sur la normativité, l'ordre et la propreté, ainsi que l'hyper-parentalité, l'hyperémotivité et l'autodépréciation qui en conduit certaines à se résigner et à compenser leurs frustrations notamment en mangeant trop et en faisant des achats compulsifs.

Actuellement, même si elles ont fait des études supérieures et ont un job, beaucoup de femmes embrassent ainsi la double identité de *ménagère cultivée* dont Betty Friedan a identifié le mal-être dans les années 1950-60 : elles associent leur journée de travail au statut de *ménagère* qu'elles ont agrégé inconsciemment en fondant un couple et puis une famille.

Nous en sommes arrivées là par le biais de processus de conditionnement à l'œuvre… dès la naissance, puisque, comme le relate Boris Cyrulnik dans *Sous le signe du lien*,[102] à la maternité, le personnel soignant babille déjà différemment avec les nouveau-nées filles et les nouveau-nés garçons.
Éduquer, formater, domestiquer, c'est confiner la personne dans des cadres, la convaincre des limites de ses possibilités et lui inspirer des choix qui, au minimum, vont s'opérer à son détriment et au bénéfice de ce pour quoi elle se plie aux orientations qui lui sont dictées.

Avec l'active complicité des médias *mainstream* et de ces vecteurs d'idéologie que sont l'école et la culture de masse dans toutes ses modalités, notamment la publicité, l'idéologie déploie une stratégie de la peur synchronisée sur le besoin de sécurité qui anime les femmes en particulier. Fabriquant des ennemis imaginaires notamment liés au monde de l'hygiène et de la santé, et au besoin de validation, elle occupe l'attention, la détournant des oppressions quotidiennes réelles et de cette double menace sans mesure qui pèse aujourd'hui sur la civilisation et le vivant dans son ensemble : l'effondrement de nos sociétés et la menace climatique.

Ainsi, ces manies que sont, par exemple, le perfectionnisme, la crainte du jugement, le besoin de validation, la culpabilité, la honte, l'ergomanie, l'abnégation, la soumission et l'absence d'engagement au-delà des limites de la sphère domestique sont moins des traits de personnalité que les formes d'une infantilisation qui est la résultante du mythe de la féminité et des conditionnements qui l'accompagnent.

Ayant intériorisé une forme de violence envers elles-mêmes qui les amène à se traiter comme des objets, ainsi aliénées, les femmes mettent l'accent sur les biens au détriment des liens, et imputent à d'hypothétiques autres la responsabilité de leur malheur, se posant en victimes absolues et s'évitant de se demander en quoi elles-mêmes en sont responsables, ce qui ouvrirait pourtant la porte à cette décolonisation de

102 Cyrulnik Boris, *Sous le signe du lien*, Hachette, 1997.

l'intérieur à laquelle il s'agit de procéder si l'on veut donner sens à nos existences.

S'émanciper, cela représente un coût social et psychologique élevé puisqu'il s'agit notamment de rompre avec la vie qu'ont imaginée pour nous des gens qui nous aiment. Cependant, aujourd'hui, plus que jamais, il nous incombe de choisir de nous soustraire à cette soumission, de quitter la sécurité de ce nid qui nous emprisonne, pour apporter au monde une contribution à laquelle nous ne pouvons plus déroger.

2. L'idéologie exploite le besoin de sécurité

La prégnance du mythe de la féminité et de la soumission qui en résulte est rendue possible du fait d'une fragilité narcissique orchestrée dont Betty Friedan a rendu compte dans son livre. Elle est entretenue par des renforcements négatifs qui amènent les individus à ne pas se faire confiance, à négliger leur baromètre intérieur pour se référer à des *valeurs extrinsèques* et rechercher de la validation à l'extérieur. Acquises via ces vecteurs d'idéologie que sont la publicité, la culture de masse, les médias et notamment la presse féminine, ces valeurs focalisent la réussite sur les apparences et la possession de biens matériels. Elles amènent à rechercher l'approbation de la famille, du groupe social et des pairs, la résultante étant la dissolution de l'identité dont l'individu cherche à compenser la perte et l'anxiété qui s'en suit, en consommant. Validant les constats établis il y a quelques décennies par Betty Friedan, Nancy Shalek, déjà mentionnée,[103] confirme que la vocation de la publicité consiste *à* convaincre les consommateurs – en particulier les enfants – qu'ils sont dépourvus de valeur s'ils ne possèdent pas tel ou tel produit. La publicité met ainsi les gens en état de manque, manque qu'ils tenteront de combler en consommant des biens matériels alors que c'est de liens sociaux dont nous sommes fondamentalement en manque.[104]

La domestication des femmes est rendue possible par un état d'hébétude résultant d'un sentiment d'inadéquation plus ou moins radicale – finalement, *une femme*, c'est quoi ? – que l'on va tenter d'apaiser en faisant le nécessaire pour obtenir de la validation, de la reconnaissance et cela en ayant perdu tous ses repères.

Mon problème, c'est le choix, m'a confié l'une de mes témoins : *la peur de faire des choix, et donc potentiellement le MAUVAIS choix et ce qui*

103 Hari Johann, op. cit., p. 134.
104 Hari Johann, ibid., p. 134.

va avec : la peur de devoir renoncer à d'autres choses.

Dans *Le Paradoxe du choix*,[105] Barry Schwartz observe précisément que *la culture de l'abondance nous éloigne du bonheur dans le sens où elle crée de la frustration plus que de la satisfaction. [...] Dès que l'on obtient ce que l'on croyait vouloir,* constate-t-il, *on découvre que cela n'est pas aussi satisfaisant qu'on l'imaginait. Le fait de disposer de choix trop nombreux entraîne un désarroi psychologique fait de regrets et de frustration. Ces regrets et ces frustrations s'appuient sur l'adaptation à l'objet acheté, sur la comparaison avec autrui et le désir d'obtenir le meilleur en tout, précisément assorti de la crainte d'être passé à côté du meilleur.*

3. La réification des personnes et la prolétarisation de la vie professionnelle

Coupée du lien à son intériorité, à son mystère et à sa grandeur, dans le monde où nous sommes aujourd'hui, la personne se fie à ce dont on l'a convaincue depuis son enfance : elle est un objet vivant qui, comme tel, est manipulable et interchangeable à l'envi. Acceptant sans y réfléchir la réification comme l'expression de son adéquation aux attentes projetées sur elle, et son destin inéluctable, elle se heurte à ce que notre culture matérialiste lui présente comme la réalité et plonge à bras le corps dans ce que le philosophe Bernard Stiegler désigne comme « la prolétarisation de la vie professionnelle » : en dépit de ce à quoi elle croit, elle accepte d'exercer un travail dépourvu de sens et cela, parfois sans ne plus savoir comment fonctionnent les choses de son métier, pourvu qu'elle gagne de quoi s'offrir ces biens dont elle rêve ou prendre des vacances qui l'extrairont un instant du purgatoire dans lequel elle a accepté de s'enfermer.[106]

Quand j'étais salariée, m'a confié une indépendante débutante à peine sortie d'un burn out, *je me sentais comme une fleur fanée, privée d'eau dans son vase.*

Quant à Christian Bourion, professeur à l'ICN Business School de Nancy, il déclarait à Johann Hari que dans le milieu professionnel *l'ennui et l'anomie peuvent conduire à des traumatismes psychiques capables de détruire la personnalité de celui qui en souffre*,[107] ce qui n'est pas sans évoquer les désordres que présentaient les *ménagères cultivées* dont

---

105 Schwartz Barry, *Le paradoxe du choix : et si la culture de l'abondance nous éloignait du bonheur ?*, Marabout, 2009.

106 🔗

107 Hari Johann, op. cit., pp. 90-94.

Betty Friedan a identifié la détresse, tout en soulignant le fait que ce désarroi n'était pas fortuit mais orchestré.

Pour en revenir à la sphère du foyer et au mal-être des femmes à la maison, en écho aux constats de Michael Marmot selon qui les emplois en bas de la hiérarchie, plus répétitifs et aliénants, provoquent plus d'anxiété et de dépression, Titiou Lecoq a pointé l'analogie entre le monde de l'entreprise et le foyer, deux environnements dominés par l'idéologie patriarcale où les rôles sont distribués entre les genres de façon tout à fait semblable.

Dans ce monde où une partie de l'héritage darwinien a engendré la conviction que l'adaptation est un indice de santé, la philosophe Barbara Stiegler[108] constate une inversion du modèle qui amène plutôt à considérer l'anxiété, la dépression et le burn out, c'est à dire l'inadaptation, comme des indices de santé, comme des réactions saines à une intériorisation excessive d'un modèle qui œuvre à l'encontre de la vie en nous et de tout ce qui fait sens et qui justifie le fait d'être en vie. L'aphasie et le désarroi extrême qui accompagnent ces épreuves ont le mérite d'offrir à la décolonisation intérieure un terreau de choix. Dommage que, pour beaucoup, il faille en passer par cet effondrement absolu pour comprendre qu'on s'est trahie, faire l'apprentissage de soi et trouver une voie/voix qui honore le vivant en nous et au-delà.

---

108 🔗

Chapitre 2

Les modalités existentielles de la colonisation intérieure

Les modalités existentielles de la colonisation intérieure

1. La perception de soi comme un robot biologique

Depuis plusieurs décennies, notre éducation nous a coupées de tout ce qui sort du cadre de l'objectivable. Dans la mesure où nos sensations et émotions nous permettent de distinguer ce qui nous fait du bien de ce qui nous entrave ou nous met à mal, ces dernières sont aussi le socle de notre souveraineté : elles nous permettent d'établir les critères de l'acceptable, du souhaitable et de ce que l'on veut ou pas pour soi. Pourtant, quand je propose à mes étudiantes de retrouver dans leur corps le souvenir de sensations liées à des émotions, il arrive régulièrement que l'on me dise « je ne sens rien : mes parents m'ont tellement dit que je ne sentais rien ».

Nier ses émotions jusqu'à ne plus rien sentir, c'est abdiquer sa souveraineté – autrement dit sa capacité à définir ce qui est bon pour soi et fixer les contours de l'acceptable -, pour s'en remettre à d'autres à qui l'on va désormais concéder l'autorité de définir ce qui est bon pour nous ou pas. À mesure que nous avançons en âge et changeons de contexte, nous allons alors nous mouler dans des structures existantes qui ont rarement – pour ne pas dire *jamais* – la curiosité de découvrir notre singularité et ce que nous pourrions apporter de neuf : au contraire, on attend de nous de la conformité, de l'adaptation, sous peine de nous faire exclure ou harceler. Au cours de ma carrière d'enseignante auprès de publics adultes, combien de récits n'ai-je pas entendus d'ouvriers ou de techniciens qui se voyaient harceler pour s'être montrés trop zélés, pour avoir travaillé alors que la règle propre à leur équipe voulait que l'on tape les cartes en attendant l'heure de la sortie ?

Coupées de nos émotions, nous sommes amenées à appréhender nos mal-être comme des inconvénients mécaniques : nous sommes tellement séparées de la vie en nous que, dans le schéma classique, nous n'imaginons pas que quelque chose en nous est en détresse et demande autre chose qu'un médicament. C'est ainsi qu'effectivement, pour beaucoup, nous allons confier nos maux à cette médecine qui traite le corps comme un objet, et non la personne comme une individualité singulière au carrefour d'expériences qui l'ont amenée où elle en est. S'étant déployée dans le giron du matérialisme scientifique, cette médecine académique attribue la dépression et les ennuis de santé en général à des problématiques de nature biochimique auxquelles la chimie de synthèse prétend apporter remède. Elle conforte cette vision du réel qui nous incite à nous appréhender comme des robots biologiques, comme une pure matérialité dont les problématiques trouveront une résolution matérielle ; et en dépit de l'évolution des acquis concernant l'état du monde, cette médecine paresseuse confie aux firmes pharmaceutiques le soin de former les praticiens et de les inciter à exercer leur activité trop souvent à leur bénéfice et au détriment des usagers.

2. Masochisme et maltraitance

Au cours de ses travaux, longuement évoqués par Johann Hari, Michael Marmot a abouti à la conclusion que *les gens choisissent souvent des circonstances de vie pénibles* qui ont pour effet de les maintenir en dépression. Et ces situations de détresse lui sont apparues comme *révélatrices de l'état de la société et de ses dysfonctionnements*.[109]

Comment fait-on pour se *choisir* des circonstances de vie pénibles ? Cela résulte-t-il d'ailleurs vraiment d'un choix ? À cette question, Marshall Rosenberg, le fondateur de la *Communication Non-Violente (CNV)*, répondait par l'affirmative : oui, on a toujours le choix, sinon que l'un des éléments de l'alternative nous semble parfois terriblement inconfortable, voire dangereux. On choisit alors de l'exclure, en pensant « je n'ai pas le choix », ce qui traduit l'idée que, des deux possibilités, on choisit celle qui semble la moins mauvaise et qui est probablement aussi la plus familière. Du point de vue de la croissance spirituelle, contre-intuitivement, si l'on s'en réfère au propos de Viktor Frankl, le

109 Hari Johann, op. cit., pp. 83-88.

fondateur de la logothérapie, le choix le plus périlleux semble pourtant le plus susceptible d'exprimer notre essence : *quand nous ne sommes plus capables de changer une situation*, écrit Viktor Frankl dans *Découvrir un sens à sa vie*, nous sommes mis au défi de changer nous-mêmes.[110]

À la lecture de son livre *Parents efficaces*, j'avais été frappée par une réflexion de Thomas Gordon, où l'auteur disait que, collectivement, nous trouvions normal de passer par un processus d'apprentissage pour quelque compétence que ce soit, sauf pour la communication où là, on trouvait naturel d'improviser. On pourrait étendre la réflexion aux relations en général, conjugales en particulier, ainsi qu'à la façon dont on orchestre son existence, si tant est qu'à titre privé, l'on ait un projet ou une vision.

En dépit de la valorisation toute théorique de la créativité, hormis dans le monde artistique, la plupart d'entre nous privilégient le confort de l'habitude et la conformité aux usages, une attitude valorisée par les différents groupes que nous traversons, l'adaptation et la conformité constituant même des critères majeurs d'acceptabilité. Les usages, les habitudes, les modèles confortent ainsi notre besoin de sécurité : si l'on se conforme, on a peut-être moins l'impression de commettre une erreur de choix.

En même temps, à terme, il peut arriver que l'on constate qu'on s'est trompé de scénario, que l'on estime *a posteriori* s'être laissée influencer au moment de la décision, par les scénarios qui dominaient dans notre milieu, par les usages, les habitudes, la culture familiale, etc. Par exemple, Julien a refusé de faire des études supérieures et s'est retrouvé à exercer des boulots d'ouvrier. Une dizaine d'années plus tard, sous l'influence de ses parents, il a profité d'une période de chômage pour se qualifier en comptabilité et gestion et aujourd'hui, il s'ennuie supérieurement dans son job de comptable. Ce qui se joue-là, à des degrés plus ou moins tragiques selon les cas, ce sont des situations que connaissent la plupart des salariés, avec un sentiment de vide, de manque de sens et de non-reconnaissance qui finit par générer des effondrements car, comme le pointaient les résultats des travaux de Michael Marmot, plus on occupe un poste modeste dans la hiérarchie, plus on est instrumentalisé, faisant fonction de simple rouage dans une mécanique pour laquelle vous n'êtes rien : les gens pour lesquels vous travaillez ne vous connaissent d'ailleurs en général même pas à titre personnel. Dans la

110 Frankl Viktor, *Découvrir un sens à sa vie,* Éditions de l'Homme, 1946.

plupart des grandes enseignes, les revendications sont même inutiles tant les travailleurs sont interchangeables. Les salariés occupant un poste plus élevé dans la hiérarchie n'en sont, par ailleurs, pas nécessairement mieux lotis puisqu'en fonction de la qualité du management, ils peuvent faire l'objet de pressions diverses, voire s'imposer à eux-mêmes des contraintes auxquelles ils finiront par concéder leur intégrité.

Pourquoi nous imposons-nous des conditions de travail qui vont à ce point à l'encontre de nos aspirations ? Parce que, depuis notre enfance, nous avons été conditionnés à abdiquer notre souveraineté au profit de l'économie, laquelle orchestre un univers de valeurs, de croyances et de comportements qui nous subordonne à sa prospérité. Au fond, jusqu'au moment du réveil, pour autant que ce dernier survienne, la majorité d'entre nous sommes des *Joe*, ce témoin somnambulique de Johann Hari qui détestait son travail mais en avait besoin pour rentrer dans le moule et inspirer du respect aux autres. Autrement dit, *pour réussir* et cela, selon des critères extérieurs qu'ils ont endossés, la majorité d'entre nous épousent des valeurs qui les conduisent à des choix (inconsciemment) masochistes.

Au sein du foyer, parmi les formes de soumission consentie qui confinent à l'auto-maltraitance, j'ai précédemment pointé des *manies apprises* que l'on tend à revendiquer comme des traits de personnalité. Parmi ces traits figure *l'abnégation*, le fait de renoncer à honorer ses besoins propres au profit des besoins *supposés* des autres. Il y a quelques décennies, on parlait de *sacrifice,* un terme que l'on peut retrouver aujourd'hui dans les propos des femmes de 45 ans et plus. Alors qu'elle est souvent valorisée comme une marque de courage, l'abnégation est une posture ambivalente dans la mesure où elle va de pair avec une absence de dialogue à travers lequel les malentendus pourraient pourtant se résoudre sans que personne ne se sacrifie. Mais nous avons hérité de la religion, de la morale et des récits passés des relents de valorisation romanesque du sacrifice qui rend peut-être ce dernier tentant.

Spécifiquement du côté féminin, figurent l'*ergomanie* et la *grandiosité* – le besoin d'être constamment occupée accompagné du fait de prêter une importance égale à tout – qui conduit à être absorbée dans un affairement sans répit et éloigne de l'essentiel, que ce soient l'écoute de ses besoins, l'être ensemble ou autre chose qui ne soit pas de l'ordre d'un *faire* dépourvu de sens.

Enfin, parmi ces *manies*, figure aussi le *perfectionnisme*, une posture que revendiquent de nombreuses femmes et qui s'avère extrêmement ambivalente, elle aussi, dans la mesure où il en découle que l'on n'a jamais fini et que la quête de la perfection s'accompagne d'un sentiment de frustration constant, tout simplement parce que cette volonté est d'inspiration extrinsèque. De plus, les velléités de contribution des autres membres de la famille étant soumises au contrôle et à la critique, le perfectionnisme est, par ailleurs, vecteur de maltraitance et de discorde au sein de la famille.

Si la *perfectionniste* continue à harceler son conjoint et ses enfants, comme jadis, avec les conséquences que l'on connaît en termes de santé du couple et de brimades pour les enfants, aujourd'hui, elle ajoute, en effet, à son omniscience domestique sa déclinaison personnelle de *la parentalité bienveillante*. La voilà donc se sacrifiant pour ses enfants à qui elle veut procurer la meilleure enfance possible, les meilleures expériences imaginables, les compétences les plus inouïes et, puisque nous vivons aujourd'hui sous le régime de la *happycratie*, l'enfance la plus heureuse possible.

De nos jours, ces velléités de mettre à la portée de notre progéniture l'optimum de l'expérience humaine conduisent à ce constat : les psys se voient confier des enfants épuisés physiquement, psychologiquement et cognitivement tandis que leurs parents, pour leur part, s'inquiètent de les trouver incapables de se concentrer. Si l'on sait que l'enfant a besoin d'activité, il a aussi besoin de temps libre pour se reposer, jouer, rêver et même s'ennuyer, l'ennui lui permettant notamment d'organiser ses ressources et de se créer un monde imaginaire en exerçant sa créativité. Ces dernières années, on a cependant observé un accroissement du nombre d'enfants affectés dans leur santé mentale. On a ainsi constaté une augmentation des difficultés d'attention et de concentration, des problèmes de gestion de l'impulsivité, ainsi qu'une augmentation du taux de dépression chez les adolescents, sans parler du nombre de suicides d'enfants qui va croissant, lui aussi.

Avec le franc parler qui constitue sa signature, Laurence Dudek[111] n'hésite pas à confier qu'en général, un enfant amené en thérapie entraîne ses parents dans son sillage, car c'est moins l'enfant qui a besoin d'un ajustement, que ses parents. Et j'imagine, même si les psys prennent soin de ne pas *genrer* leur propos, surtout la mère, non parce qu'elle

111 Dudek Laurence, psycho-pédagogue, psychothérapeute et conseillère conjugale et familiale, notamment auteure de *Parents bienveillants-enfants éveillés* et *Une éducation bienveillante et efficace*.

est particulièrement peu douée mais parce qu'encore aujourd'hui, c'est principalement elle qui prend en charge l'éducation des enfants.[112]
Si l'on considère les souffrances des enfants dans une perspective plus systémique et donc non pas focalisée sur lui seul mais étendue au système familial, voire sociétal, on observe avec le psychiatre Luis Rojas Marcos, spécialiste de la résilience[113], que les enfants *sont sur-stimulés, tout en manquant des stimulations dont ils ont un besoin physiologique et qu'ils reçoivent trop d'objets matériels. Ce dont ils manquent,* constate ce psychiatre, ce sont *les fondamentaux d'une enfance saine, tels que des parents émotionnellement disponibles, des limites clairement définies, des responsabilités, une alimentation équilibrée et des temps de sommeil suffisants, de l'activité physique en général mais surtout en plein air, au contact de la nature, des jeux créatifs, des interactions sociales, la possibilité de jeux non structurés qui laissent la place à l'ennui.*

Là où Isabelle Filliozat prône le non-jugement, là où elle se contente de restituer ce qu'elle observe en arguant qu'aujourd'hui, tous nos repères ont volé en éclat et qu'il faut du temps pour comprendre ce qui nous arrive et retrouver ses marques en tant que parent, Luis Rojas Marcos accuse frontalement. *Ces dernières années,* dit-il, *nous leur avons apporté des parents distraits numériquement, des parents laxistes qui ne fixent pas les règles et laissent les enfants « gouverner le monde », la possibilité de tout faire sans le mériter, un sommeil insuffisant et une alimentation déséquilibrée, un mode de vie sédentaire, la satisfaction instantanée de toutes leurs envies et l'absence de moments d'ennui rendus impossibles par l'accompagnement de baby-sitters technologiques qui leur procurent une stimulation sans fin.*

Sur ce socle vacillant, des enfants de plus en plus nombreux se voient imposer des attentes que la psychologue clinicienne Aline Nativel Id

---

112 Il y a d'ailleurs lieu de noter que, peut-être pour rester politiquement corrects, les intervenants dans le domaine de l'éducation et la parentalité parlent des « parents » alors qu'on y gagnerait si l'on *genrait* la problématique tant, encore aujourd'hui, ce sont les mères qui, presque exclusivement, éduquent les enfants. Que l'on ne s'étonne pas dès lors de voir les mères mises en cause dans la plupart des problématiques existentielles et des demandes d'accompagnements. Si la responsabilité de beaucoup de problèmes leur est imputable, c'est moins parce que les mères sont des monstres que parce que les pères fonctionnent souvent comme des satellites et non comme des acteurs à part entière dans le processus d'éducation de leurs enfants.
113 Traduction de Raymond Barbry à partir d'un article de Luis Rojas Marcos. https://agepsraymondbarbry.wordpress.com/2019/11/19/une-tragedie-silencieuse-etat-des-lieux-de-leducation-des-enfants-avis-de-luis-rojas-marcos-psychiatre-espagnol/

Hammou désigne comme *la charge mentale des enfants*,[114] une nébuleuse délicate dont le traitement demande de la diplomatie parce qu'il met en cause les attentes que les parents – et spécifiquement les mères ; on le sait, même si l'auteure ne le précise pas – posent sur les enfants et pourrait donc laisser entendre que les adultes ont mal – ou trop – fait alors qu'ils estiment, au contraire, *tout* faire pour leur enfant.

Alors qu'en tant qu'adultes, nous mettons parfois des décennies à nous délivrer des attentes que nos parents ont posées sur nous, nous sommes nombreux à attendre de nos enfants qu'ils performent en référence à nos propres frustrations – nous serons de meilleurs parents que nos parents, n'est-ce pas ? –, à ce que nous lisons dans les livres, à ce que révèlent les neurosciences et les nouvelles approches pédagogiques. Tout cela, sans prendre en compte le fait que notre enfant est une personne unique, avec ses rythmes propres, qui ne collent pas nécessairement aux moyennes statistiques.

Certains enfants se voient ainsi investis de projets et d'attentes subordonnés à un idéal livresque sans lien avec les performances dont ils sont capables et qui ne tiennent pas compte du fait qu'ils sont des enfants avec des besoins qui leur appartiennent. Angoissés que l'enfant ne réussisse pas – en référence à des idéaux issus d'un modèle sociétal qui se fissure de toutes parts – certains parents ont des attentes qui exigent le sacrifice de l'enfance de cet individu pour lequel eux-mêmes se disent prêts à se sacrifier.

L'anxiété de leurs parents pesant lourdement sur leurs épaules, certains enfants se voient ainsi parentifiés ; autrement dit, ils se voient chargés de réaliser les projections de leurs parents, une projection qui finit par représenter leur seul objectif, à eux qui veulent tant faire plaisir aux adultes. Et au bout du compte, dit Aline Nativel Id Hammou,[115] c'est l'accumulation de tout ce qu'ils doivent être qui les accable, car ils ne doivent pas seulement performer à l'école : ils doivent aussi réussir dans toutes les activités parascolaires qui leur sont ajoutées. C'est là que l'on prend la mesure de la *charge mentale des enfants*.

La charge mentale des enfants fait écho à ce phénomène dont un psychopédagogue tel que Bruno Humbeek a fait l'un de ses chevaux de bataille, *l'hyperparentalité*, qui consiste à s'imposer à soi, parent, des exigences que l'on croit *naturelles* et qui se répercutent inévitablement

114 🔗
115 Ibid.

sur l'enfant quand on le contrôle à l'excès, qu'on organise trop sa vie, notamment en multipliant les activités à l'extérieur, les cours supplémentaires, etc. Bruno Humbeek voit dans cette attitude une dérive de la parentalité positive dont certains parents endossent les principes comme une religion. Au nom de la *happycratie*, de l'obligation d'être heureux à tout prix, dit l'auteur, ces adultes entrent dans des formes de parentalité totalitaires dont l'observation aurait procuré de belles opportunités de développements au Paul Watzlawick de *Faites vous-même votre malheur*[116] et *Comment réussir à échouer*.[117]

Par ailleurs, en procédant de la sorte, note Aline Nativel Id Hammou, les parents confient à d'autres l'animation d'activités qu'ils pourraient eux-mêmes assumer, ce qui permettrait de nourrir les liens familiaux et contribuerait à l'équilibre affectif de chacun, puisque l'enfant n'espère rien tant que la disponibilité et l'attention de ses parents. La psychologue note encore que la charge mentale vécue par les enfants revêt un aspect régressif, opposé à leur bien-être et leur épanouissement, dans le sens où eux-mêmes en viennent à se réifier en se comportant comme des machines à produire de la satisfaction : chargés de combler leurs parents, ils s'imposent des efforts excessifs, tout cela pour se rendre aimables, se sentir aimés et être nourris affectivement par leurs figures d'attachement.

Auteure de *l'Antiguide des cadeaux*,[118] un carnet consacré à la nocivité de l'excès de cadeaux matériels, j'ai eu l'occasion de constater les exigences ambivalentes que les mères peuvent s'imposer à elles-mêmes, toujours au regard de ce que l'*on* pourrait penser d'elles : *j'ai bien compris qu'une surcharge de possessions et de jouets ne lui rend pas service* mais *je lui offre ce qu'il demande parce que je ne veux pas être une mauvaise mère*, ai-je entendu un jour en réaction au message que véhicule ce guide. Se conformant aux idéaux de succès d'un modèle sociétal dysfonctionnel, beaucoup d'adultes continuent à se complaire dans des réalisations qui s'effectuent à leur détriment, perpétuant une auto-maltraitance qui, pour beaucoup, s'achève dans ces déclinaisons de l'effondrement individuel que sont le deuil, la maladie, le burn out, etc.

Enfin, en termes de masochisme inconscient, l'impasse ultime ne consiste-t-elle pas à faire le nécessaire pour être mère – allant jusqu'à recourir à la procréation médicalement assistée – pour ensuite le re-

116 Watzlawick Paul, *Faites vous-même votre malheur*, Seuil, 1990.
117 Watzlawick Paul, *Comment réussir à échouer*, Seuil, 1991.
118 🔗

gretter ? Là aussi, on ne saurait trop souligner l'ambivalence du désir d'enfant et le filigrane de la mythologie de la féminité qui transparaît pesamment à travers lui. Avec une clairvoyance embarrassante Betty Friedan a cerné le processus auto-narratif suggéré aux femmes pour fonder leur désir d'enfant. En effet, quelle proportion de femmes désireuses d'être mères le sont-elles en réponse inconsciente à l'idée qu'une *vraie* femme est mère et heureuse de l'être, qu'une vie sans enfant est stérile et d'autres croyances héritées d'un autre âge ?

Défiant *l'exhortation des femmes à se taire*, la sociologue israélienne Orna Donath a publié une étude intitulée *Regretting Motherhood: A Sociopolitical Analysis,* pour laquelle elle a interrogé quelques dizaines de femmes sur leur regret d'être mère. Cette étude a été commentée partout dans le monde, suscitant des débats contradictoires passionnés, variant selon les valeurs dominantes dans les différents pays. Pour un article passionnant consacré à cette étude, Noémie Rousseau,[119] dont sont inspirées les quelques lignes qui précèdent, a ainsi interrogé plusieurs chercheuses françaises œuvrant dans différentes disciplines afin de tenter de comprendre le caractère passionnel de ce débat. Parmi les nombreuses observations éclairées, j'ai retenu celle de la psychanalyste Geneviève Delaisi de Parseval, pour qui *le surmoi social ne permet pas de formuler* ce regret.
À titre personnel, j'ai cependant eu le privilège de recevoir les confidences de plusieurs de mes témoins qui ont évoqué l'obstacle à l'accomplissement que représente pour elles le fait d'avoir des enfants et l'idée précise que, parce qu'elles ont des enfants, elles doivent renoncer à leurs ambitions professionnelles.

3. Le pessimisme

Cette inclination à privilégier le pire se double d'un pessimisme qui tend à organiser une vie dont on a tout lieu de se plaindre et à induire des circonstances, des situations et des rencontres qui valident cette croyance : la vie est dure et semée d'épreuves et personne n'est digne de confiance, la vie nous le confirme en permanence !
Le pessimisme, ce n'est pas seulement une tendance qui conduit à privilégier les côtés critiquables ou menaçants d'une situation ou d'une personne et à occulter ses avantages ; c'est aussi une posture existentielle induisant des états d'être et des émotions qui génèrent et entretiennent le marasme et font de la personne un véritable aimant à malheurs ; et ces maleurs, elle y voit la confirmation sans cesse réitérée de ses

119 https://www.liberation.fr/debats/2016/07/10/le-regret-d-etre-mere-ultime-tabou_1465328

croyances. De nombreuses personnes se retrouvent ainsi engagées dans une spirale du malheur ou du marasme dont il est difficile de s'extraire puisque la vie de ne cesse de valider nos convictions en nous offrant sans relâche du grain à moudre. De plus, dans la mesure où les états émotionnels et mentaux contribuent à l'équilibre acido-basique du corps, les pessimistes ont tendance à acidifier le leur et à contribuer à la détérioration de leur santé, ce qui leur confirme sans nul doute qu'elles ont tiré le mauvais numéro.

Pour expliquer cette propension au pessimisme, certains invoquent le *biais de négativité*, mis au jour en 2001 par les chercheurs Paul Rozin et Edward Rozyman.[120] Cette expression désigne la tendance dont témoignent la plupart d'entre nous à privilégier les mauvaises nouvelles et à accorder une attention excessive à ce qui nous arrive de pénible au détriment des gratifications que l'existence nous offre. Comme l'indique Brice Couturier dans sa chronique *Le Tour du monde des idées*,[121] *pour les darwiniens, l'origine de ce « biais de négativité » serait à chercher du côté de la vie difficile de nos lointains ancêtres chasseurs-cueilleurs. Ceux qui se méfiaient des baies, parfois mortelles, ont survécu davantage que ceux qui ne se fiaient qu'à leur goût agréable.*
L'idée, c'est que nous aurions hérité de cet acquis, alors que les dangers que présente notre vie actuelle sont sans commune mesure avec ceux que connaissaient nos ancêtres lointains, et nous continuons à nous croire menacés des pires calamités, sans véritable raison objective, tout du moins pour ceux d'entre nous qui vivent en Occident.

C'est ce *biais de négativité* qu'activent les instances politiciennes et journalistiques lorsqu'elles privilégient les sujets, événements et situations qui bousculent notre sentiment de sécurité. Ajoutés aux tensions que la plupart d'entre nous s'infligent au quotidien, ces stimuli augmentent notre stress et notre anxiété et nous poussent à abdiquer notre souveraineté.
Sans relâche, on se sent ainsi menacés de toutes parts, qu'il s'agisse de la perspective de l'effondrement de notre civilisation, de notre exposition aux perturbateurs endocriniens, de la menace nucléaire, de la pédocriminalité, jusqu'à ce virus dont l'apparition en 2019 autorise désormais les dérives totalitaires les plus consternantes avec l'accord d'une population majoritairement réduite à l'état de proie consentante… Aujourd'hui, les médias activent des mécanismes discursifs qui, jadis,

120 Rozin Paul, Rozyman Edward, « Negativity Bias », *Personality and Social Psychology Review*, 2001.
121 https://www.franceculture.fr/emissions/le-tour-du-monde-des-idees/cessons-de-voir-tout-en-noir-en-finir-avec-le-biais-de-negativite

peut-être jusqu'aux années 1970, étaient l'apanage de la seule presse à sensation, des procédés addictifs qui s'adressent aux pulsions les plus basiques et devant lesquels la rationalité capitule.

Le pessimisme semble aussi trouver ses racines dans l'éducation, aussi bien à l'école qu'en famille ainsi que dans cette école invisible que sont les différents milieux que nous traversons et les contenus avec lesquels nous sommes en contact, qui façonnent notre mentalité et activent les conditionnements dont chacun de nous fait l'objet.

Comme je l'ai évoqué précédemment, en francophonie, le modèle éducatif dominant met l'accent sur les matières à apprendre et incite les enfants au dépassement et à la compétition, en validant parfois des pratiques d'un autre âge – classement des copies par ordre de succès, lecture et commentaire des notes à haute voix haute, commentaires désobligeants – qui ont pour effet de saper l'ego des jeunes, sans prendre en compte le fait qu'ils sont des personnes animées de besoins spécifiques, des êtres de relations qui se sentiront encouragés à évoluer s'ils se sentent soutenus. Il en résulte, comme le dit Ilona Boniwell,[122] que *les jeunes Français reviennent plus souvent de l'école avec la crainte d'échouer qu'avec le désir d'apprendre. Même si le système éducatif n'est pas l'unique explication au pessimisme « made in France »,* Jean-Yves Sanséau et Hugues Poissonnier suggèrent qu'il existe une corrélation entre la morosité des Français et le sentiment d'*échec généré par l'école, des insatisfactions qui se poursuivraient ensuite dans la vie professionnelle.*

En réponse à cette situation qui va de pair avec le constat d'une augmentation sans précédent des symptômes de dépression chez les enfants et les adolescents déjà évoquée plus haut, Ilona Boniwell a ainsi mis sur pied un programme dans des quartiers défavorisés de Londres. *L'objectif de ce programme*, explique-t-elle, *est d'aider les jeunes à prendre conscience de leurs pensées négatives. Ils apprennent à comprendre le lien entre les pensées et les émotions. Ils apprennent également à comprendre leurs schémas de pensées et à transformer leurs ressentis négatifs en leur donnant un nouveau sens. [...] Notre objectif est de les aider à prendre conscience de leur façon de penser et d'interpréter les évènements.*[123]

---

122 Boniwell Ilona, chercheuse anglaise, fondatrice du master en Psychologie Positive Appliquée à l'université Anglia Ruskin (Royaume Uni et France) et professeure à HEC Paris et à Centrale Paris.
123 https://larevolutioninterieure.wordpress.com/tag/systeme-educatif-francais/

Le pessimisme trouve également son origine au sein de la culture familiale elle-même, un espace aux enjeux complexes où, en tant qu'enfant, l'on est rarement encouragé à se connaître soi, à comprendre ses émotions et à exprimer sa singularité. Au lieu de cela, on est trop souvent prié de se plier aux valeurs et stéréotypes familiaux sous peine d'être disqualifié d'une façon qui, parfois, laissera des traces indélébiles. Le discours ambiant modulant sans relâche des injonctions à la conformité, on va se retrouver en conflit avec soi-même, nourrissant souvent un rejet de soi dont la réparation constitue parfois le travail d'une vie.

4. La dépersonnalisation

En ce qui concerne les conditionnements collectifs et leur impact sur notre rapport à nous-même, notre conscience morale ainsi que notre capacité à nous engager pour des causes qui nous dépassent, le psychologue clinicien néo-zélandais John F. Schumaker[124] a compilé les travaux d'une série de chercheurs, sociologues et psychologues, qui l'ont amené à l'idée que depuis l'avènement de la société de consommation, nous avons collectivement fait l'objet d'un façonnage qui a conduit à une érosion de notre capacité à nous engager émotionnellement. *En temps de crise,* écrit-il en substance, *nous nous inquiétons de la situation économique, sans envisager l'hypothèse d'un effondrement général de la personne telle qu'elle se constitue au confluent entre ses traits de personnalité propres et de caractères résultant des modes d'acculturation dominants qui forgent des valeurs, des priorités, une éthique, des modes de vie et des visions du monde communs.*

Il y a plus de 50 ans, écrivait John F. Schumaker en 2018, dans la conclusion de *Beyond the Chains of Illusion* paru en 1962, Erich Fromm a déjà identifié l'émergence d'une crise de personnalité dans ce qu'il a appelé une *marketing personality, une personnalité résultant de la perfusion unidimensionnelle, marchandisée et désensibilisée, façonnée par le discours de la publicité, ainsi que de la culture véhiculée par les médias de masse.*

Comme je l'ai observé précédemment, dans ce contexte précis de la société de consommation, John F. Schumacher note que l'on a ainsi vu émerger un phénomène d'infantilisation culturelle.[125] Celle-ci se traduit par l'émergence de profils de personnalité se distinguant notamment

124 https://www.filmsforaction.org/articles/the-personality-crisis/ adapté de l'anglais par mes soins.
125 Le terme « culture » est ici entendu au sens sociologique.

par une superficialité émotionnelle et spirituelle et une profondeur de caractère réduite. Cette dernière se manifeste dans une labilité des attitudes et des comportements, des connaissances puériles, une capacité d'adaptation accrue à une culture versatile, une absence de loyauté, une capacité moindre à se concentrer et une recherche compulsive de nouveauté, le tout confinant en une *culture de l'irresponsabilité*.

John F. Schumacher mentionne encore Henry A. Giroux qui évoque, dans son livre *The Public in Peril*, paru en 2017, l'ingénierie d'une société infantilisée, où l'inconséquence occupe désormais une place privilégiée dans le paysage politique et les structures culturelles traditionnelles, au détriment de l'éthique, pourtant indispensable pour faire face aux défis auxquels nous sommes d'ores et déjà confrontés.

Parmi les nombreuses façons dont nous sommes incités à l'autodestruction, constate John F. Schumacher, la crise climatique est ce qui requiert le plus une citoyenneté et un leadership responsables. Elle est de loin le plus grand défi moral, éthique et psycho-social auquel notre espèce n'ait jamais été confrontée. Les conditions culturelles qui favorisent la responsabilité collective se sont cependant érodées : d'une part, la culpabilité a perdu une grande partie de ses anciens pouvoirs de persuasion et de dissuasion. D'autre part, le renforcement du caractère comme voie de socialisation vers la résolution éthique et l'engagement civique est pratiquement éteint. Enfin, le narcissisme, ainsi que le diagnostic de trouble de la personnalité narcissique, ont tellement augmenté au cours des dernières décennies que beaucoup considèrent maintenant la personnalité narcissique comme la résultante plausible du contexte socio-culturel actuel.
Il en résulte un déclin global – objectivé dans le rapport *L'État du cœur* mentionné dans l'article de John F. Schumaker – de la capacité d'empathie qui, pourtant, est la pierre angulaire de la civilisation et la faculté de l'intelligence humaine dont dépend le bon fonctionnement de toutes les sociétés. Nous y viendrons plus amplement ultérieurement.

Le psychologue évoque enfin Zygmunt Bauman, selon qui le fonctionnement psycho-social de la société de consommation rend ces dissociations morales inévitables. Dans *Moral Blindness* (2013), Zygmunt Bauman utilise l'ancien mot stoïcien *adiaphora – indifférence* – pour décrire le consensus d'indifférence qui autorise la société de consommation à remplir sa promesse opérationnelle de croissance infinie. Associées au stress que nous nous infligeons au quotidien, cette dilution des valeurs et cette absence de repères solides auxquels se fier, plongent la population dans une forme d'hébétude qui offre un terreau privilégié à la victimisation.

5. L'isolement social et le repli

Pour poursuivre l'énumération des facteurs ambiants œuvrant à la démoralisation, Johann Hari évoque les humiliations que nous inflige le monde contemporain. Il mentionne en particulier ce discours à la fois normatif et brimant, notamment relayé par la publicité et les médias, qui fait loi dans nos sociétés : la conformité nous garantit une forme de validation que nous en venons à rechercher pour nous rassurer sur notre adéquation, mais au prix de quels renoncements ? Le mal-être qui en résulte est d'autant plus prégnant que nous avons tendance à considérer qu'il s'agit d'une affaire individuelle et privée, alors que les chercheurs Kate Pickett et Richard Wilkinson que mentionne Johann Hari insistent sur la nécessité de prendre conscience du fait que ce n'est pas un simple problème personnel mais un problème commun imputable à notre société.[126]

L'injonction à être parfaite inspire ainsi à de nombreuses femmes un sentiment de honte de ne pas être à la hauteur. Ainsi, l'une n'invite personne chez elle de crainte d'être jugée sur son désordre, l'autre doute de toutes ses décisions au sujet de ses enfants de peur d'être une mauvaise mère, la troisième ne s'arroge aucun moment pour elle seule de crainte d'être jugée comme une femme irresponsable et frivole eu égard au fait que le boulot d'une mère, c'est de se sacrifier pour tout le monde. C'est ainsi que de nombreuses femmes se taisent, cachent leurs failles, leurs sujets d'embarras, n'interrogent pas, ne se confient pas, n'expriment rien. Elles ont honte et se sentent coupables, alors que si elles dialoguaient sur les sujets que l'on tient pour tabous, elles découvriraient combien leur expérience est commune, combien elles partagent les mêmes regrets et combien elles nourrissent les mêmes rêves.

Ce mutisme délibéré, cette absence de communication engendre un grand sentiment de solitude, un marasme qui confine souvent à la dépression dont la consommation et les compulsions ne les libèrent évidemment pas. Il reste un grand vide, un sentiment d'absence de sens, qui amène Johann Hari à envisager la dépression comme le deuil des liens nécessaires que nous avons perdus.[127]

---

126 Hari Johann, op. cit., p. 130.
127 Hari Johann, ibid., p. 331.

6. La victimisation

Ployant sous une telle masse de renforcements négatifs, de circonstances équivoques et d'injonctions contradictoires, privée des liens qui font sens, comment résister au penchant à se replier et se poser en victime ?
Il y a un avant et un après le mouvement *MeToo,* dont le véritable déclenchement a eu lieu en octobre 2017.[128] Si ce mouvement a libéré la parole des femmes qui ont osé dénoncer publiquement les agressions dont elles se disent victimes, la philosophe féministe Élisabeth Badinter observe la montée d'un *néo-féminisme* qui a *durci le ton et les méthodes. Les plus radicales ont tourné le dos au féminisme d'avant* MeToo, écrit Badinter. *Elles ont déclaré la guerre des sexes, et pour gagner, tous les moyens sont bons, jusqu'à la destruction morale de l'adversaire. Armées d'une pensée binaire qui ignore le doute, elles se soucient peu de la recherche de la vérité [...]. À ce premier dualisme s'en ajoute un second, tout aussi discutable : les femmes, quoi qu'il arrive, sont d'innocentes victimes.*[129]

Aujourd'hui encore, trop de femmes ignorent ce qu'est le féminisme, en méconnaissent la raison et se disent *non-féministes.* Il reste qu'aujourd'hui une partie du mouvement lié à la charge mentale est porté par des femmes animées de cet esprit du néo-féminisme qu'évoque Elisabeth Badinter : quand on parle de *charge mentale*, on se réfère inévitablement à l'illustratrice Emma, qui a en quelque sorte lancé le mouvement en francophonie avec son livre *La Charge émotionnelle et autres trucs invisibles.* Paru un an après le déclenchement du mouvement *MeToo,* le livre d'Emma met en scène l'inconsistance du conjoint, son absence de prévenance, son inconséquence, son égocentrisme, son immaturité, sa nonchalance, son penchant à se faire prendre en charge. On constate un positionnement comparable chez l'instagrammeuse et auteure Coline Charpentier[130] dont les publications citent des femmes se plaignant de leur condition et notamment de leur conjoint. Ici également, on constate une vision binaire que l'on ne retrouve pas dans le propos d'Aurélia Schneider ou dans celui de Titiou Lecoq qui milite plutôt pour une désaliénation des femmes, sans adopter un point de vue duel.

Encourager les femmes à stigmatiser leur conjoint et sa présumée absence

128 https://www.franceinter.fr/societe/les-dates-cle-du-mouvement-metoo
129 https://www.lejdd.fr/Societe/tribune-elisabeth-badinter-les-outrances-du-neofeminisme-guerrier-3989840
130 Compte Instagram *taspensea.*

d'implication dans la vie domestique les incite à se poser en victimes et à occulter leur responsabilité dans la situation dont elles se plaignent. La colère, la lassitude, la rancune, le sentiment d'impuissance qui s'expriment à travers les témoignages qu'on lit sur le fil Instagram de Coline Charpentier le confirment. Pourtant, si l'on souffre d'être la boniche des autres au sein de la famille, on fait aussi à leur place ce dont ils sont censés s'occuper et ce faisant, on prend la position du sauveur. Et comme il est difficile de ne pas les fustiger pour leur irresponsabilité, on glisse sans y penser vers la position du bourreau, comme on l'a vu plus haut.

Certes, il est inconfortable d'admettre que l'on contribue à la situation dont on se plaint et d'envisager l'idée qu'au sein du couple, du foyer et de la société, les femmes soient partie prenante dans un rapport de domination auquel elles ne résistent pas[131] et contribuent aux conséquences. Si l'on veut sortir de cette impasse et s'émanciper de ces paradoxes, il y a pourtant lieu d'en passer par là, comme y invite Manon Garcia.

131 Garcia Manon, op. cit., p. 34.

Chapitre 3

La décolonisation

La décolonisation

Dans les pages qui suivent, nous allons voir comment restaurer du sens, du lien, de la transcendance pour reprendre une place que nous nous sommes laissé confisquer et restaurer notre souveraineté. Voilà ce que j'appelle ici « la décolonisation ».

Dans cette partie du livre, je n'ai pas l'intention de donner des réponses toutes faites à un problème de nature logistique qui serait clairement cerné, tout simplement parce que la charge mentale est un problème plus complexe que ce que l'on répète depuis quelques années. Non seulement chacune en a son expérience subjective mais, de plus, elle possède une série d'aspects systémiques que l'on n'envisage habituellement pas et qui pourraient pourtant inspirer des réponses plus adéquates que des suggestions organisationnelles.

Je vais donc plutôt vous proposer un assortiment de sources possibles de pacification qui m'ont aidée et qui aident mes amies à avancer, comprenant des femmes de la génération de ma fille. Au détour des éléments d'analyse que j'ai partagés avec vous, en plusieurs endroits, j'ai mis en évidence le processus d'infantilisation dans lequel la civilisation productiviste marchande a entraîné les adultes, processus qui se solde par un effondrement de la responsabilité ainsi qu'une abdication de la souveraineté pour confiner à une perte d'identité. Aujourd'hui, nombreux sont, en effet, les adultes qui transgressent les cadres censés baliser le vivre ensemble et qui se plient à des injonctions, des suggestions, des inductions, bref, à un phénomène d'hypnose collective qui nous amène à souscrire massivement à des motivations extrinsèques : pour une majorité d'entre nous, au lieu de décider, de résister, de refuser, de nous opposer, nous consentons mollement à ce qui nous arrive. Le paradoxe, c'est qu'en Occident nous connaissons un confort matériel qu'aucune génération n'a expérimenté auparavant. Or ce confort, nous sentons bien qu'il nous anesthésie et nous prive de l'énergie dont nous aurions besoin pour affirmer une position qui émane d'un endroit lié à la dignité – la nôtre – et fasse sens, un endroit relié à la transcendance et plus précisément l'auto-transcendance.

Le confort où nous vivons provoque et camoufle un état de déréliction plus ou moins conscientisé, qui conduit à une sensation de captivité. On se sent en quelque sorte victimes du destin qui nous échoit, désemparées que tout se décide malgré nous, contraintes dans nos libertés, victimes d'être nées aujourd'hui.

1. La responsabilité

Comment récupérer notre souveraineté, notre capacité à infléchir notre destin ? Et tout d'abord pourquoi le ferions-nous ? *Pour rendre du sens à notre existence*, répond Viktor Frankl, le fondateur de la logothérapie.[132]

La logothérapie aide les gens à devenir responsables de leur vie précisément en lui restituant du sens, si désespérée leur vie soit-elle. Pratiquant des méthodes que n'auraient pas désavouées Milton Erickson, Gregory Bateson ou Paul Watzlawick, Viktor Frankl passe de la provocation au recadrage, le tout dans le but d'amener ses patients à modifier leurs représentations de leur existence. Ce faisant, il les fait passer de la perte du goût de vivre au sens retrouvé, qui restaure de la dignité et une raison de vivre.

Pourquoi ne vous suicidez-vous pas ? Provoque Viktor Frankl.
Et vous qui me lisez, pourquoi ne vous suicidez-vous pas ?
Pourquoi ne pas vous poser cette question, en effet ? En dépit du brouillard où vous confine votre stress quotidien, votre réponse vous permettrait de découvrir que vous avez une, voire plusieurs bonnes raisons de vivre et que ces raisons sont enfouies sous l'affairement inessentiel mêlé de culpabilité auquel vous consacrez l'entièreté de votre quotidien,

132 Frankl Viktor, op. cit.

vous maintenant dans une misère existentielle à laquelle il vous appartient de vous soustraire, si vous en prenez la responsabilité.

À ce sujet, Viktor Frankl développe une vision intéressante qui met en perspective l'hypnose nombriliste qui retient la plupart d'entre nous d'accéder à leur grandeur. *En disant que l'homme est responsable de réaliser son but dans la vie*, écrit-il, *je désire souligner qu'il doit le chercher à l'extérieur plutôt qu'en lui-même ou dans sa psyché, comme si c'était un système fermé.*[133] Viktor Frankl désigne ce mouvement de la conscience comme *l'auto-transcendance* [...], sous-entendant *que la vie de l'être humain est dirigée vers quelque chose ou quelqu'un d'autre que soi-même, qu'il s'agisse d'un but à atteindre ou d'un être humain à connaître et à aimer. Plus on s'oublie soi-même en se consacrant à une cause ou à une personne que l'on aime, plus on est humain, et plus on se réalise.*

Ainsi, comme le psychologue jungien James Hillman, Viktor Frankl invite à s'écarter de la perspective *introspective* et *rétrospective* à laquelle invitent la plupart des thérapies issues de la représentation freudienne de l'intériorité : pour lui, le sens et l'accomplissement se trouvent à l'extérieur, dans l'action et les interactions.

En ce qui concerne le sens de la souffrance, Viktor Frankl a encore ces mots puissants qui, toutes proportions gardées, ne sont pas sans résonner avec la situation à laquelle nous sommes aujourd'hui collectivement confrontés : *Il est possible de trouver un sens à l'existence, même dans une situation désespérée, où il est impossible de changer son destin. L'important est alors de faire appel au potentiel le plus élevé de l'être humain, celui de transformer une tragédie personnelle en victoire, une souffrance en une réalisation. Lorsqu'on ne peut modifier une situation – si l'on est face à une mort inévitable – on n'a pas d'autres choix que de se transformer.*[134]

On rejoint ainsi la posture de Marshall Rosenberg selon qui on a toujours le choix, y compris le choix dans le non-choix : celui de redéfinir la valeur de son expérience, de recadrer, autrement dit, de modifier ses représentations en assignant du sens ou un autre sens. C'est ainsi que les pires épreuves peuvent faire l'objet de ce que Viktor Frankl appelle un processus d'*auto-transcendance*, un processus d'auto-mythologie par lequel l'individu va rejoindre une ponctuation de son expérience

133 Frankl Viktor, ibid., p. 133.
134 Frankl Viktor, ibid., p. 135.

qui élèvera cette dernière au rang d'épreuve initiatique. C'est dans ce contexte que Viktor Frankl parle d'*optimisme tragique*, une posture qui consiste à *dire oui à la vie en dépit de tous ses aspects tragiques*.[135] Et d'évoquer l'expérience de personnes qui ont été physiquement *fracassées* dès la naissance ou suite à un accident ou une maladie et qui sont devenues des exemples d'auto-transcendance. On pense, par exemple, aujourd'hui à Ryadh Sallem né sans jambes et avec une seule main, qui est devenu 3 fois champion d'Europe handisport en conservant constamment une attitude positive, ou bien au prédicateur australien Nick Vujicic, né privé de ses 4 membres et qui donne aujourd'hui des conférences dans le monde pour encourager ses auditeurs à s'accepter et se dépasser.

L'expérience tragique qui fut la sienne permet à Viktor Frankl de restituer sa place à une dimension de la condition humaine que la civilisation matérialiste s'efforce d'oblitérer : sa finitude. Quoi qu'il arrive, nous allons mourir. Et les conditions extrêmes qu'il a connues permettent au psychiatre de déclarer que quand la perspective de la mort est imminente, elle fait d'elle-même la part entre *les porcs* et *les saints* : *dans les camps de concentration, véritables laboratoires et terrains d'observation,* a écrit Viktor Frankl, *nous avons vu des hommes se comporter comme des porcs et d'autres comme des saints. L'être humain possède en lui deux potentiels. C'est lui qui décide lequel il veut actualiser, indépendamment des conditions qui l'entourent*.[136] L'idée de la mort constitue, en effet, un puissant levier de transcendance de soi parce qu'en son essence, elle nous dit que le temps de notre accomplissement nous est compté et qu'elle ajoute un défi supplémentaire : nous ignorons quand notre rôle va s'arrêter. Il nous est donc donné de combler de sens et de valeur l'intervalle qui nous est échu et cela, insiste puissamment Viktor Frankl, quelles que soient les circonstances, y compris dans un contexte d'oppression extrême.

Devant l'autorité de l'exemple de Viktor Frankl, quelle posture allons-nous choisir ?

Et si nous commencions par répondre à la fameuse question provocatrice : « pourquoi pas le suicide » ?
Je vous invite sérieusement à prendre le temps de répondre à cette question parce qu'elle a de fortes chances de rapatrier du sens et de la responsabilité dans votre paysage mental et affectif. Par la suite, nous

135 Frankl Viktor, ibid., pp. 157-158.
136 Frankl Viktor, ibid., p. 153.

verrons comment organiser les choses de manière à restituer au sens et à la raison de vivre une place plus en accord avec vos besoins, même si la maison flambe.

2. La décolonisation intérieure

Cesser de suivre les voies par défaut, les programmes tout faits qui laissent votre créativité en friche, se mettre à s'écouter et mesurer combien, pour l'instant, nous agissons à l'encontre de nos intérêts, pour certaines, cela demande une décision courageuse. Admettre que ce que nous avons fait jusqu'ici, ce n'est pas nous, cela demande une audace que nous ne sommes pas toutes prêtes à engager notamment parce que, comme le dit Manon Garcia,[137] en tant que femme, admettre que nous contribuons à notre marasme et agir en conséquence, ça représente un coût social auquel nous ne consentons pas nécessairement : cela peut mettre à mal des loyautés rassurantes ; l'on va cesser d'être la *bonne fille* qu'on a toujours tenté d'être.

Il est d'autant plus complexe d'en finir avec la domesticité que cette dernière est intériorisée : quand une femme évoque sa crainte d'être critiquée, elle se représente un *autre* extérieur à elle – *on* – alors que ce censeur qui brise ses visions dans l'œuf est intériorisé : la norme est tellement intégrée que l'on se brime soi-même, que l'on se juge, se censure et se sent coupable sans que quiconque ne doive intervenir : nous nous persécutons nous-mêmes. Il s'agit donc d'abord de conscientiser ce discours intérieur et de commencer à le piloter.

Dans un livre dont le titre est un programme en soi, *Foutez-vous la paix*,[138] Fabrice Midal raconte combien il se jugeait, se demandait comment être adéquat, se censurait jusqu'à ce qu'il finisse par comprendre que même quand il méditait, il cherchait à se conformer aux standards de la méditation, alors qu'il s'agit juste d'*être là*. Et en effet, pour beaucoup de gens, le simple fait d'être présent à l'instant constitue tout un monde puisque, mentalement, nous avons plutôt l'habitude de nous souvenir, de ressasser, de nous inquiéter, de gérer ou bien d'anticiper des situations à venir, parfois en y mettant de l'anxiété. Souvent, nous sommes présents physiquement et pourtant absents.

Le premier geste à accomplir est donc un mouvement mental qui

137 https://www.binge.audio/podcast/les-couilles-sur-la-table/ce-que-la-soumission-feminine-fait-aux-hommes
138 Midal Fabrice, *Foutez-vous la paix*, Flammarion, 2017.

consiste à dire STOP ! : cesser de se laisser gouverner par les habitudes et les réflexes, en finir avec la culpabilité, l'affairement et la propension à cocher toutes les cases (bonne mère, bonne épouse, bonne amante, bonne professionnelle), comme le suggère Flavia Mazelin Salvi[139] et enfin prendre le temps de *sentir* si ce que nous entreprenons nous convient.

S'en référer à une *boussole intérieure* dont on n'a peut-être jamais entendu parler, ça peut paraître farfelu. En tout cas, ça demande une contorsion mentale et même si, pour l'instant, on se demande comment procéder pour accéder à cette boussole, quoi qu'il arrive, tout changement d'habitude nous demande de sortir de nos zones de confort. La question préalable pourrait donc consister à se demander si nous souffrons suffisamment pour consentir à l'inconfort que demande ce changement ou si nous avons besoin d'en passer par une forme d'effondrement qui résultera d'un problème de santé décisif, un deuil, un accident, bref, toutes ces situations qui, quotidiennement, confrontent abruptement beaucoup de gens à la vanité de leur existence et les amènent quasi-instantanément à revoir leurs valeurs, leurs critères de réussite et à mettre du sens dans tout cela. Par discrétion, je n'ai évoqué aucun autre cas précis que le mien mais Pedro Correa a évoqué le processus par lequel il est passé du statut de cadre supérieur dans une banque à celui d'artiste photographe, après le décès inopiné de son père.[140]

Inspirée par l'enquête de Orna Donath au sujet du regret d'être mère, j'ai posé à mes témoins la question ouverte : « et si c'était à refaire (concernant le fait de fonder un couple et une famille) ? ». Une majorité d'entre elles m'ont répondu qu'elles commenceraient par faire le nécessaire pour se connaître elles-mêmes d'abord, ce qui, si elles l'avaient fait, aurait orienté leurs choix différemment. D'où l'on déduit sans peine – mais dans des proportions que nous ignorons car cela fait partie des sujets tabous – que le mariage et les enfants peuvent être un choix par défaut plutôt qu'un choix pondéré. Guillemette Lepelletier, une thérapeute qui aide les femmes à décoder les messages de leur corps pour aller vers une existence plus affranchie des orientations par défaut, constate que le désir d'enfant est parfois très ambivalent et peut ne pas se réaliser, précisément parce que l'enfant qui fait le projet intime de cette femme n'est pas un enfant biologique mais un enfant symbolique, une réalisation, une œuvre. On peut donc intimement vouloir autre chose qu'un bébé de chair et cela demande parfois un accompagnement

139 https://www.psychologies.com/Couple/Vie-de-couple/Hommes-Femmes/Articles-et-Dossiers/Charge-mentale-comment-s-en-liberer

140 🔗

pour le conscientiser.

Dans le désir mou de couple et d'enfant qui transparaît ici, on retrouve l'indécision des jeunes femmes que Betty Friedan a interrogées dans les années 1950. Le mariage et ses perspectives toutes tracées leur était proposé comme la direction à embrasser pour s'offrir un avenir sécure et prédictible. Derrière les décors Potemkine aujourd'hui véhiculés par les agences de voyage et l'imagerie d'Instagram, des travaux comme ceux de Jean-Claude Kaufmann[141] dévoilent pourtant la détresse des millions de femmes qui se sont laissé convaincre que le mariage et la famille étaient le scénario rêvé et que les voies proposées par la culture dominante étaient la bonne affaire.

Mais comment faire pour remonter à la surface et retrouver l'énergie de (re)bâtir une vie qui a du sens et nous procure de la joie ? Où est le prince charmant dont le baiser va sortir la princesse de l'impasse ? Il est à l'intérieur et l'on peut le rencontrer par d'autres voies que la verbalisation et la cognition. Ces chemins de traverse, qui soignent à petits bruits depuis quelques années, une presse féminine *cool* les promeut en explorant des pratiques d'apparence occupationnelle qui ont le pouvoir de favoriser la présence à soi, de nous raccorder à nous-même et de mettre ainsi l'essentiel au milieu du paysage : le mystère de qui nous sommes vraiment, au lieu de l'identité prête à porter que nous avons commodément accepté d'endosser jusqu'ici.

Sans nécessairement passer par la case *thérapie*, sans devoir verbaliser, ni exhumer de laborieux cadavres, on peut ainsi entrer dans la pleine présence et accueillir dans sa vie des changement doux et profonds, (ré) apprendre l'optimisme, la joie de vivre et le plaisir de l'être ensemble ainsi que le lien au vivant, tout en s'adonnant à des activités qui engagent le corps, telles que la couture, le crochet, le tricot, la broderie, la randonnée, le jardinage, le chant, la danse, les différentes pratiques artistiques et artisanales. Ce sont autant de voies thérapeutiques douces qui ne demandent que de la présence, apportent de la sérénité, une sensation de cohérence et de présence et nous soignent sans prétention aucune.

Mais que faire si vous n'avez pas le temps et que vous considérez que, tout comme l'écologie ou la transition, tout ceci ne fera qu'augmenter votre charge mentale ? Nous allons tenter de trouver une réponse dans les lignes qui suivent.
En attendant, pourquoi ne pas réfléchir à cette suggestion de l'auteure et chercheuse Brené Brown : *Laissez tomber celle que vous croyez devoir*

141 Kaufmann, Jean-Claude, *Piégée dans son Couple*, Les Liens qui libèrent, 2016.

être et assumez qui vous êtes.[142]

3. Récupérer sa souveraineté

Le phénomène que nous décrit Betty Friedan dans son livre *The Feminine Mystique* correspond à ce que l'on appellera ultérieurement de *l'ingénierie sociale :* des procédés de persuasion ont été mis en place à large échelle pour convaincre les femmes qu'elles prenaient des décisions délibérées alors que ces dernières étaient guidées selon des processus relevant de *la soumission librement consentie* notamment décrits par Joule et Beauvois.[143] La massification de la communication a favorisé la généralisation de cette vision et, pour sortir de l'impasse où, depuis des générations, nous nous sommes engouffrées, il s'agit aujourd'hui d'admettre que, sans nous interroger, nos mères et nous-mêmes avons adopté un mode de vie, des croyances, des valeurs et des scénarios de vie qui trahissent notre nature : notre besoin de sécurité et de validation nous a poussées à endosser des motivations extrinsèques et laissé façonner notre identité en conformité avec les projets que l'économie et le patriarcat posaient sur nous.

Ainsi, au quotidien, *nous nous torturons à intégrer des normes, des injonctions, des modèles qui ne nous correspondent pas,* écrit Fabrice Midal. *Nous nous torturons parce que nous voulons mieux faire et que nous estimons ne jamais bien faire. Nous nous torturons parce que nous sommes persuadés que les autres, eux, savent bien faire. Nous nous torturons, souvent sans qu'il ne nous soit rien demandé.*[144] Nous nous traitons comme si nous étions deux : l'une qui faute et l'autre qui juge. Pour la plupart d'entre celles qui ne sont pas en contact avec leur intériorité, nous ignorons en effet qui nous sommes et ce qui nous meut, nous ne nous aimons pas et, parce que nous subordonnons nos choix à des normes extérieures qui nous amènent à nous considérer comme inadéquates, nous ne nous acceptons pas et ne nous aimons pas. Voici comment Franck Lopvet formule cette expérience par laquelle, j'imagine, la plupart d'entre nous sont passés : *J'ai passé la majeure partie de ma vie à éviter d'être Franck, à essayer de l'améliorer, de le changer, de le faire devenir. Ma peur de ne pas être reconnu et aimé, de moi comme des autres, me poussait à désirer me transformer. J'ai nié ce qui faisait de moi un type singulier, le relief de mes qualités et défauts, pour deve-*

---

142 🔗

143 Robert-Vincent Joule, Jean-Léon Beauvois, *La Soumission Librement Consentie*, P.U.F., 1998.

144 Midal Fabrice, op. cit., p. 7.

nir champion de bon comportement.[145]

4. Qui sommes-nous ?

Pour le savoir, il s'agit notamment d'être à l'écoute des messages silencieux de notre corps, de nos sensations, de nos émotions, de tout ce lexique que nous avons à apprendre pour nous comprendre et savoir quelles décisions prendre pour nous en trouver mieux. Ce que l'on déduit de ces observations ne construit pas une identité monolithique et immuable mais donne une idée de qui nous sommes au moment où nous nous observons. En se référant au message puissant de Franck Lopvet, à chaque instant on peut aussi affirmer qui l'on est en mettant en actes qui nous voulons être, ce qui va également de pair avec un affranchissement des croyances que l'on aurait sur soi ou sur les attentes des autres ou de la société.

Comme tout le monde, j'ai tendance à vouloir bien faire, écrit Fabrice Midal. *Tellement bien faire que je me place dans un état de tension extrême. Je me pose des défis et je suis pris d'une peur panique de ne pas parvenir à les relever.*
Pourtant, je sais d'expérience que lorsque je me contente de constater que je suis crispé, et que je m'autorise sincèrement à le rester, quand je me fous la paix avec ma crispation, je finis, curieusement, le plus souvent, par me détendre très vite. C'est ce geste-là, à la fois si simple et si compliqué, le fait d'oser se laisser tranquille, l'audace de se foutre la paix, que j'appelle méditation.[146]

En se mettant à l'écoute du langage de notre corps, on peut alors prendre conscience des croyances et besoins qui motivent notre mal-être. Pour reprendre les propos de mes témoins : *J'ai peur d'être rejetée si je déplais, je suis accablée par ce que je projette de comment il FAUT être, comment l'on DOIT se comporter en société, je culpabilise pour plein de choses, j'ai peur de laisser la maison « dans un état épouvantable ». J'ai peur du regard des autres si je donne la priorité à d'autres choses que les tâches ménagères, etc. :* en prenant conscience des pensées et croyances qui nous animent, on prend en même temps la responsabilité de nos états. Dans la partie consacrée au coaching thérapeutique SANE (cf. « Simplifier, réduire, déconsommer »), nous verrons par ailleurs des manières de se dégager des réflexes qui nous amènent à entretenir notre marasme.

---

145 https://francklopvet.com/decouvrir-franck/
146 Midal Fabrice, op. cit., p. 17.

Se laisser guider par les réglages par défaut, c'est faire le choix du non-choix, de la non-responsabilité, autrement dit *consentir* et prendre la posture de la victime, cette posture qui cadre si bien avec la logique du *système*. Ayant compris notre contribution à notre malheur, nous sommes au contraire en mesure de conscientiser ce pilote automatique dont se plaignent tant de femmes et de faire le choix de la responsabilité et de la possibilité du changement.

Ce qui nous est dicté (sur un mode intériorisé) et que l'on peut dès lors changer :

1. L'abnégation, le sacrifice de soi ;
2. La croyance qu'en tant que femme, on doit se charger de tout et spécialement de ce dont les autres ne veulent pas ;
3. La croyance que tout est également important et mérite une attention égale ;
4. Le fait de n'exister qu'à travers le faire et le fonctionnel ;
5. L'affairement, le fait de courir constamment ;
6. La recherche de la perfection ;
7. L'hyper-parentalité et l'adhésion au mythe de la *happycratie ;*
8. Le recours au harcèlement auprès de son conjoint et ses enfants ;
9. Croire que le perfectionnisme est un trait de personnalité alors qu'il s'agit plutôt de la cristallisation suprême de l'injonction à la compétition. La perfectionniste est en effet, en compétition avec elle-même, en recherche constante d'un mieux qui légitime différentes formes de maltraitance au sein de la famille, à commencer par la maltraitance envers soi-même.

Dès l'instant où l'on prend la responsabilité du mal-être où l'on a été jusque-là, on peut envisager l'acceptation honnête d'une image de soi qui ne soit pas constamment brillante, dépasser son besoin d'amour et de validation externes, être attentive à ses besoins et ses envies, s'accorder du temps pour ses projets, mettre l'accent sur ses possibilités plutôt que sur ses limites. C'est là que se profile à nouveau la question du temps.

5. Reprendre son pouvoir

Comment *s'assumer soi-même*, comme le suggère Brené Brown ?
Et préalablement, comment savoir qui nous sommes et ce qui nous met en joie ?

On pourrait commencer par admettre qu'en tant qu'humains nous sommes pluriels et changeants. Du côté de la psychologie, Carl Gustav Jung a proposé que l'on s'envisage comme des êtres complexes comportant des zones troubles qui font partie de nous, nos ombres, et avec lesquelles nous avons à apprendre à vivre parce qu'elles sont motrices de croissance. La biologie nous dit également qu'en tant que femmes, nous sommes des êtres cycliques, traversés par des énergies complémentaires, tantôt dynamiques et entreprenantes, tantôt animées d'un besoin de repli. Quoi que les valeurs de notre société en disent, les deux mouvements sont d'égale valeur parce que, comme me l'a suggéré Gaëlle Baldassari lors d'une *Conversation autour de la charge mentale*,[147] les temps de repli permettent de s'intérioriser pour ressentir ses besoins et préparer les projets que l'on va déployer dans nos phases dynamiques, ce qui nous évitera de disperser notre énergie dans des initiatives qui avorteront, faute de vision.

Et, en dépit des pressions contextuelles, des envies, des projets et des visions, nous en avons, si j'en juge par les réponses qui m'ont été données à la question « si tout était possible ? ».[148] En résumé, voici ce que traduisent leurs réponses à cette question.

En ce qui concerne la relation à soi, elles éprouvent un besoin de *se retrouver* et de *renouer avec soi*, en réaction à l'abnégation à laquelle, en tant que mère de famille, il est difficile de résister, et à la dispersion, à l'effacement de soi qui en résulte. Elles évoquent – explicitement ou pas – le besoin d'un *égoïsme sain* impliquant l'idée de vivre plus spontanément, l'envie de ne plus se soucier des autres et de vivre plus pour soi, avec un possible scénario concret tel que passer deux semaines entières à ne faire que ce que l'on veut (expos, restos, sports, sorties avec les copines…), sans téléphone, sans contraintes de temps, sans limites financières et sans penser aux enfants ni au conjoint.

Un besoin *d'autonomie et de sérénité* associé à l'envie de se délivrer de la culpabilité et de la subordination au regard des autres.

Un besoin de *prendre soin de soi mentalement et physiquement* en pra-

147 https://madamechargementale.com/conversations-accueil/
148 À noter : les femmes qui ont répondu à ce questionnaire ne sont pas représentatives de l'ensemble de la population féminine occidentale, ni même francophone. Ce sont des femmes qui ont fait des études supérieures, sont actives, souvent mères, parfois en couple. Ce sont en tout cas des femmes qui pensent leur condition, qui se conçoivent comme des individus en évolution et qui, à des degrés divers, manifestent un certain *leadership*.

tiquant le yoga, la méditation, la relaxation, la sophrologie et en bénéficiant de massages.

Le souhait de *faire évoluer* son état d'être et d'aller vers une plus grande confiance en soi en passant par le lâcher prise, le non-jugement, une plus grande tolérance, en râlant moins.

Le besoin *d'alléger l'intendance* en étant plus souple sur l'organisation et les horaires, en faisant les choses qu'on aime *sans se prendre la tête avec la logistique et le matériel.*

L'envie de *soigner son cadre de vie* au sens large en organisant le désencombrement de la maison, en faisant un grand tri, en instaurant ordre et clarté dans l'espace de vie, tout en veillant à consommer moins et plus sainement.

La relation à la dimension sociale et ce qui n'est pas nous au sens large fait l'objet d'une attention particulière.

Elles veulent retrouver *du temps de qualité pour leurs enfants* en étant plus patientes, en associant paisiblement l'enfant aux activités familiales, en faisant plus souvent des activités de bricolage avec eux.

Elles souhaitent *restaurer dans leur couple* la complicité et la passion qui préexistaient à la naissance de leur enfant.

Elles aspirent ardemment à une *vie sociale régulière*, à des nouvelles rencontres et à des amitiés nourrissantes pour tous.

La nature, le monde, les éléments occupent une place importante dans leur représentation de l'équilibre et du bonheur : la mer figure en bonne place comme un lieu ressourçant. Elles rêvent de vivre près de la mer ou d'avoir une maison face à la mer, de randonner, de voyager, y compris en famille, de carrément faire un tour du monde.

Elles rêvent de contribuer en poursuivant leur transition écologique, en réduisant les déchets à la maison, en jouant un rôle dans la société, en créant une association.

Elles connaissent ou pressentent *le rôle équilibrant* des pratiques qui engagent corporellement au sens large, qu'il s'agisse d'entretenir un potager ou de faire une balade.

Elles éprouvent le besoin de s'adonner à une *activité physique*, comme la natation, la danse, la gymnastique, les Pilates ; à une activité artistique – reprendre la musique, jouer au piano, faire du théâtre, créer des illustrations de livres pour enfants, peindre, sculpter, faire les musées ; s'adonner à une activité artisanale ou un hobby comme la couture, le tricot, le coloriage.

Elles éprouvent le besoin d'évoluer, de *se renouveler* en pratiquant divers apprentissages qui renforceront éventuellement leur assertivité, comme les langues étrangères, la prise de parole en public, la lithothérapie, les huiles essentielles et qui leur permettront éventuellement de se reconvertir, de trouver un nouveau job, de fonder leur boîte.

Toutes ces aspirations s'inscrivent dans le temps et demandent du temps. C'est là que se profile la lutte quotidienne entre les aspirations et les responsabilités et obligations auxquelles on s'engage : si tout était possible, on dormirait tout son saoul, on prendrait plus de temps juste pour soi ou pour son couple, on accepterait de ne rien faire, d'écouter des podcasts, de lire les livres qui attendent d'être lus, de prendre du temps pour soi *pour ne pas éprouver de ressentiment*, car *la frustration engendre le ressentiment.*

À travers l'expression chorale de ces besoins se profile la demande d'une hygiène de vie qui associe aux responsabilités le soin de soi dans son intégralité, incluant le corps, le mental et l'esprit, l'état d'être, la dimension sociale et affective, le lien à la nature et aux éléments, le besoin d'une expression dont la finalité est l'épanouissement, non la rentabilité matérielle, ainsi que le besoin d'évoluer.

6. La question du temps

> *J'ai pas le temps. Un jour lors d'une conférence, un jeune homme prend la parole et me dit que lui et sa copine, ils n'ont pas le temps de faire tout ça, de cuisiner, de faire leurs produits ménagers, etc. Ils bossent tous les 2, ils rentrent tard.*
>
> *Je pense qu'il voulait me demander des astuces, bah… J'en avais pas.* ^^

J'ai pas de baguette magique.

Bien sûr il existe des astuces pour gagner du temps : s'organiser, le batch cooking, grouper les tâches, regarder ce qui nous pompe notre temps (Netflix, réseaux sociaux...).

Mais le seul truc que j'ai trouvé à lui répondre c'est : « À quel moment nos vies ont-elles vrillé au point où on n'a même plus le temps, ou la force de passer 15/20 minutes à nous faire à manger le soir ? ».

En fait c'est ça la question que je me pose : pourquoi nos vies sont faites comme ça, pourquoi on galope toute la journée entre le boulot, les transports, les enfants, et pourquoi le soir on est lessivé au point que couper 2 légumes ça nous paraît insurmontable ?

(Extrait d'une publication Facebook de Marie Duboin)[149]

Dans les quelques pages qui suivent, nous nous posons la question du temps, non pour nous plaindre que nous en manquons, mais pour constater que, pour vivre en paix, heureuse, dans la joie, nous réaliser suivant nos objectifs, nous avons besoin de reconsidérer nos valeurs, nos priorités, et prendre des décisions pour libérer du temps et faire de la place pour l'essentiel.

Voilà ce qu'en dit Astrid du blog rhapsody-in.com.
Certaines personnes s'épanouissent lorsque leur vie est vécue à cent à l'heure, mais cela n'est personnellement pas mon cas. Je l'ai longtemps cru, mais différents signaux d'alerte m'ont fait prendre conscience que je ne fonctionnais pas comme cela. Au contraire, lorsque je me représente une période de bonheur et de plénitude, je m'imagine tranquillement en terrasse au soleil, un livre à la main. Pas comme une success-woman *qui aurait réussi à tout mener de front. Aujourd'hui, j'ai envie d'apprendre à vivre différemment. De prendre le*

149 Duboin Marie du blog « La Salade à Tout », co-auteure, avec Herveline Giraudeau, de *J'arrête de surconsommer* et *l'Abus de consommation responsable rend heureux.*

temps, d'être à l'écoute de mes vrais besoins et de freiner la course au toujours plus.
Avec le temps, le concept de slow life *a fini par s'imposer comme une évidence. [...] En pratique, la* slow life *nous permet de ralentir notre rythme, de retrouver la simplicité, de profiter du moment présent. [...] Petit à petit, j'accepte l'idée que ce n'est pas grave de ne rien faire. Au contraire, je pense que l'homme n'est pas une machine qui doit être tout le temps en ébullition. C'est difficile pour la personne très active que je suis, mais je pense que cela me ferait beaucoup de bien. Être allongée sur mon canapé, à ne penser à rien, en fermant les yeux, même quelques minutes par jour... Il faut que j'apprenne à me défaire du sentiment de culpabilité qui accompagne souvent l'inactivité.*[150]

Et c'est vrai qu'il ne s'agit rien de moins que de se désintoxiquer de cette conviction qu'il faut faire beaucoup de choses et les faire rapidement, une idée qui n'est pas née de nulle part. Au contraire, comme le suggère Laurent Vidal, auteur de *Les hommes lents*,[151] elle est issue de la rencontre du discours religieux et du discours économique, rencontre qui constitue le socle philosophique de la modernité qui valorise un rythme, la promptitude, autrement dit la rapidité. *Le discours religieux,* dit Laurent Vidal, *c'est le discours des péchés capitaux qui va associer la paresse et la lenteur à des symboles de dangerosité sociale : les paresseux font peser une menace sur l'équilibre social. Le discours économique, ce sont les premiers traités de commerce qui, dès le XIVème et le XVème siècle, posent que les échanges, pour être bons, doivent être réalisés avec promptitude. On a donc d'un côté la dénonciation d'un rythme lent associé à de la paresse, et de l'autre la valorisation d'un rythme prompt associé à l'efficacité, celui de l'homme moderne.*[152]

Loin des clivages rapides, Gaëlle Baldassari[153] affirme pourtant que le fait de prendre le temps de s'abandonner favorise une intériorisation de l'attention qui peut permettre de définir de réelles priorités qui s'écartent de l'idéologie productiviste et de la tentation de l'affairement pour aller à l'essentiel, la vie.

Au-delà d'un besoin existentiel, la lenteur et même l'inactivité répondent aussi à un besoin physiologique auquel nous sommes invités à

---

150 https://www.rhapsody-in.com/2018/04/02/adopter-slow-life-ralentir-vivre-pleinement/

151 Vidal Laurent, auteur de *Les Hommes Lents*, Flammarion, 2020.

152 https://usbeketrica.com/article/ralentir-devenu-subversif

153 Baldassari Gaëlle, auteure de *Kiffe ton cycle*, Larousse, 2019.

répondre sous peine de détériorer notre santé.
Ne rien faire, dit Guillaume Besson,[154] *permet à notre cerveau de se mettre en mode « par défaut » et de traiter, puis stocker toutes les informations qu'il reçoit. Notre cerveau peut alors analyser les événements qui nous sont arrivés, en faire une synthèse et comparer ces informations récentes aux informations qu'il a déjà en stock. Ce processus permet à notre cerveau de retenir un maximum de moments de notre vie et de construire une cohérence d'ensemble. Notre mémoire est donc intrinsèquement liée à ces moments de repos. Toute cette inactivité permet aussi à notre cerveau de mieux appréhender l'environnement dans lequel nous nous trouvons et de mieux comprendre et analyser les situations futures.*

Ce que proposent Astrid citée plus haut et Guillaume pour lever le pied et passer en mode *slow* c'est la déconnexion, le contact avec la nature et les habitudes bien-être *slow*. En vrac, Astrid s'est désabonnée d'un maximum de newsletters, a coupé les notifications de son smartphone et mange désormais sans son téléphone. Elle se balade sans téléphone ni appareil photo, jardine, caresse son chat. Elle a appris à méditer, à manger lentement, à adopter une bonne posture, à réserver du temps à la lecture, au yoga, à la musique, à l'inactivité, au sommeil. Guillaume insiste sur le fait de ne pas associer son smartphone à toutes ses activités.[155]

On comprend maintenant pourquoi nous sommes si nombreux à rêver de prendre le temps : cela répond à un besoin fondamental de notre corps. De plus, disposer de temps, c'est le préalable à la possibilité de laisser quoi que ce soit s'accomplir. Sans cela, nous restons prisonnières de nos routines, mais est-ce cela que nous nous souhaitons ?

Et à présent, pourquoi ne pas méditer sur cette déclaration de John Lennon ? *Life is what happens to you while you're busy making other plans* (« La vie, c'est ce qui vous arrive pendant que vous êtes occupé à penser à vos projets »).

7. Retrouver le *flow*

Les activités minimalistes que proposent Astrid, Guillaume, ainsi que Marie Duboin rejoignent celles auxquelles aspirent nos témoins de la partie 4. Reprendre son pouvoir : il s'agit ici de s'adonner à des pratiques sans finalité utilitariste, des activités aux motivations intrinsèques

154 Besson Guillaume du blog *justebien.fr*
155 https://www.justebien.fr/ne-rien-faire-bon-pour-cerveau/

destinées à nous procurer du plaisir, de la détente, du bien-être. Et l'on va rapidement constater que ce qui donne de la valeur à ces activités, ce qui les rend désirables, c'est moins l'activité en soi que l'état de *flow* et la sensation d'appartenance où l'on se trouve plongé quand on s'y adonne. Sachant cela, nous allons finir par admettre l'idée qu'en termes de bien-être, de bonheur, de sentiment d'accomplissement, d'état d'être optimal, les activités ménagères peuvent acquérir la même valeur qu'une pratique artistique. Question de représentation : la littérature commence à abonder sur le sujet.

Si l'on suit Géraldine Canet, plasticienne et docteure en art-thérapie, *le fait de « faire » amène une stimulation des sens et donc des affects, qui nous permet en un sens de « déposer nos souffrances » dans cette matière que nous travaillons et ce, qu'il s'agisse de modelage, de construction… ou même de projections de boules en papier mâché.* […] *Lorsque j'installe une mosaïque,* dit Cécile Barbara, mosaïste, *j'arrête de penser, je fais le vide et mon corps tout entier se retrouve engagé à travers mes sensations. Tous mes sens sont convoqués : la vue de toutes ces couleurs, le toucher, l'odorat – ça sent la colle ! –, l'ouïe quand je coupe… Et quand je vois ma création terminée, je peux vraiment dire : « oui, ma main donne la vie ! ».*

De plus, Pascale Senk note que *la réappropriation du geste, qui s'améliore avec la pratique régulière, apparaît comme un autre élément extrêmement renarcissisant, . Et d'ajouter que depuis 5 ans, les éditeursvoient leurs ventes de livres traitant de « loisirs créatifs » exploser.*[156]

Avec la logothérapie de Viktor Frankl, nous avons évoqué la question du sens qui procure de la valeur à une expérience : dans le cadre de son modèle, Viktor Frankl montre combien on est dans l'ordre de la représentation où ce que l'on se raconte à soi-même détermine la valeur des personnes, des situations, des objets.

Dans cet esprit, une expérience très simple a été menée par des étudiants et des professeurs de la Florida State University. L'intention de l'expérience consistait à évaluer dans quelle mesure les activités quotidiennes pouvaient induire un état de *pleine conscience* et, ainsi, augmenter la sensation générale de bien-être. Menée auprès de 51 étudiants, l'étude a révélé que ceux qui lavaient la vaisselle en y mettant de l'attention – ceux qui se concentraient sur l'odeur du savon, la chaleur

156 https://sante.lefigaro.fr/article/les-vertus-therapeutiques-des-activites-manuelles/

de l'eau, la sensation de la vaisselle – signalaient une diminution de leur nervosité de 27% et une augmentation de leur inspiration mentale, de leur créativité de 25 %, alors que le groupe témoin n'a tiré aucun bénéfice de l'expérience.[157]

De là à envisager que le ménage dans son ensemble puisse être appréhendé comme une pratique favorisant le bien-être et l'épanouissement, il n'y a qu'un pas. Comme les ouvriers qu'évoque le psychologue Mihály Csíkszentmihályi dans son livre *Vivre*,[158] ce qu'on se raconte au sujet de l'activité à laquelle on s'adonne et sa finalité, son sens, vont faire toute la différence entre une bonne expérience et une mauvaise expérience à partir de la même activité. On rejoint ici l'expérience des transports en commun que j'ai évoquée par ailleurs.

En ce qui concerne le ménage, que l'on pense aux termes avec lesquels on désigne les tâches qu'on se répartit au sein de la famille et l'on aura compris comment nous faisons pour saboter dans l'œuf l'idée de contribution : comme me le faisait remarquer Isabelle Filliozat, on commence déjà mal en parlant de *vie domestique*. Ensuite, on parle de tâches, de corvées, rien de très stimulant dans le créneau « punition »... Quand mes enfants étaient petits, à l'époque de la série *MacGyver,* chez nous, on *accomplissait des missions*.

À la maison, les activités ne sont pas pénibles ou agréables en soi. S'il en est dont on se passerait bien, j'ai constaté que ces dernières prennent des tonalités surprenantes suivant qu'on les fait seul ou ensemble. Ainsi, quand je suggère à mes étudiantes ou coachées de rappeler à leurs enfants et leur conjoint qu'ils forment une famille et qu'ils souhaitent être heureux ensemble, progressivement, tout se régule et l'on fait les choses ensemble rapidement et de bon cœur parce que ça va libérer du temps de qualité pour être ensemble, ce à quoi les enfants aspirent le plus. On en vient même à constater que le ménage se fait tout seul tellement chacun finit par développer son empathie et apprend à prendre ses responsabilités. Bien qu'il s'agisse de situations réelles, ce qui rend ce tableau invraisemblable, c'est la pauvreté de la communication au sein de nombreuses familles ou au sein du couple, qui se nourrit de silences et de procès d'intention et alimente une colère dont on n'a pas envie de sortir. On a largement envisagé ce paradoxe de la complaisance vis-à-

---

157 Adam W. Hanley, Alia R. Warner, Vincent M. Dehili, Angela I. Canto, Eric L. Garland, *Washing Dishes to Wash the Dishes: Brief Instruction in an Informal Mindfulness Practice*, Mindfulness, 2014.
158 Csíkszentmihályi Mihály, *Vivre*, Laffont, 2004.

vis du malheur.

Parmi les activités auxquelles nos témoins rêvaient de s'adonner, j'ai aussi repéré la couture.
Avez-vous eu la chance de voir des aînés pratiquer le tricot ou le crochet ? Dans les Balkans, on voit des vieux messieurs tricoter. Lors de réunions d'activistes anti-nucléaires, j'ai aussi vu des femmes broder.
Les travaux d'aiguille, on a coutume de les désigner comme des *ouvrages de dames*. Ce faisant, on les disqualifie comme des activités occupationnelles, autrement dit « vides de sens », destinées à faire passer le temps.
Avec les informations qui suivent, nous allons pourtant découvrir leur densité expérientielle et même thérapeutique.

Auteure de *Threads of Life*,[159] créatrice de bannières, artiste textile communautaire et conservatrice textile depuis plus de vingt ans, Clare Hunter a créé l'entreprise communautaire *NeedleWorks* à Glasgow.
À travers la couture, elle a conçu des projets pour impliquer des personnes socialement marginalisées en les encourageant à créer des banderoles et des tentures murales à grande échelle afin de leur permettre de raconter leur vie. Cette pratique collective a permis à Clare Hunter de faire émerger une forme de paix unique issue de la concentration collective et de la camaraderie qui s'est tissée dans un effort commun.
Les recherches qu'elle a effectuées pour son livre l'ont ainsi amenée à explorer la signification sociale, émotionnelle et politique de la couture et lui ont permis de découvrir que pendant la seconde guerre mondiale, les femmes dans les camps de travail qui avaient confectionné des courtepointes le faisaient chacune en privé, retrouvant ainsi de la solitude et une expression individuelle dans le contexte surpeuplé d'un camp de travail où elles étaient enregistrées sous un numéro. À travers leurs broderies, elles ont pris du temps pour elles-mêmes et en cousant leurs signatures, elles ont affirmé leur identité, révélant le rôle thérapeutique majeur de cette pratique communément perçue comme mineure.

J'ai aussi lu l'histoire de Ruth First, écrit Clare Hunter, *la militante anti-apartheid qui, confrontée à un emprisonnement de longue durée et à l'isolement, s'est mise à l'aiguille pour prendre le contrôle de son temps. Sur son revers, elle cousait sept lignes noires pour marquer les jours, et en décrochait une ou deux comme pour gagner du temps, ou avançait à son rythme en cousant les jours qui l'attendaient. C'était un*

---

159 Hunter Clare, *Threads of Life: A History of the World Through the Eye of a Needle*, Sceptre, 2019.

acte à la fois de rébellion et d'auto-préservation.
Les recherches qu'elle a menées lors de l'écriture de son livre ont également révélé à Clare Hunter qu'après la première guerre mondiale, les médecins ont essayé de faire broder des soldats ayant été exposés au choc des obus dans l'espoir de guérir leurs traumatismes, ce qui s'est avéré un moyen étonnamment efficace de stabiliser leurs tremblements des mains et de calmer leurs esprits. L'industrie de la broderie des soldats handicapés a ainsi vu le jour, offrant aux anciens militaires déchirés par la guerre, isolés dans leurs maisons ou dans des hôpitaux de fortune, la possibilité de gagner un revenu dont ils avaient grand besoin et de reconstruire leur estime de soi. L'ergothérapie est ainsi née de la rencontre improbable entre des hommes de guerre et des travaux d'aiguille.

Par la suite, dit Clare Hunter, de nombreuses études ont exploré la relation entre créativité et bien-être et ont observé les bienfaits, en particulier pour les personnes souffrant de maladies mentales, de l'immersion hypnotique dans l'artisanat pour soulager les troubles intérieurs. En cousant, Clare Hunter a elle-même fait le deuil des enfants qu'elle a perdus. Elle y a trouvé *une autre façon de pleurer*.

De façon globale, la couture est, par ailleurs, de plus en plus reconnue comme un moyen efficace de lutter contre la dépression : on observe, en effet, que l'absorption exigée par la couture calme l'esprit et réduit le stress. Le sentiment d'accomplissement peut, par ailleurs, stimuler la santé mentale et améliorer le système immunitaire, en substituant à la pression du *multitasking* la concentration sur une seule activité.
Suite à un rapport de l'Organisation Mondiale de la Santé (OMS) datant de 2019, ces conclusions concernant la couture s'étendent maintenant au domaine des arts dans leur ensemble.[160] Dans le cadre de ce rapport, cinq grandes catégories artistiques incluant les arts de la scène (musique, danse, chant, théâtre, cinéma), les arts visuels (artisanat, de-

160 Avant d'aborder le sujet, je voudrais préciser que la notion d'art s'étant considérablement complexifiée ces dernières décennies, la définir demanderait des centaines de pages, ce qui n'est pas le propos ici. C'est pourquoi je vous demande de m'excuser d'envisager cette notion d'un point de vue généraliste – très cliché – comme une production qui résulte d'un acte de création. Ceci va nous amener à associer art, artisanat et hobby. Dans ce contexte, cette association, nous pouvons la faire parce qu'il ne s'agit pas de débattre de la différence entre les trois, ni d'évaluer les productions ou le marketing, mais d'en souligner les aspects communs : ce sont des activités qui impliquent un acte de création et une relation à une réalisation, à un objet produit, de quelque nature qu'il s'agisse, concret ou immatériel, en mouvement ou statique, sonore ou non. Tout en soulignant qu'on va parler d'une participation active ou passive – autrement dit de production ou de consommation artistique et culturelle.

sign, peinture, photographie), la littérature (écrire, lire, se rendre à des festivals littéraires), la culture (fréquenter des musées et des galeries, assister à des concerts, théâtre) et les arts en ligne (animation, arts numériques, etc.) ont été établies.

Sur base de plus de 900 publications provenant du monde entier, le bureau régional de l'OMS pour l'Europe a conclu que l'art peut être bénéfique pour la santé, tant physique que mentale. Les exemples cités dans ce rapport montrent comment les arts permettent de gérer des problèmes de santé pénibles ou complexes comme le diabète, l'obésité ou la mauvaise santé mentale. *Ils envisagent la santé et le bien-être dans un contexte sociétal et communautaire plus large et proposent des solutions là où la pratique médicale habituelle n'a pu, jusqu'à présent, apporter des réponses efficaces*, explique le docteur Östlin, directrice régionale de l'OMS pour l'Europe par intérim.

Du stade gestatif jusqu'en fin de vie, les arts peuvent ainsi exercer une influence positive sur la santé. Par exemple, les jeunes enfants auxquels les parents lisent une histoire avant le coucher ont de plus longues nuits de sommeil et une meilleure concentration à l'*école. Chez les adolescents vivant en milieu urbain, une formation théâtrale peut faciliter une prise de décisions responsable, renforcer le bien-être et réduire l'*exposition à de la violence. À un stade ultérieur de la vie, la musique peut stimuler les fonctions cognitives chez les personnes souffrant de démence : on a ainsi constaté que le chant améliorait l'attention, la mémoire épisodique et les fonctions exécutives.

Dans les établissements de santé, les activités artistiques peuvent servir de complément aux protocoles thérapeutiques ou venir les renforcer. On a, par exemple, constaté que l'*écoute de la musique ou les réalisations artistiques limitaient les effets secondaires des traitements contre le cancer, dont la somnolence, le manque d'*appétit, l'essoufflement et les nausées. On s'est également rendu compte que dans les salles d'urgences, les activités artistiques (musique, artisanat, interventions de clowns, etc.) permettaient de diminuer le niveau d'anxiété, de lutter contre la douleur et de faire baisser la tension artérielle, chez les enfants et leurs parents.

À maintes reprises, il a également été établi que la danse permettait d'améliorer de façon cliniquement significative les scores moteurs des personnes atteintes par la maladie de Parkinson.
Enfin, ce rapport de l'OMS souligne qu'en plus de donner de bons ré-

sultats, certaines interventions dans le domaine des arts peuvent aussi être plus rentables que des traitements biomédicaux conventionnels.[161]

C'est une chance que la pratique artistique ait fait l'objet d'études cliniques et que l'on ait pu en observer l'incidence sur le bien-être et la santé puisque les artistes eux-mêmes ne s'y adonnent pas dans cette perspective. En effet, si les créatifs parlent entre eux de l'expérience artistique, ce n'est guère qu'en termes approximatifs : nous ne sommes pas outillés conceptuellement pour faire mieux et de façon globale, vivre est ce qui compte. On relate ainsi l'expérience que nous procure l'acte de création et si nous constatons que nos expériences convergent, nous jubilons ensemble à l'idée de pouvoir accéder aux états qu'elles procurent sans pouvoir vraiment mesurer à quel point elles sont régulatrices au niveau des fonctions biologiques. Or, notre corps, ce degré zéro de l'incarnation – puisque sans lui, nous n'existons pas – ce corps que notre culture oblitère totalement et dont elle ne se soucie que quand ça ne tourne plus rond, à mesure que ma réflexion évolue sur le sujet, je suis de plus en plus convaincue qu'il est le lieu d'expression de notre essence.

Ce qu'expérimente l'artiste en état de création, c'est un état de bien-être plus profond que l'état de *flow* dans la mesure où l'on perd le contact avec des repères *objectivables* : on perd la notion du temps et l'on est immergé dans le présent infini de l'expérience avec laquelle on ne fait qu'un. On perd également l'attention aux besoins liés aux fonctions biologiques à tel point que, quand la session de création s'achève, on se rend seulement compte du temps qui a passé ; on constate qu'on a froid, qu'on a faim, qu'on a besoin d'aller aux toilettes et qu'on sort d'un orgasme qui a duré 3 heures, 6 heures, 8 heures et cela, que l'on ait cousu, peint, chanté, dansé, sculpté. Si la personne pratique la méditation, elle peut dire sans hésiter que, durant tout ce temps, son cerveau a au moins fonctionné en ondes Alpha et qu'elle a connu la joie et la jubilation.

Quand, vers l'âge de 6 ans, mon fils s'exerçait à l'accordéon, il m'a un jour dit : *quand je joue, c'est comme si la petite braise qui dort dans mon cœur devenait un grand feu.* Y-a-t-il une manière plus explicite d'évoquer l'enthousiasme et la joie que l'on connaît quand on est dans l'acte de création ?

Dans une série d'expériences pionnières sur la cartographie cérébrale,

161 https://www.neonmag.fr/pour-la-premiere-fois-loms-reconnait-lart-comme-benefique-pour-la-sante-mentale-et-physique-549849.html

le professeur Semir Zeki, neurobiologiste au University College de Londres,[162] a examiné les cerveaux de volontaires tandis qu'ils observaient 28 images. Il a découvert que la partie du cerveau qui réagit quand nous tombons amoureux est également stimulée quand nous observons de grandes œuvres d'art ou des images d'une grande beauté : l'art déclenche une augmentation soudaine de la dopamine dans le cortex orbito-frontal, tous deux impliqués dans le désir et l'affection. Si le simple fait d'observer de l'art produit ce type de réponses dans le cerveau, s'impliquer dans le processus créatif va cependant bien au-delà de cet effet. Créer de l'art, sous n'importe laquelle de ses modalités, revitalise le cerveau de différentes manières, ce qui amène les chercheurs à comparer la création artistique à un exercice pour le cerveau et à suggérer que, tout comme l'exercice physique aide le corps, la création artistique peut nous permettre de garder un esprit éveillé à l'*âge adulte*. Cette approche de la pratique artistique est évidemment matérialiste et utilitariste : elle envisage le corps et l'esprit comme des mécaniques à entretenir pour qu'elles continuent à fonctionner de manière optimale, alors que ceux qui ont une pratique artistique savent que la création artistique est un portail vers d'autres dimensions.

Au cours des dernières années, la pratique de l'art-thérapie et les cours de peinture en groupes se sont répandus. De façon globale, l'art-thérapie permet de constater que le développement d'habiletés artistiques améliore nettement l'attention, le contrôle émotionnel, la connaissance de soi et l'estime de soi. C'est une pratique intéressante parce qu'elle permet à la personne souffrante de donner forme à son monde intérieur, de le projeter, de l'exprimer dans un lexique non-verbal, ce qui est parfois nécessaire quand les expériences sont trop douloureuses – voire trop traumatisantes – pour être verbalisées. C'est ainsi qu'on recourt à l'expression artistique pour aider les personnes qui souffrent d'un stress post-traumatique à la suite d'abus sexuels, de catastrophes naturelles ou dans le cadre de conflits belliqueux.[163] Quand Boris Cyrulnik parle de l'accompagnement des enfants soldats qu'il a effectués en Afrique avec son équipe, il évoque justement le recours à ce genre de ressources : on les fait dessiner. Ce faisant, sans avoir recouru à la parole, on accède à leur expérience : la représentation leur donne accès à la verbalisation, ce qui facilite le dépassement du traumatisme. Pour le coup, l'art-thérapie instrumentalise donc l'alchimie de l'expérience artistique à des fins thérapeutiques.

---

162 https://nospensees.fr/leffet-de-lart-sur-notre-cerveau/

163 Boris Cyrulnik, cours donné à l'université de Mons en Belgique en mars 2018.

En ce qui concerne le chant, le livre de Stacy Horn, *Imperfect Harmony: Finding Happiness While Singing with Others*, nous procure un compte rendu de première main, avec des validations scientifiques relatives à la façon dont la musique influence l'existence de ceux qui chantent.

Stacy Horn chante depuis 1982 avec la *Choral Society of Grace Church* dans le Greenwich Village de New York et elle constate que chanter guérit. Alors que souvent, les chorales interprètent des thèmes sombres, des scientifiques ont, en effet, observé que le chant choral libère des endorphines qui interagissent avec les récepteurs opiacés dans le cerveau et déclenchent une sensation presque analgésique dans le corps. Écouté et pratiqué, le chant peut également libérer de la dopamine qui aide à réguler les centres du plaisir et de la récompense du cerveau. Par ailleurs, on a découvert que la musique et le chant libèrent de la sérotonine, un neurotransmetteur qui aide à réguler nos humeurs, nos comportements sociaux et notre appétit, et réduit le niveau de cortisol – l'hormone du stress – dans le sang. Enfin, en ce qui concerne les aînés, rapporte Stacy Horn, le Dr Gene D. Cohen, de l'université George Washington, qui a suivi une chorale de chanteurs seniors à Arlington, a observé que ces derniers souffraient moins fréquemment de dépression, sollicitaient moins le médecin, consommaient moins de médicaments et étaient plus actifs.

Complémentairement, la danse ajoute à l'influence positive de la musique, l'exercice physique et l'engagement social. Combinés, ces trois facteurs procurent des bénéfices majeurs pour la santé mentale et le cerveau. Contrairement à l'entraînement physique en salle, la danse demande, en effet, de la coordination associée à des fonctions cognitives complexes dont l'exercice active le centre de la récompense du cerveau. Par ailleurs, comme pour tout entraînement cardio, elle provoque la libération d'endorphines et génère donc du bien-être. De plus, non seulement la danse stimule le circuit de la récompense dans notre cerveau, mais elle active également l'hippocampe, ce qui, chez les personnes plus âgées, prévient le déclin cognitif et la démence. Une étude a d'ailleurs révélé qu'en apprenant des mouvements de danse, des personnes âgées de 63 à 80 ans stimulaient la neuroplasticité de leur cerveau, ce qui signifie que ce dernier formait plus de nouvelles connexions neuronales.

Dans la mesure où elle est une activité sociale, la danse active les neurones miroirs et procure à la personne un sentiment d'appartenance à un ensemble qui le dépasse. Situés dans le cortex préfrontal, les neurones miroirs sont des circuits de neurones qui cartographient et suivent inconsciemment l'esprit et les actions des autres. Ils jouent un rôle vital dans les interactions humaines, le comportement et les processus de pensée.

La danse instaure des liens durables résultant de la synchronisation – liens qui se passent de mots – entre l'enseignant ou le chorégraphe, le partenaire ou d'autres danseurs, et les membres du public. Et ces formes de socialisation procurent une expérience euphorique partagée qu'en général on n'oublie pas, tout simplement parce que ce type d'activité sociale rend heureux. Ce bien-être résulte peut-être des endorphines secrétées quand on interagit avec des personnes partageant les mêmes affinités. Mais cela peut aussi être lié à une expérience encore plus profonde : le fait de pouvoir bénéficier d'une catharsis émotionnelle avec un ensemble de personnes présentes à un événement est une expérience unique qui peut favoriser des liens avec des inconnus ou consolider la connexion avec vos proches. J'ai vécu cette expérience à plusieurs reprises aussi bien en tant que spectatrice[164] qu'en tant que participante à une performance orchestrée par Martine Van Ditshuyzen[165] dans le cadre de l'Université du Nous.

En tant qu'humains, nous recherchons ces connexions significatives avec les autres et la danse est l'un des meilleurs moyens de les établir d'une manière unique.

De plus, dans la mesure où elle favorise une libération physique et émotionnelle, elle s'avère idéale pour les personnes souffrant de stress, de dépression et d'anxiété. Des études montrent, en effet, que la danse peut diminuer l'anxiété et stimuler l'humeur plus que d'autres activités physiques. Ainsi, dans le cadre d'une étude où les chercheurs ont demandé à des personnes souffrant de troubles anxieux de participer à l'une des quatre activités suivantes : un cours de danse moderne, d'exercice, de musique ou de mathématiques, on a constaté que seul le cours de danse a significativement réduit l'anxiété. Une étude portant sur des adolescents souffrant de dépression, d'anxiété et de stress a par ailleurs révélé que ceux qui suivaient des cours de danse deux jours par semaine présentaient une amélioration significative de leurs symptômes psychosomatiques et se déclaraient plus heureux.[166]

---

164 Avec des spectacles comme, par exemple, *Henri IV* du Théâtre du Soleil, *la Danse du Diable* de Philippe Caubère ou *Gilbert sur Scène* d'Yves Hunstad.
165 http://martinevanditzhuyzen.nl/
166 https://www.thebestbrainpossible.com/dance-exercise-brain-mental-health/

Ces quelques évocations de travaux scientifiques au sujet d'activités que nous sommes nombreux à rechercher pour le bonheur qu'elles nous procurent mettent en lumière de façon intéressante le fait que nous recherchions ces activités, alors même que nous en ignorons les bénéfices objectifs.

Ce à quoi nous aspirons, en les pratiquant, c'est à rejoindre d'autres dimensions de notre être. Non seulement nous nous détendons mais, en nous y adonnant, nous accédons à un déploiement de notre sensation d'être qui nous fait courir à nos activités, car elles nous sont devenues nécessaires. Parfois même, nous nous y rendons avec autant d'excitation qu'à un rendez-vous amoureux. C'est qu'il y a en nous une intelligence qui sait ce dont nous avons besoin et qui nous meut malgré nous vers nos sources de vie.

8. Retrouver l'appartenance

Ainsi, si l'on tient compte des bénéfices en termes de bien-être et de santé que procurent les activités que nous recherchons quand nous rêvons de détente, on comprend que même si, cognitivement, nous ignorons les bienfaits de ces activités, intuitivement, nous les pressentons : notre corps *sait* que faire pour contacter une source de vie et *recharger ses batteries*. Les activités impliquant une dimension sociale peuvent par ailleurs favoriser une euphorie unique résultant d'un sentiment d'appartenance qui se passe de mots. On jouit du bonheur d'être là ensemble, dans un mode d'interaction que nous aimerions connaître au quotidien et qui nous procure la sensation d'être entier, complet, assemblé, amplifié. Par un sentiment d'appartenir à une dimension qui nous dépasse, ce qui n'est pas sans résonner avec l'ensemble de liens que Johann Hari propose de restaurer pour sortir de l'anxiété et de la dépression et avec l'*Âme du monde* dont parle Mohammed Taleb, la patronne des liens, garante de la beauté du monde et de l'harmonie, version achétypale de ce que certains appellent aujourd'hui la *divine matrice*.

Les humains ont vécu en lien durant des siècles : lien avec la nature et le vivant, lien avec les autres et la famille, lien avec soi-même à travers les pratiques d'intériorité, lien avec le réel dans son ensemble à travers ce maillage fait de sens, d'appartenance et de transcendance que certains dénomment la conscience, l'*Âme du Monde*, l'Inconscient, la Matrice.

En nous adonnant à des activités ressourçantes, nous restaurons ces liens dont nous nous rendons compte que nous sommes orphelins au quotidien. Ces liens, la société industrielle nous a progressivement amenés à les oublier, plongeant ce qui vit en nous dans un état de détresse dont rendent compte le nombre de cas de dépression et d'anxiété, le nombre de maladies résultant des différentes formes de stress, la consommation de médicaments et pour finir, l'état du monde aujourd'hui, dont le délabrement est à l'image de nos paysages intérieurs : stérile et dévasté.

L'immense solitude qui se dessine en filigrane à travers la plupart des témoignages que j'ai recueillis autour de la charge mentale, que mes témoins soient en couple ou seules, n'est donc pas sans racines et surtout, ne résulte pas de l'incompétence d'un individu, d'un couple ou d'une famille isolés. Certes, la façon dont mes témoins parlent de leur conjoint et de leurs enfants laisse entendre qu'au sein de leur famille la communication est bridée : pour emprunter le langage métaphorique de Marshall Rosenberg, dans ces familles, on se parle plutôt en *chacal* : il n'y a pas de dialogue sincère et constructif. On ne perçoit pas d'amour ni de bienveillance dans les échanges relatés, pas de volonté de co-construire un projet de famille qui soit un espace d'épanouissement pour chacun : on aboie les uns sur les autres. C'est la seule manière que l'on connaisse de demander de l'amour. La mise en perspective des situations évoquées permet néanmoins de comprendre qu'il ne s'agit pas des problèmes isolés de quelques couples dissonants mais bien d'un problème de fond lié à la dislocation des liens et à l'effacement du sens et de la transcendance.

Voilà, me semble-t-il, les bases de cette grande solitude et de la posture victimaire qui l'accompagne souvent : on croit ne pas avoir le choix parce qu'on manque de perspective, parce qu'une amnésie collective, entretenue par la futilité de la culture de masse et des valeurs de la société de consommation, nous convainc que nous sommes de misérables petites personnes sans liens aucuns – et qui n'ont d'ailleurs besoin de personne – dont l'horizon se limite à leur maison qu'il faut entretenir pour le cas où *on* viendrait les évaluer. Coupées de toute transcendance, coupées du sens, nous consommons, parce qu'*on* nous raconte depuis notre naissance que *le bonheur, c'est d'avoir*, comme le chantait Alain Souchon.

Ce n'est donc pas un hasard si tant de personnes – des femmes, dans l'immense majorité – vont chercher du sens dans l'univers du développement personnel : nous sommes en friche en ce qui concerne notre intériorité, notre identité, nos modes de communication et d'interactions et notre rapport au sens, et cela, à un point tel que l'écart entre celle que nous voulons être pour être aimée et celle qui tente d'émerger, rend utile le recours à l'aide d'un professionnel.

La prudence s'impose cependant car le *développement personnel* peut s'avérer un outil comme un autre au service du modèle sociétal capitaliste marchand. En effet, s'il s'agit de découvrir votre *big why* – votre *mission de vie* – pour ensuite tenter de réaliser *la meilleure version de vous-même*, vous risquez de continuer à naviguer dans les mêmes eaux : celles de la compétition contre vous-même au bénéfice de la cause économique, et cela, que vous soyez salariée ou indépendante. En effet, nombreuses sont aujourd'hui les entreprises qui se soucient du bien-être de leurs salariés pour se garantir un socle de performance satisfaisant, ce qui est certes infiniment préférable à la posture de celles qui misent sur l'interchangeabilité de leurs salariés perçus comme de simples exécutants.

Rappelons-nous, quoi qu'il arrive, que nous sommes des êtres de nature et que, comme tout ce qui vit, nous sommes traversées par des cycles de repli et d'envol. Non seulement cela, mais il y a aussi en nous des aspects que nous serions moins enclines à assumer et qui, pourtant, sont présents en nous pour nous aider à grandir.

9. La spiritualité

Dans le domaine de l'évolution personnelle, la recherche spirituelle apparaît comme l'une des grandes tendances qui se sont fait jour ces dernières décennies et ce n'est pas étonnant quand on sait combien la spiritualité apporte de cohérence et de sécurité dans une vie. Aujourd'hui, on la voit cependant se décliner en sous-modalités où l'on ne distingue plus toujours très bien si l'on est dans le bien-être ou dans la spiritualité. Par exemple, où situer la méditation et le yoga ?

Bien que ce ne soit pas précisément le sujet de ce livre, à l'époque de la parution de *Psychothérapie de Dieu*[167] en 2018, Boris Cyrulnik avait évoqué l'importance que revêt la spiritualité pour un nombre croissant de jeunes, alors même que leurs parents ont désavoué la religion et ont renoncé à la foi. *Ce désir de spiritualité, d'éprouver ce mystère, ce miracle, cet émerveillement d'être vivant,* qu'évoque Cyrulnik,

167 Cyrulnilk Boris, *Psychothérapie de Dieu*, Odile Jacob, 2018.

beaucoup de gens en parlent aujourd'hui en précisant qu'ils ne croient pas en Dieu, ou du moins, qu'ils croient en autre chose que le tyran barbu auquel beaucoup pensent quand on prononce ce nom. Cette imagerie, c'est ce qui reste de la religion, dès lors qu'on n'a pas reçu d'éducation religieuse : des lambeaux de stéréotypes. Certains reviennent alors vers des formes plus spirituelles et moins formelles, tandis que d'autres se tournent vers des pratiques plus institutionnelles. Facteur d'aide existentielle et de liens sociaux, *la spiritualité est profondément inscrite dans la condition humaine,* dit Boris Cyrulnik. En effet, partout sur Terre, les êtres humains croient en un dieu. Par la parole, nous sommes capables de rendre vivante une représentation qui est totalement absente de notre contexte. Et concernant l'attrait croissant que la spiritualité inspire aujourd'hui, on peut supposer qu'il répond à une impression de perte de sens résultant du désintérêt de la génération précédente pour la religion.

Qu'elle soit religieuse ou pas, toute voie spirituelle comporte une vision, une cosmologie, un ensemble de croyances – à défaut d'en avoir fait l'expérience, on croit au karma, aux chakras, à l'existence de la matrice, aux énergies, etc. *Le cadre est rassurant, et l'étoile du berger est rassurante,* dit Boris Cyrulnik. *Il y a un besoin de sens, donc de direction et de signification. Les parents de ma génération ont probablement été volontairement démocrates, parce qu'ils avaient connu le nazisme et la répression dans beaucoup de cultures. Ils ont voulu ne pas être opprimants pour leurs enfants, et en conséquence, ne leur ont pas fourni de cadre et de direction. Les enfants ont eu la liberté. Mais la liberté donne l'angoisse du choix et l'incertitude du doute… Un jeune qui demande à être marié, qui demande à respecter une religion quelle qu'elle soit, cherche à se sentir sécurisé par un cadre.*[168]

Qu'il s'agisse de religion ou de spiritualité, alors que la plupart d'entre nous sont dans la croyance, certains entretiennent, au contraire, un lien régulier avec cette dimension qui nous dépasse et cela, dans l'ordre de l'expérience et non celui de la représentation. Ainsi, des personnes aux postures aussi distinctes que Matthieu Ricard, moine bouddhiste, et Corinne Sombrun, musicologue, dont l'initiation chamanique – totalement fortuite – est à l'origine du film *Un monde plus grand*, collaborent avec des labos universitaires[169] de façon à objectiver les processus qui surviennent quand ils sont en méditation ou en transe. Dans des pers-

168 https://larchemag.fr/2018/01/03/3519/dieu-la-religion-la-croyance-selon-boris-cyrulnik/

169 Et notamment le laboratoire du neurologue belge Steven Laureys, réputé pour ses travaux sur la neurologie de la conscience et le coma.

pectives différentes, il résulte de ces expériences que nous possédons des facultés qui dépassent largement ce que nous croyons communément. Il nous appartient dès lors d'activer ces facultés, si nous voulons renouer avec un potentiel de reliance, de guérison spirituelle, mentale et physique, inscrit en nous – dont l'affairement quotidien nous détourne hypnotiquement.

Pour confirmer ces apports et les exploiter, nous possédons aujourd'hui des ressources dont ne disposaient pas nos aînés : comme déjà évoqué, nous bénéficions, en effet, de données provenant de disciplines comme les neurosciences, la génétique, l'épigénétique et la physique quantique, qui contribuent au constat que nous sommes infiniment plus grands que ce que nous avons accepté de croire : nous possédons des ressources que la plupart d'entre nous ignorent et qu'il est possible d'apprivoiser pour être plus vivants. Aujourd'hui, nous sommes nombreux à accéder à l'expérience d'une réalité qui dépasse la simple matérialité tangible, objectivable et quantifiable à laquelle nous avons consenti à croire. Par exemple, Corinne Sombrun anime régulièrement des ateliers avec des étudiants en arts, tout simplement parce que la pratique artistique et la transe empruntent des voies communes et permettent à l'individu d'accéder à *des états de conscience élargis* ainsi qu'à des dimensions du réel qui sont fermées à l'état de conscience où nous sommes dans la vie quotidienne.

Par ailleurs, des chercheurs et praticiens comme Bruce Lipton, Joe Dispenza, Lynne McTaggart, John De Martini, Gregg Braden, Rupert Sheldrake et en France Mani Hesam et Arash Zarinpour procurent à leurs étudiants les clefs pour accéder à des états de réalisation optimaux et cesser de faire d'un détail une montagne qui empêche tout déploiement.

10. Le lien à autrui

J'en ai amplement parlé précédemment : il est difficile de savoir qui l'on est et de savoir comment être heureux quand, depuis sa naissance, on a été abreuvé d'informations ayant pour effet de nous forger une identité qui, donc, s'articule plus autour de consignes reçues qu'autour de spécificités individuelles que l'on est même plutôt invité à réprimer pour ne pas faire tache dans le paysage. « Je t'aime, mais pas comme tu es » : voilà souvent le message implicite de nos proches. Comment nous aimer, nous-même, dans ces conditions ? Quand j'ai posé la question « comment apprendre à s'aimer, soi ? » à Isabelle Filliozat, avec une moue agacée, elle m'a répondu : « en interagissant avec les autres ».

A priori un peu mystérieux, non ?
C'est pourquoi je vous propose de revenir à Johann Hari dont les rencontres ont tellement bousculé ma conception du bonheur et de la réalisation de soi.

Aux États-Unis ou en Grande-Bretagne, on recherche le bonheur pour soi-même en s'achetant des biens de consommation et en s'efforçant d'assurer sa réussite personnelle, ce qui rassure son propre ego.
À l'inverse, si l'on essaie volontairement d'*être heureux en Russie, au Japon ou en Chine, on va chercher à améliorer la situation du groupe auquel on appartient, des gens qui nous entourent, car c*'est ainsi qu'on conçoit le bonheur.

Ce sont là des visions opposées du bonheur, dit Hari. *Et il s'avère, [..] que notre définition occidentale du bonheur est inadéquate : la définition collective du bonheur est la seule qui fonctionne véritablement.*[170]

Cette conviction est venue à Johann Hari après qu'il ait séjourné parmi les membres d'un collectif de citoyens berlinois qui se sont mobilisés pour défendre le droit au logement d'une citoyenne en difficulté. Ses observations l'ont amené à la posture radicale que voici. *Si tu veux être heureux ne sois pas toi-même. Ne te focalise pas sur ce que tu vaux. C'est le fait de ne penser qu'à toi, toi, toi, qui t'a rendu si malheureux. Ne sois pas toi-même : sois nous. Pense collectif. Fais partie du groupe. Fais en sorte que le groupe le vaille bien.*
Tout ce que j'avais appris ici m'indiquait que la première étape vers le bonheur consistait à renverser les barrières de l'ego, à laisser notre histoire se mêler à celle des autres et, réciproquement, à mettre en commun nos identités et à réaliser que nous n'avions jamais vraiment été nous-mêmes, ce héros triste et solitaire.
Non, ne soyez pas vous-même : tissez des liens avec tous ceux qui vous entourent. Faites partie d'un tout. Ne souhaitez pas être celui qui parle à la foule, mais la foule elle-même.
Pour résoudre notre dépression et notre anxiété, la première étape et la plus cruciale, consiste donc à se regrouper, pour déclarer à notre tour que ce qu'on nous a proposé jusqu'ici ne nous suffit pas. Que la vie que toute une propagande nous ordonne de vivre ne répond pas à nos besoins psychologiques en termes de lien social, de sécurité et d'intimité. Que nous demandons mieux et que nous allons nous battre tous ensemble pour l'obtenir. Le mot-clé, ici, celui qui résume la manière de

170 Hari Johann, op. cit., p. 234.

penser des habitants de Kotti,[171] *le voici : « nous ». Le combat collectif est la solution, ou du moins un élément fondamental pour la trouver.*[172]
Au cours de ses recherches sur la dépression et l'anxiété, Hari a accompagné Nathan Buckley lorsqu'il tentait de comprendre le matérialisme excessif d'un groupe de jeunes Américains. En essayant de comprendre les raisons qui les poussaient à dépenser, les participants ont fini par saisir qu'il s'agissait la plupart du temps de *combler un vide, le vide de la solitude*. Cependant, le réflexe qui les orientait vers ces satisfactions éphémères les éloignait en même temps de ce à quoi ils aspiraient réellement et dont ils savaient que c'*était là la clé de leur bonheur. En conséquence ils se sentaient de plus en plus vides*.[173] C'est là que Nathan Buckley se rendit compte du fait que les motivations intrinsèques sont toujours là, à l'*état latent et qu*'il suffisait de les réactiver. Un dispositif expérimental fut alors mis en place et ils eurent confirmation qu'il était possible de restituer au lien social et au sentiment d'appartenance un rôle prépondérant dans la vie des gens, ce qui réduisait leur niveau de matérialisme dans des proportions significatives. Et Johann Hari de conclure que *cette expérience a prouvé que nous ne sommes pas forcés de croire dans les valeurs qui nous ont pourri la vie pendant si longtemps. En nous réunissant avec d'autres personnes et en y réfléchissant sérieusement, nous pouvons retrouver ce qui compte vraiment et commencer à tracer une voie nouvelle vers nos valeurs fondamentales*.[174]
Plus loin, en réfléchissant sur notre rapport au vivant, nous développerons plus amplement la valeur de l'empathie.

11. Le lien au vivant et à la terre

Nous entretenons depuis très longtemps des relations avec les animaux, relations ambivalentes, qui nous amènent généralement à les utiliser, que ce soit de façon douce ou violente. L'intention de cette section n'étant pas de tenter de vous convertir au véganisme, je vous propose plutôt de voir ce qui nous amène à chercher la compagnie des animaux, domestiques ou sauvages, que nous tendons à considérer comme des personnes et non comme des marchandises, sort que nous réservons à ceux qui se retrouvent dans nos assiettes. Il reste que l'on pourrait s'interroger sur ce phénomène qui consiste à trouver normal de manger la chair des cochons et, par ailleurs, de nous passionner, par exemple, pour le phénomène planétaire qu'est devenue *Esther the Wonderpig*, dont la

171 Kotti *:* le quartier de Berlin où l'expérience a eu lieu.
172 Hari Johann, op. cit., p. 236.
173 Hari Johann, ibid., p. 277.
174 Hari Johann, ibid., p. 280.

page Facebook[175], au moment où j'écris ces lignes, dépasse 1,5 millions de fans, et de tout ce que sa starification a permis.

Le succès d'Esther the Wonderpig est sans doute lié à deux biais cognitifs associés : *l'effet de la victime identifiable* et *l'effet de singularité*.

En effet, contrairement à ses congénères, Esther a bénéficié d'un sort spécial : au lieu de souffrir une vie d'enfer pour ensuite se retrouver dans nos assiettes, elle a été sauvée, a gagné le statut d'animal de compagnie dans un habitat urbain et quand il s'est avéré qu'elle n'était pas un cochon nain, mais un cochon à manger, il a fallu prendre une décision. Entre temps, ses deux humains avaient créé une page Facebook et s'étaient mis à raconter la vie avec Esther et leurs deux chiens. Cette initiative a été leur première idée géniale : créer une narration autour d'un personnage vedette, farfelu et attachant. Entre temps, ils ont radicalement changé de mode d'alimentation : en partageant l'existence de leur truie, ils ont découvert son intelligence, sa vie affective, son côté facétieux et ont cessé de consommer tout aliment d'origine animale.

Le nombre de fans de la page a grandi d'une manière phénoménale et quand Esther était proche de la taille adulte, ses humains ont lancé un *crowdfunding* – financement participatif – qui leur a permis de créer un refuge pour animaux de la ferme. Aujourd'hui, des fans du monde entier contribuent en permanence à cette initiative dont la *star* permet de promouvoir la cause animale en mobilisant des stratégies de marketing social d'une créativité exceptionnelle, témoignant du fait que l'on peut inciter les gens à changer de mode de vie sans les culpabiliser et sans recourir à une communication visuelle cauchemardesque.

Revenons aux deux biais qui, selon moi, font le succès de l'entreprise caritative qu'est devenue cette initiative : ils donnent des indications intéressantes sur nos interactions avec les animaux et le statut que nous leur attribuons. La communication de *Esther the Wonderpig* active tout d'abord *le biais de la victime identifiable*, biais qui consiste à mettre en valeur un individu emblématique, à le nommer, à raconter son histoire, ce qui va avoir pour effet d'inspirer un engagement émotionnel qu'on n'obtient pas du tout lorsqu'on parle d'une foule souffrante en termes quantitatifs. Quand on défend la cause des canards, il vaudrait donc mieux raconter la vie singulière d'Edgar le Canard que d'évoquer indistinctement le sort immonde infligé à 200 000 canards. L'autre le-

175 https://www.facebook.com/estherthewonderpig

vier intéressant de la communication de ce refuge est lié au fait que la cause animale et l'aspect pédagogique qui l'accompagne – autrement dit, le récit pathétique et l'effort proposé – sont gommés de la communication pour n'apparaître que quand on s'est intéressé à cette saga passionnante au point d'explorer le site. On comprend alors la raison des campagnes de communication et pourquoi cela a du sens de recueillir de l'argent.

Par ailleurs, suite aux expériences qu'il a menées avec ses assistants, Paul Slovic,[176] professeur de psychologie à l'université de l'Oregon, affirme que la compassion des gens se limite à un seul bénéficiaire : dès qu'on associe deux bénéficiaires, les gens sont moins généreux. Là aussi, la communication d'*Esther the Wonderpig* est ultra focalisée, puisqu'à mesure que le refuge accueille de nouveaux rescapés, chacun reçoit un nom et devient un personnage autour duquel se brodent de petites histoires qui resteront des récits secondaires, tandis qu'Esther reste bien la protagoniste principale du récit.

On voit combien l'individualisation fait la différence. Nous donnons un nom à nos animaux domestiques. On nomme toujours les chevaux. Certains fermiers nomment leurs bêtes. Dès l'instant où l'on entre dans la zone de l'élevage intensif, les animaux se voient décerner un numéro, les humains n'entretiennent avec eux que des relations fonctionnelles et eux-mêmes, privés de vie sociale et affective, sont trimballés d'un bout à l'autre du monde, pour l'engraissage, l'abattage, la transformation et la distribution. D'un pôle à l'autre, on est ainsi passé de la personne avec laquelle on entretient des liens affectifs à l'objet que l'on consomme. Et pourtant, cet *objet* vit, est intelligent et est doté d'émotions.

Pensons maintenant aux animaux que nous avons eus étant enfant ou aux animaux qui partagent notre vie aujourd'hui : leur présence nous réconforte. Quels qu'ils soient – cheval, pie, chat, chien, renard, hérisson, poule, poisson, canari, dindon – qu'ils soient sauvages ou domestiques, les animaux auxquels nous sommes attachés incarnent à nos yeux la joie et l'amour inconditionnel. Leur innocence a quelque chose d'édénique : leur compagnie nous ressource et ranime notre propre innocence, comme si nous redevenions enfants. Nous les aimons sans nous poser de question, en sentant bien que le lien qui nous attache à eux nous emporte ailleurs, là où les clivages n'ont pas cours.

176 Vous trouverez des informations plus détaillées dans cet article : https://lactualite.com/societe/aideriez-vous-cette-enfant/

Et si, fortes de cet amour que nous avons pour nos animaux, nous faisions le nécessaire – être présente à l'instant, attentive – pour individualiser l'animal dont nous tenons un bout de chair dans les mains, un carré dans une barquette tellement abstrait que nous ne pensons même pas qu'il s'agit de la chair d'un être qui vivait encore il y a quelque jours à peine, qui a senti la mort venir, qui était empli de peur et de tristesse au moment de son abattage ? Un être vivant, sensible, aimant, qui a été séparé de sa mère dès sa naissance, qui, comme sa mère, est entré en dépression. Et si nous, les femmes, qui, dans l'espace de nos foyers, cuisinons pour nos familles, acceptions l'idée que c'est nous qui faisons tourner ce marché et décidions de faire mieux que cela ? Et si nous cessions de dissimuler à nos enfants la nature véritable de ce que nous mettons dans leur assiette ?

Aujourd'hui, certains animaux domestiques sont intégrés à des projets thérapeutiques. Les chiens et les chevaux sont même réputés pour apporter du soutien émotionnel et affectif et rendre aux personnes souffrantes l'énergie de contribuer à leur retour vers la santé. En ce qui concerne spécifiquement les chevaux, des chercheurs de l'université de la Nouvelle-Angleterre ont notamment observé que le simple fait d'être en présence d'un cheval peut exercer un effet calmant sur les gens et les aider à restaurer leur *leadership*. En milieu hospitalier, qualitativement, l'animal apporte par ailleurs un soutien d'une valeur telle qu'il peut présenter une alternative au médicament.

Pour sa part, Matthieu Ricard plaide pour la cause animale et pour la cause du vivant dans son ensemble : comme chacun sait, nous, les humains, sommes occupés à procéder à la sixième extinction de masse des espèces vivantes. Il est donc temps que chacun agisse à son niveau de manière à freiner le processus. Et à titre individuel, nous pouvons beaucoup.

Dans l'espoir de freiner le processus de détérioration du vivant, Matthieu Ricard préconise l'altruisme qu'il définit comme *le souhait que les autres soient heureux, dans un souci qui est de même nature que l'amour parental et les soins maternels,* un élan que l'on peut manifester envers d'autres espèces que la nôtre. La bonne nouvelle, dit Matthieu Ricard, c'est que l'altruisme s'apprend et que son apprentissage entraîne des changements d'ordre structurel et fonctionnel au niveau cérébral.[177]

---

177 🔗

Le fait de ne pas constater les effets immédiats de nos actions, surtout si elles doivent être associées à celles de milliards d'autres personnes pour faire advenir un changement, risque cependant d'en décourager plus d'un : en effet, pour la plupart des gens, c'est la perspective des bénéfices à court terme qui les met en mouvement.

Alors quels sont les bénéfices immédiats de l'altruisme, ceux qui pourraient nous décider à bouger ? Les neurosciences ont démontré que l'altruisme constituait une composante importante d'une bonne santé physique et mentale. Depuis quelques années, elles étudient la question du *cerveau social* qui repose sur l'idée que la structure de notre cerveau résulte du fait que nous sommes des individus vivant en grands groupes et que la vie en société exerce une pression évolutive considérable. Ces qualités favorisent la survie du groupe et, naturellement, nous la partageons avec de nombreuses autres espèces vivantes. Des expériences, notamment menées à l'université de Lyon, ont montré que l'empathie, une compétence qui va de pair avec l'altruisme, favorisait la coopération. Or, *un groupe de coopérateurs,* a-t-on observé, *l'emporte toujours face à un groupe sans coopération. Et c'est communicatif : si une personne intervient pour une autre, d'autres le feront plus facilement. Cette « réciprocité indirecte » – à savoir « je vous aide pendant que d'autres vous aident » – est l'une des formes de coopération liées à l'altruisme.*[178] On a aussi observé que *le fait d'apporter du plaisir aux autres générait plus de satisfaction que le fait de répondre à son propre désir. C'est le résultat d'une enquête où des personnes qui avaient reçu une même somme d'argent devaient soit s'acheter quelque chose, soit offrir quelque chose à quelqu'un : la moitié qui a dépensé pour les autres s'est montrée plus créative dans les moyens et plus contente de l'expérience.*[179]

Si l'altruisme rend plus heureux, comment développer cette précieuse compétence ? Sachant que nos expériences de vie déterminent l'ampleur de notre potentiel, celui-ci sera plus ou moins intact et étendu. Cela dit, c'est le sentiment d'appartenance qui infléchira réellement notre capacité d'empathie vis-à-vis d'un autre individu. D'où l'importance d'œuvrer à la redéfinition de nos représentations, de nos valeurs et de nos croyances, de manière à en finir avec ce réflexe qui consiste à juger, hiérarchiser et exclure. En effet, si l'on met en perspective notre perception du vivant, nous ne distinguerons plus des fleurs, des arbres, des mammifères, des batraciens, des humains, etc. : on verra des êtres

---

178 https://sciencespourtous.univ-lyon1.fr/science-decalee-aller-mieux-heureux/
179 Ibid.

vivant sur la même planète et partageant un même désir de vivre en paix. Ainsi, pour rester dans des considérations vraisemblables, je veille à la sécurité d'une guêpe, d'une chauve-souris ou d'une araignée, tout comme j'aide une personne qui tombe ou laisse passer les gens qui se trompent de voie sur la route.

Quoi qu'il arrive, la méditation permet de développer cette aptitude à la compassion : on en revient donc à Matthieu Ricard. Et en intégrant la méditation à notre quotidien, nous développons aussi notre attention, notre capacité à gérer nos émotions, notre bien-être et la santé de notre cerveau en général. En résumé, plus nous développons notre sentiment d'appartenance, plus nous augmentons notre aptitude au bonheur.

12. La relation aux éléments

J'ai précédemment évoqué les bénéfices liés aux activités qui demandent de la concentration et qui sont investies d'un sens, ainsi que ceux liés à la relation aux autres humains et aux animaux. Il y a là une dimension qui nous change : on sent que quelque chose d'ineffable s'échange et nous transforme. Mais que dire de notre relation aux éléments ? À la terre, au paysage, à l'eau ?

Tandis que les peuples premiers ne font qu'un avec le vivant, la culture occidentale d'après la Renaissance nous a habitués à considérer la nature et le paysage comme des éléments contextuels indépendants de nous : nous avons tendance à nous percevoir dans le paysage, devant le paysage, mais en tout cas distincts du paysage. Il en va de même pour la mer. Et nous percevons d'autant moins un lien avec le paysage et les éléments – le vent, les nuages, le paysage, l'eau – que, contrairement aux animaux, nous ne les considérons pas comme vivants. Et puis, les scientifiques nous disent que tout cela est animé d'une vie microbienne, et que, comme chacune de nos cellules, les éléments sont polarisés et le lien prend corps. Oui : nous bénéficions d'interactions organiques avec des bactéries présentes dans la terre, en particulier la *mycobacterium vaccae* qui possède la faculté de susciter la sécrétion de sérotonine, un neurotransmetteur qui favorise le bien-être et le bonheur.

On peut aussi expliquer l'impact des éléments naturels sur notre bien-être. En effet, comme tout ce qui vit, les éléments naturels ont une valeur électrique. C'est ainsi que la teneur électrique de l'air, notamment la teneur en ions négatifs, pour la plupart des ions oxygène, est connue pour améliorer le bien-être et la santé. Ces ions négatifs, on les trouve en montagne, à la campagne, dans la nature, entourés de végétation, au bord de la mer, au pied des chutes d'eau, autrement dit, des endroits dont le simple fait de penser à eux, sans même y être, nous procure un profond bien-être. Auteur du livre *Ionisation santé-vitalité : Les bienfaits des ions négatifs*,[180] entièrement consacré au sujet, le docteur Hervé Robert énumère un grand nombre de bienfaits des ions négatifs : l'amélioration du tonus et de l'humeur, une baisse de la fatigue, un renforcement des fonctions cardiovasculaires et respiratoires.[181]

Depuis une dizaine d'années, on a par ailleurs identifié un *syndrome du manque de nature* qui concerne surtout les pays industrialisés et affecte particulièrement les enfants. Ce syndrome résulte de nos modes de vie actuels qui se définissent par la sédentarisation et la virtualisation de notre rapport au monde. Ces modes de vie nous amènent à passer pratiquement tout notre temps à l'intérieur et nous éloignent ainsi de la nature et du plein air. La crainte qui anime certains parents d'exposer leurs enfants aux dangers du monde extérieur et de la nature contribue encore à renforcer ce syndrome. De ce fait, les enfants qui connaissent ce mode d'existence risquent de nombreux problèmes physiques et mentaux tels que dépression, obésité, diabète de type 2, incapacité à se concentrer, refus des activités pro-sociales, etc.[182]
Comment remédier à ce problème ?
Notamment en marchant pieds nus.

Les personnes qui marchent dehors pieds nus font l'expérience de ce que ratent les gens qui souffrent du *syndrome du manque de nature*. À l'origine très confidentielle, cette pratique née aux USA s'appelle *earthing* ou *grounding*, ce qui signifie *brancher à la terre* en parlant des prises de courant. Le *grounding* apparaît comme le remède à la séparation matérielle vis-à-vis du sol[183] à laquelle procède notre civilisation, séparation assurée pratiquement par toute une quantité de matériaux isolants qui font partie de notre vie quotidienne et de celle de nos enfants : semelles, tapis, matériaux synthétiques de toutes natures posés sur le sol. En étant privés de l'opportunité d'entretenir ce contact direct à la terre, nous sommes en même temps privés d'une source de vitalité

---

180 Robert Hervé, *Ionisation santé-vitalité : les bienfaits des ions négatifs*, Éditions du Dauphin, 2008.
181 http://www.bristol.ac.uk/news/2007/5384.html
https://www.sciencedaily.com/releases/2010/05/100524143416.htm
https://realfarmacy.com/antidepressant-soil/
182 *Le Syndrome du manque de nature*, PDF de 31 pages publié par le Réseau École et Nature.
183 *Soil*, en anglais.

majeure et, plus précisément, d'une ressource susceptible de maintenir en bonne santé ou de ramener à la santé la majorité de la population. Or, ce que la plupart d'entre nous ignorent, c'est que la terre est polarisée électriquement, de même que nous et tout ce qui vit. Et pour vivre en bonne santé, nous avons besoin d'échanges avec la terre ; nous avons spécifiquement besoin de ces ions négatifs dont j'ai parlé plus haut qui viennent équilibrer les polarités dans notre corps. En étant privés du contact direct avec la terre, nous sommes privés d'ions négatifs et, de ce fait, notre corps est surchargé positivement, ce qui crée un terrain inflammatoire corollaire d'un affaiblissement de notre système immunitaire. Inversement, si l'on souffre de maladies de toutes natures, la *mise à la terre* peut rapidement ramener une santé équilibrée.[184]

Les découvertes scientifiques ont le mérite d'objectiver les choses. La science démontre, vérifie, quantifie et l'on est satisfait de comprendre ou de valider nos intuitions. Mais qu'en est-il de l'expérience subjective du paysage, de la terre, de l'eau, de la façon dont le paysage et les éléments nous transforment ? Et jusqu'à quel point faisons-nous corps avec eux ? Comment rendre cette idée tangible, la rapprocher de cette chose unique pour chacun qu'est l'expérience subjective ? Comment se fait-il que nous aspirions à ce point à nous trouver dans la nature, au bord de la mer, voire à faire le tour du monde, comme un élan vital, sans visée thérapeutique, sans même savoir que nous en avons besoin organiquement ?

Si vous vivez en milieu urbain, vous aurez peut-être été affectée de voir une friche recolonisée par la nature ou un espace vert anéantis au profit d'un projet immobilier, de constater qu'on a abattu les platanes du square de votre quartier, qu'on a pratiqué des tailles d'arbres sans respect du protocole ni des saisons ou qu'on a macadamisé les pieds des arbres de votre rue. Souvent la population se mobilise contre des projets d'aménagement du territoire qui s'annoncent dévastateurs pour le paysage. Quand ce genre de chose arrive et concerne des espaces auxquels nous sommes habitués, nous nous sentons nous-mêmes atteints ou mutilés.
Pourquoi ?

Ce que ne semblent pas prendre en compte les scientifiques, c'est que, comme tous les êtres vivants, les humains ont vécu dans la nature depuis la nuit des temps : la nature est notre maison. C'est inscrit dans nos gènes et notre corps le sait. C'est le lieu où notre espèce est née et

---

184 🔗

a vécu durant des millénaires. L'exode vers les villes et l'urbanisation massive que nous connaissons ne datent, eux, que de l'ère industrielle. À cette époque, pressé par le besoin de main d'œuvre destinée à faire tourner la machine, le monde industriel a, en les déracinant, contraint les paysans à un asservissement encore plus drastique que celui auquel le retour à une forme de féodalité les avait progressivement soumis au cours des siècles précédents.[185] Ainsi, parfois aussi par le recours à la propagande,[186] des vagues massives d'hommes ont migré des campagnes vers les villes avec les conséquences qui s'en sont suivies en termes de déracinement émotionnel et biologique. En ce qui concerne les Italiens d'après-guerre, ces hommes venaient des régions les plus déshéritées du pays, le Sud, et sont passés d'un environnement ouvert et ensoleillé à l'univers insalubre, irrespirable et clos des mines. L'enfer. Peut-on seulement imaginer l'arrachement et le supplice ?
On comprend mieux dès lors que beaucoup vivent le contact avec la terre et la nature comme l'expérience d'un retour à la maison, une expérience de réconfort où l'on sent que l'on est enfin revenu à sa juste place.

En septembre 2019, lors de la 28ème conférence du réseau PECSRL,[187] 150 géographes, sociologues, historiens, économistes, paysagistes, urbanistes et agronomes débattaient de l'interaction entre la qualité de vie et la qualité des paysages. Voici ce qu'en disait le géographe et agronome Yves Michelin, organisateur de l'événement : *de récentes études en sciences cognitives ont démontré que, si le paysage est agressé, cela vous affecte directement. On souffre quand celui-ci est attaqué. À l'inverse, quand le paysage de nature est en bon état et accessible, les gens se sentent bien psychologiquement. Dans un monde globalisé, où l'espace se rétrécit, le paysage devient un « repère » et un facteur d'« enracinement ». Il n'a pas forcément besoin d'être grandiose ou pittoresque. Dès l'instant où on le reconnaît, il devient un objet d'identité. Le fait de se sentir chez soi, d'être de quelque part, de faire partie prenante d'un territoire contribue au bien-être, contrairement au déracinement qui, lui, est dévastateur.*[188]

Ce langage n'est pas sans évoquer celui de Gaston Bachelard, le phi-

185 https://www.filmsforaction.org/news/the-iron-fist-behind-the-invisible-hand-corporate-capitalism-as-a-stateguaranteed-system-of-privilege/
186 Comme ce fut encore le cas lors des accords italo-belges après la 2ème guerre mondiale, accords dans le cadre desquels l'État belge a troqué un homme contre deux sacs de charbon.
187 PECSRL: Permanent European Conference for the Study of the Rural Landscape.
188 https://sosoir.lesoir.be/la-nature-comme-therapie-du-bonheur

losophe-poète et épistémologue des sciences qui, avec *La poétique de l'espace,* proposait en 1957 une alternative à l'approche objective géométrique de notre rapport à l'espace. À travers l'étude de l'univers de poètes et de romanciers, Gaston Bachelard a établi une poétique de différents types d'espaces dont nous faisons l'expérience – subjective, donc – et entre lesquels il a observé un rapport d'*isomorphie* : l'idée que des espaces différents – la maison, la grotte, l'œuf – entretiennent des rapports analogiques, un peu comme des fractales, et sont subjectivement vécus comme exerçant la même fonction de protection : *la maison est vécue comme un coin de l'univers que l'on va moins penser que rêver,* dit Gaston Bachelard. *Elle est notre coin du monde et notre premier univers. Elle est vraiment un cosmos.* Dans l'approche de Gaston Bachelard, l'image poétique apparaît comme la possibilité d'échapper au prosaïsme de l'objectivité : le philosophe *nous offre ainsi la possibilité de rompre avec ces évidences, de nous laisser aller à la rêverie et de ne pas nous trouver vraiment là où on est*, commente le philosophe Vincent Bontemps. *La maison, c'est votre corps, c'est votre intégrité, votre coquille : non seulement vous habitez la maison : vous avez le sentiment d'habiter en vous.* Et au vu des propos d'Yves Michelin cités plus haut, nous avons aussi le sentiment d'habiter les paysages dont nous sommes familiers, la sensation diffuse qu'ils sont aussi notre maison, qu'ils font partie de nous et réciproquement. Leur permanence et leur intégrité ont quelque chose qui nous rassure.[189]

Cet élément qui fait lien entre les lieux et le vivant, qui s'exprime à travers l'harmonie, la cohérence, les analogies, les correspondances, que les poètes désignent si bien et que les savoirs académiques réfutent alors que la physique quantique fait la démonstration de son existence, Olivier Soulier l'appelle *l'amour*, Joe Dispenza, *la matrice, le vide* ou *Dieu*, Rupert Sheldrake, *le champ morphique*, Gregg Braden, *la divine matrice,* Mohammed Taleb, *l'Âme du monde*. Olivier Chambon lui, l'appelle *la conscience* et il propose d'adopter le néologisme de *conscientisme* par opposition au matérialisme qui pose que la matière est la seule chose qui existe et qui est à l'origine de tout, tandis que le conscientisme poserait que c'est la conscience – au cœur de la matière, de l'univers, des formes, de tout ce qui vit – qui est à l'origine de tout. Le corps, lui-même, dit Olivier Chambon, a une conscience de par lui-même.

189 https://www.franceculture.fr/emissions/les-chemins-de-la-philosophie/lespace-mode-demploi-14-bachelard-et-la-poetique-de-lespace

13. Simplifier, réduire, déconsommer

Pourquoi faire de la place ?
Nombre de personnes qui pratiquent le désencombrement font l'expérience de l'isomorphie dont parle Bachelard entre la maison et l'espace mental. *Trop de choses nous envahissent, nous emportent et nous détournent de l'essentiel,* écrit Dominique Loreau. *Notre esprit à son tour devient aussi encombré qu'un grenier plein de vieilleries accumulées avec le temps, qui nous empêchent de bouger et d'aller de l'avant.*[190]
Déplacer des objets et des meubles ; éclaircir son espace de vie ; quand on accepte l'idée du *conscientisme*, nous sommes en mesure de comprendre comment ces gestes exercent un impact sur notre état d'être, notre disponibilité, notre capacité à entreprendre, et restaurent de la cohérence quand, auparavant, la confusion dominait.

On ne peut que constater – par exemple avec Anne-Sophie Droulez, auteure du *Nouveau Feng-Shui*[191] – que des changements objectifs exercent un impact subjectif et que des états subjectifs se reflètent dans l'espace de vie. Ainsi, avec de l'expérience, comme c'est le cas d'Anne-Sophie, on peut même constater qu'une situation tangible, constatable, passible d'une photographie – telle disposition des meubles et des objets ou telle occupation de l'espace – reflète tels types d'interactions au sein du couple, une difficulté à faire un deuil ou tout autre type d'état mental, et que l'on peut, en modifiant les couleurs, en déplaçant, en éliminant ou en ajoutant des objets, infléchir l'état d'être, le tonus des gens et restaurer de la fluidité dans leur vie.

Ce n'est pas nous qui possédons les choses. Ce sont elles qui nous possèdent, écrit puissamment Dominique Loreau.[192] Avec les affinités mystérieuses qui nous lient aux choses et à notre habitat au sens étendu, on comprend mieux qu'il y a beaucoup de sens à ce que nous ayons un espace intime aussi dégagé que possible : quelque chose – la vie ! – doit pouvoir se passer et, en encombrant notre intérieur, nous empêchons cet événement d'advenir : nous fermons la porte au possible, à l'aventure, à l'inconnu. Or vivre, c'est accueillir ce qui peut advenir. C'est le sens du mot *aventure*.

Les choses nous possèdent, dit à juste titre Dominique Loreau. Et en effet : *posséder*, c'est envoûter. C'est restreindre considérablement le champ des possibles en contrôlant. Et dans le monde où nous vivons,

190 Loreau Dominique, *L'art de la simplicité*, Marabout, 2013, p. 28.
191 Droulez Anne-Sophie, *Le nouveau feng-shui*, Rustica, 2017.
192 Loreau Dominique, op. cit., p. 29.

c'est précisément la fonction qu'exercent les objets. Ils sont des leurres qui prennent la place de notre vrai désir, comme le coucou pond dans le nid des autres espèces et fait couver ses œufs par d'autres oiseaux qui nourrissent les petits de l'intrus au détriment des leurs. Les objets nous occupent et nous rassurent fallacieusement en détournant notre attention de l'essentiel : amener de la transcendance dans notre existence, une transcendance qui repose sur le lien avec ce à quoi nous aspirons profondément – lien aux autres, au vivant, à un *faire* dont l'avènement seul produit du sens et nous entraîne dans ce processus d'auto-transcendance dont parle Viktor Frankl.

Multiplier les possessions chez nous suscite effectivement un état de possession. Cela crée de l'affairement et nous incite à endosser tous ces rôles, toutes ces conduites que nous suggère notre culture et qui sont tellement codifiés qu'ils nous rassurent entièrement. Nous ne devons pas réfléchir : il nous suffit d'adopter le mode par défaut et le canevas est prêt. Il n'y a qu'à endosser le rôle. Pour combler mon besoin d'amour et de reconnaissance, je lisse toute aspérité et me rends aussi conforme que possible. C'est comme ça (que je crois) qu'on m'aime. Et je me dévoue entièrement à ma famille et mon intérieur parce que c'est ce qui m'est prescrit. Et ainsi, (je crois que) je continuerai à être aimée et reconnue. Et pendant ce temps-là, je suis entièrement occupée et n'ai pas un instant pour *autre chose*. De toute façon, j'aime contrôler les choses. J'aime savoir à quoi m'attendre. Je n'aime pas l'imprévu.

Les rôles et les manies que nous endossons – culpabilité, contrôle, perfectionnisme, etc. – nous occupent entièrement l'esprit. Et nous sommes tellement imprégnées de cette fiction qui nous a été donnée pour la réalité depuis toujours que nous n'imaginons pas qu'il puisse exister d'autres manières de vivre, de voir le monde, d'entrer en lien avec le réel et de vivre des expériences qui ne dépendent pas de notre matérialité. Car, parmi les objets inertes, figurent à nos côtés des objets qui nous accompagnent fidèlement depuis notre naissance : les écrans, vecteurs majeurs de conditionnement qui occupent une place centrale dans la vie de la majorité écrasante des gens.

S'il est vrai qu'aujourd'hui, on privilégie les smartphones, dans la plupart des familles, la télévision ne garde-t-elle pas une place privilégiée au milieu du salon, voire dans plusieurs pièces de la maison y compris les chambres ? Ne doit-on pas se taire quand elle parle, comme on ferait avec le Président, le roi ou le pape ?

Il y a une vingtaine d'années – sachant qu'à l'époque moins de 2% de la population n'avaient la télévision – j'ai vécu deux anecdotes emblématiques. Alors que j'étais enseignante, après que j'ai dit que je n'avais pas la télévision, l'un de mes élèves m'avait demandé si j'avais au moins l'électricité chez moi, tandis que dans un autre contexte, une femme m'avait demandé ce que je faisais de mes soirées. Ces deux anecdotes indiquent ce que représente la télévision dans un nombre élevé de familles : elle fait partie de la famille et sa parole est d'importance. *À ce sujet,* j'ai été frappée en entendant Jean-François Denis, animateur de la chaîne Youtube Studio ThéoVox, pointer l'homophonie entre le mot *télévision* et l'expression anglaise *tell a vision*. La langue des oiseaux signale bien à propos que la télévision nous conditionne en nous présentant une vision précise de la réalité ainsi que des messages qui valident cette vision à l'infini : celle d'un monde âpre, où on lutte, où certains en dominent d'autres et où tous les contenus sont entrecoupés de messages répétant à l'infini qu'en tant que femmes nous sommes éminemment perfectibles et que c'est dans la consommation que se trouvent notre consolation et notre bonheur. C'est donc par un accident de l'histoire individuelle que l'on en vient à imaginer qu'il y a peut-être d'autres choses à vivre, qu'une autre relation à soi et aux autres est possible, que dans les interstices du vide et du silence, on peut accéder à d'autres dimensions du réel.

Sans savoir quelle proportion de la population elles représentent, n'est-il pas intéressant de constater que les femmes qui ont témoigné de leurs souhaits *si tout était possible* sont suffisamment en lien avec leur intuition pour souhaiter ce dont elles ont besoin pour nourrir la vie en elles en posant des actes qui font exulter leurs cellules et en renouant des *liens* qui peuvent leur permettre d'être plus soi-même, enfin reliées, enfin réconciliées.

Comment faciliter l'épanouissement de cette dimension et récupérer le temps dont nous avons besoin pour nous relier ? On en parle depuis tant d'années maintenant : la simplicité, c'est la clé. Sans dogmatisme, sans en faire une religion : en y mettant de la présence, du bon sens et du sens, car comme y insiste Mylène Muller,[193] *le minimalisme n'est pas une fin en soi. S'il s'agit de faire de la place dans son intérieur, ce doit être un moyen d'organiser de l'espace autour de soi pour créer de l'espace en soi.*

Il ne s'agit donc pas de vider sa maison, ni de limiter ce mouvement aux

193 Coach, fondatrice de la méthode CAP et de la CAP Coaching School.

possessions matérielles mais plutôt, en présence, de s'interroger sur le sens de ce que nous faisons et possédons.
À quoi cela sert-il ?
Ces objets, ces habitudes, cette organisation, ces pensées, ces émotions, ces modes d'interactions amènent-ils de la fluidité, de l'espace pour respirer, du bien-être, un sentiment d'accomplissement ? À quelle intention répondent-ils ?
La simplicité émotionnelle exige un grand discernement, écrit Ricky Derisz.[194] *Elle représente un moyen d'étouffer le bruit de l'insignifiance, de lever les contraintes que l'on s'impose, les « je dois » et de faire émerger ce qui est précieux au milieu du calme. En observant le principe KISS (« Keep It Simple, Stupid ») qui veut que les systèmes fonctionnent mieux lorsqu'ils sont simples plutôt que complexes, en tant qu'architectes de notre propre vie, nous pouvons éviter ce qui nous détourne de l'essentiel dans tous les domaines de notre vie.*

En même temps que nous procédons à la simplification de notre vie, à mesure que nous nous libérons des contraintes que nous nous imposons pour laisser la place à ce qui fait sens, nous pouvons sentir le calme s'installer en nous, des interstices de vide et de silence se font jour progressivement. Tandis que j'écris ces mots, l'idée du *kintsugi* me vient à l'esprit, cette pratique traditionnelle japonaise qui consiste à réparer une porcelaine cassée avec des joints en or. *Le silence est d'or*, dit-on. Et surtout, le vide est plein. Plein d'information, plein de possibilités, plein d'amour. Nous avons juste à apprendre à accueillir la magie du vide pour emplir notre existence de vie et de sens.

Nous n'avons pas l'habitude d'avoir du temps disponible et pourtant, je vous invite à résister à la tentation de mettre de la musique, de regarder votre smartphone ou de vous affairer : simplement, laissez tout, taisez-vous et décidez de vous consacrer ce temps. Ne rien faire, tricoter, aller nager, chanter, aller marcher, écouter le silence, vous adonner à des tâches très modestes en vous concentrant sur ces tâches et... laisser venir. Si le temps retrouvé est une expérience neuve, laissez-la se saisir de vous pour en savourer la délicieuse étrangeté, le dépaysement, pour avoir le temps de comprendre et d'expérimenter que vous accédez à une dimension nouvelle qui est tout un monde à apprivoiser.

Quelque chose d'important manquerait si l'on ne revenait pas à la question de l'alimentation, un sujet essentiel que je vais me contenter

194 https://www.goalcast.com/2019/05/24/simplifying-isnt-sacrifice-how-to-enrich-your-life-by-embracing-less/

d'effleurer car, en la matière, nous avons tous une identité particulière et que je ne suis pas qualifiée pour en parler.
Plus haut, j'ai évoqué l'alimentation industrielle et l'idée qu'elle fait partie des domaines d'emprise de l'agro-industrie sur nos corps et nos consciences.

Aujourd'hui, on ne peut plus consommer naïvement ce que nous proposent principalement les supermarchés. Si les publicités nous baladent en nous berçant de récits mensongers qui nous dictent nos désirs, suffisamment de livres, de documentaires et d'émissions télévisées dénoncent à longueurs d'années les méfaits de ce type d'alimentation et des filières dont elles procèdent qui, toutes, exercent un impact sur le produit fini, détruisent notre habitat et nuisent à notre santé. Les souffrances qu'elles infligent au vivant – végétaux, animaux et humains – impliqué dans la chaîne de production, le vol de l'habitat des peuples premiers, l'empoisonnement des sols sur toute la planète, ainsi que l'éradication de la faune et de la microfaune, tout cela est connu. Que les produits de consommation qui résultent de la production agro-industrielle soient impropres à la consommation, on le sait aussi : il nous reste juste à agir.

Vous considérez la cuisine comme une corvée ?
Pour beaucoup de gens, cuisiner est un moment de détente dont il est avéré que les effets sont comparables à ceux de la méditation, si vous appréhendez ce moment comme tel et non comme une corvée. L'intéressant, c'est qu'on sait aujourd'hui que ce n'est pas l'expérience elle-même qui est agréable ou pénible mais la valeur que l'on attribue à cette expérience et ce qu'on se raconte à son sujet : c'est une affaire de représentation.

Ma rencontre avec Delphine illustre ce concept de *représentation* de façon assez limpide. Au cours de notre conversation, j'en viens à faire l'éloge des transports en commun qui sont pour moi un espace de détente où je suis concentrée comme nulle part ailleurs pour travailler ou bouquiner. De son côté, Delphine n'apprécie pas du tout les transports en commun : elle vit ces moments comme une *punition*. En élargissant le contexte, nous comprenons pourquoi nous donnons une valeur différente à cette même expérience : moi, je conduis depuis plus de 35 ans et c'est un ami qui m'a convaincue d'emprunter les transports en commun. Depuis – cela fait maintenant plusieurs années – malgré les retards et autres aléas, je suis en général enchantée de prendre le train, le tram et le bus. Je travaille, je regarde les gens, l'extérieur, je lis, j'écris, je dors.

C'est un moment où je me sens bien en tout cas. Pour sa part, au moment de notre échange, Delphine avait raté 3 fois l'examen du permis de conduire. De ce fait, utiliser les transports en commun lui rappelait ces échecs. Question de représentations associées à nos expériences respectives, donc.

Et vous ? Aimez-vous cuisiner ou pas ? Et si ce n'est pas le cas, se pourrait-il que vous n'ayez tout simplement pas appris à le faire ? Ou alors, votre mère n'était-elle pas très douée et, de ce fait, ne vous a-t-elle pas transmis le plaisir de cuisiner ? Alors pourquoi ne pas tenter l'aventure ? Si jusqu'ici, vous vous êtes laissé convaincre que cuisiner est une corvée, il y a d'autres points de vue à tenter.

En cuisinant des aliments sains, vous prenez soin de vous et de vos enfants. Vous prenez soin de ce corps qui est vous et, si vous êtes jeune, sauf accident, vous vous préparez en principe un avenir en meilleure santé qu'une personne qui n'est pas attentive à son alimentation.
En cuisinant, vous interagissez avec vos proches. Si vous incluez vos enfants dans la préparation des repas, cela prendra plus de temps que si vous le faisiez seule et la cuisine risque d'être en chantier mais vous serez en train d'interagir, de vous apporter de l'attention les uns aux autres, de jouir du plaisir de faire des choses ensemble et c'est tout ce dont les enfants ont besoin : de l'attention et de la participation. Contribuer les rendra heureux et fiers et ils mangeront d'un meilleur appétit. Et si ce sont des collations que vous avez préparées, elles contiendront un ingrédient absent des collations industrielles : de l'amour. En mangeant son goûter à l'école, votre enfant pensera à ce bon moment passé ensemble.

Que faire si vous manquez de temps ?
N'achetez que des produits bruts – pas de produits transformés – chez des producteurs ou dans des magasins bio.
Vous avez envie de chocolat ? Achetez une plaque de chocolat noir à faible teneur en sucre et rien d'autre : quand on n'a rien sous les yeux, on n'est pas tenté.

Ne vous croyez pas obligée de préparer des repas élaborés chaque jour : préparez des salades et, pour les repas chauds, cuisez vos légumes *al dente* et servez-les avec du beurre, de l'huile ou un pesto fait maison. Pour les protéines, ne vous croyez pas davantage *obligée* de servir de la chair animale chaque jour : comme alternatives, vous avez, entre autres, les très nombreuses préparations à base de légumineuses, les champignons, les fromages, les œufs et les protéines de soja texturées. Et pour les recettes, les blogs de cuisine végétarienne et végétalienne sont pléthore. Vous pouvez aussi préparer des terrines et pâtés végétaux. Que ceci ne vous empêche pas de vous offrir régulièrement un restaurant, une pizza… de chez le pizzaiolo ou une préparation de chez le traiteur. Mais surtout, pour votre santé et celle des vôtres, y compris votre santé mentale, évitez l'alimentation industrielle.

En tant que femme, l'on pourrait m'objecter qu'on aimerait être définitivement délivrée de la malédiction de la boniche par défaut et voir son conjoint et ses enfants assumer leur part de l'intendance domestique. À côté de ce qu'offrent la majorité des parcours d'accompagnement en désencombrement, inclure son conjoint et ses enfants, c'est précisément la spécificité de l'une des formations de *Madame Charge Mentale :* il s'agit d'un modèle organisationnel qui inclut les enfants et le conjoint dans la gestion du foyer et cela, sans résistance de leur part mais, au contraire, une envie de participer, une bonne volonté et une autonomie réjouissantes. Cette méthode apporte aux familles des balises solides pour s'organiser et faire en sorte que chacun se sente co-responsable du projet-famille. Inviter les enfants à exprimer leurs envies et à faire des propositions quant à la gestion du planning, des lieux et de la vie commune ne libère pas seulement la maman : la réaction des participantes à nos formations nous confirme que les conditions que nous créons ont pour effet de libérer les énergies et d'autoriser les enfants à faire des propositions, prendre des initiatives et s'autonomiser au bénéfice de l'ensemble des membres la famille. Voilà ce qui est remarquable : c'est qu'il y a de la communication, du plaisir, de l'autorisation. Ce que nous disent nos étudiantes, c'est qu'elles sont émerveillées et même sidérées – car cela ne faisait pas partie des possibilités envisagées – de voir leurs enfants prendre des initiatives de bonne volonté, y compris les adolescents, y compris sur la durée.

Dans la mesure où nous avons créé un contexte où elles se sentent autorisées à s'exprimer, certaines osent aussi faire des confessions qui relèvent plutôt du *côté obscur de la charge mentale* : on admet qu'on a tendance à infantiliser son conjoint, qu'on doit faire un effort pour renoncer à son penchant omniscient, etc. ; admettre qu'on contribue à son marasme, c'est reprendre sa responsabilité et se donner la possibilité de faire évoluer sa situation.[195]

---

195 🔗

14. Renoncer au pessimisme

On retient souvent de l'écrivain et entrepreneur américain Jim Rohn l'expression *Vous êtes la moyenne des 5 personnes que vous fréquentez.* Ce principe concerne aussi, entre autres, les croyances, les émotions et les pensées. Or, nos habitudes et nos croyances ne forgent pas seulement notre personnalité : elles forgent aussi notre destin. C'est un principe que les systémiciens ont observé depuis des décennies : les mêmes stratégies débouchent sur les mêmes résultats. Si l'on ne change rien à nos circonstances de vie, on n'évolue pas. C'est pourquoi il est si important que nous soyons présentes à nous- mêmes, que nous ayons conscience de l'état de bien-être où nous sommes dans telle situation, quand nous entretenons tel type de pensées, quand nous côtoyons telles personnes : notre état d'être nous indique si les circonstances dans lesquelles nous vivons et les choix que nous faisons sont vecteurs de croissance ou le contraire et, en conséquence, nous incitent à poursuivre ou à essayer autre chose.

Grand vulgarisateur, désireux d'émanciper son public de croyances qui tendent à nous faire croire que nos gènes nous transmettent une destinée immuable, Bruce Lipton relate volontiers les découvertes qu'il a faites alors qu'il travaillait à l'université du Wisconsin. Encore une vingtaine d'années après qu'il ait fait la découverte suivante, on a continué à considérer que le noyau – qui contient pratiquement tout l'ADN de la cellule – était en quelque sorte le cerveau de cette dernière. En laboratoire, Bruce Lipton a commencé par énucléer des cellules pour constater que l'absence de noyau ne les empêchait pas de continuer à exercer des fonctions complexes : le noyau n'est donc pas la carte mère de la cellule. Le moment charnière dans ses travaux est survenu quand, à partir d'une cellule souche qui s'était multipliée, il a réparti dans différentes boîtes de Petri les cellules génétiquement identiques obtenues, et a modifié la composition chimique du milieu de culture et ceci, de façon à donner à chaque cellule un environnement différent. Chacune, dans sa boîte de Petri, se développant dans un milieu unique, les cellules ont formé, l'une, du muscle, l'autre, de l'os, et la troisième, de la graisse.

Bruce Lipton en a déduit que sur base d'un matériel génétique identique, c'est la composition du milieu de culture, autrement dit, l'environnement, qui contrôle le destin des cellules. *Avec cette découverte,* déclare Bruce Lipton, *j'ai pris conscience d'un fait révolutionnaire :*

que c'étaient les signaux de l'environnement qui, en réalité, sélectionnaient et contrôlaient l'expression génétique. Dans la pratique, cela signifie que nous ne sommes pas victimes de notre hérédité, qu'il n'y a pas de fatalité. Au contraire, en contrôlant notre environnement – croyances, attitudes, vision du monde, fréquentations, modes de vie – nous pouvons susciter des changements mentaux qui, eux, entraîneront des changements dans la composition chimique de notre sang, lesquels influenceront en dernier lieu notre génétique.
Dans son livre emblématique, *La biologie des croyances*, Bruce Lipton résume le processus en ces termes : *les gènes sont de simples plans moléculaires servant à la construction de cellules, de tissus et d'organes. Quant à l'environnement, il est l'entrepreneur qui lit ces plans et les exécute. Il est l'ultime responsable de la vie d'une cellule. C'est la conscience que la cellule a de l'environnement, et non ses gènes, qui active les mécanismes de la vie.*
Si les cellules individuelles sont contrôlées par leur conscience de l'environnement, nous le sommes nous aussi, qui sommes constitués de milliards de cellules. Et comme les cellules individuelles, nos vies sont déterminées non pas par nos gènes, mais par notre réaction aux signaux environnementaux. Ce qui nous contrôle, précise Bruce Lipton, *ce sont nos pensées, nos croyances et nos attitudes. Nos pensées se retrouvent converties en substances chimiques qui parcourent notre corps et contrôlent l'activité de nos gènes. Par conséquent en changeant vos pensées, vous changez votre biologie.*[196]

La façon dont nos croyances contrôlent notre vie, c'est précisément l'objet de l'épigénétique. On constate ainsi aujourd'hui que moins de 1% des maladies sont liées à la génétique, tandis qu'on admet que, dans plus de 90 % des cas, elles sont liées à nos modes de vie. C'est le stress qui représente la plus grande cause de maladie. À travers des mécanismes épigénétiques, dit Bruce Lipton, c'est lui qui peut transformer un gène normal en un gène mutant ou cancéreux qui s'exprimera sous forme de maladie.

Au lieu de confier notre santé à l'industrie pharmaceutique, estime le scientifique, il nous appartient de nous tenir pour responsables de notre état de santé et de la qualité de notre existence et de faire le nécessaire pour mener une vie suffisamment satisfaisante pour nous *épargner des stress qui perturbent notre biologie et notre santé.*[197]

---

196 Lipton Bruce, *La biologie des croyances*, Ariane, 2016, pp. 15-16.
197 Dans une conférence publiée par sa maison d'édition Hay House en aout 2020. Le passage est adapté par mes soins.

Si la proposition de Bruce Lipton est émancipatrice, elle nous met également face à nos responsabilités : alors que beaucoup d'entre nous se croient le jouet des circonstances, de leur histoire, de celle de leur famille, il nous appartient, en effet, à nous, de veiller à avoir une existence qui nous procure une sensation générale de bien-être.

Aux côtés de l'encombrement, le pessimisme me semble être l'autre tendance majeure à dépasser pour se libérer de la disponibilité émotionnelle et mentale et commencer à développer un projet de vie où le sens puisse trouver un espace où se déployer. Par *pessimisme*, je vous propose de comprendre *la tendance à privilégier les hypothèses démoralisantes*, une tendance qui immanquablement attire à nous des rencontres et des circonstances de vie qui valident notre conviction que la vie est nulle.

Durant la majeure partie de ma vie, j'ai été pessimiste. Je l'étais même déjà au cours de ma gestation. Il faut dire que j'ai été conçue dans des circonstances très délicates qui ont amené ma mère à vivre sa grossesse dans la honte et l'anxiété. De mon côté, à l'état d'embryon, j'ai donc baigné dans le cortisol – l'hormone du stress – et j'en ai bu à satiété.[198] Sans entrer dans les détails biographiques, j'appartenais aussi à une famille où l'on se moquait et critiquait les étrangers au cercle familial. En cercle restreint, on critiquait aussi les autres membres de la famille en leur absence. Ma grand-mère se moquait de mon grand-père ; ma propre mère m'a fait une mauvaise réputation auprès de tous les membres de ma famille, y compris les très éloignés, etc. Et cela, je ne l'ai découvert qu'à l'âge de 42 ans. Et, hélas, je suis loin d'être un cas singulier : toutes ensemble ou séparément, la plainte, la critique, la moquerie et la calomnie font partie de la culture familiale d'un bon nombre de personnes. Ajoutées aux brimades infligées par les adultes qui ont l'éducation en charge, ces circonstances de vie peuvent en fragiliser beaucoup, les amener à ne pas croire en elles, malgré la possible réussite sociale. En ce qui me concerne, j'ai souffert d'une maladie auto-immune dont le déclenchement résulte de cette intoxication au malheur dont je souffrais sans m'en rendre compte. C'est très tard dans mon existence que j'ai découvert Joe Dispenza et Mani Hesam et qu'en suivant leurs enseignements, je suis devenue une personne radicalement différente, optimiste, souriante, équanime, appréciée en tant que coache et formatrice, pour sa créativité, son honnêteté et sa joie de vivre.

---

198 C'est en écoutant les cours de Boris Cyrulnik à l'université de Mons en 2018 que j'ai découvert ces informations relatives au cortisol.

Dans les quelques paragraphes qui suivent, je vais spécifiquement évoquer Joe Dispenza et Mani Hesam parce que, m'étant imprégnée de leurs enseignements et ayant assidument pratiqué leurs outils, je peux certifier que j'ai connu des bouleversements positifs massifs dans mon existence. J'ai par ailleurs eu recours aux constellations familiales, la programmation neurolinguistique (PNL), l'hypnose ericksonienne, la kinésiologie et d'autres outils précieux. Aucune n'a cependant apporté dans ma vie les bouleversements radicaux dont j'ai bénéficié en étant élève de Joe Dispenza et de Mani Hesam, changements qui ont littéralement fait de moi une autre personne. Il se peut que l'engagement quotidien qui est demandé à l'étudiant soit précisément ce qui fait la différence. Ces deux approches rendent l'étudiant autonome. Il lui appartient donc de pratiquer les outils autant que proposé et de procéder lui ou elle-même à l'avènement de sa nouvelle identité.

Mani Hesam aussi bien que Joe Dispenza se réfèrent à la vision issue des propos de Bruce Lipton selon laquelle notre mode de vie exerce une incidence directe sur notre neurobiochimie. Ce qu'on sait par ailleurs, c'est que nous sommes tous dotés d'un potentiel électro-magnétique qui est le propre du vivant. Et ce potentiel électro-magnétique est solidaire de nos pensées et de nos émotions, de telle sorte que, si chaque jour, nous nous comportons sur un mode machinal, à perpétuer des habitudes et un mode de vie qui ne nous satisfont pas sans rien faire pour les modifier, rien ne changera dans notre vie . Au contraire, comme neuro-biochimiquement, nous sommes intoxiqués à notre vie, à nos malheurs, à nos mauvaises habitudes, nous cultivons un potentiel électro-magnétique d'attraction de personnes, de situations et de circonstances qui valident à l'infini nos croyances selon lesquelles, par exemple, la vie est nulle et la malchance nous poursuit. Il y a un confort à perpétuer la vie que nous menons : nous sommes dans nos zones de confort et ne faisons pas d'effort. Et ce qui apparaît, c'est que c'est à notre passé que nous sommes intoxiqués : nos histoires, nos malheurs, nos croyances qui, chaque jour, s'effondrent sur notre présent et nous amènent, non seulement à reproduire chaque jour notre passé, mais à appréhender notre présent avec les filtres du passé : nous allons ainsi éviter de nous baigner sous la pluie parce qu'on n'a jamais vu personne le faire, éviter de demander notre chemin parce que ça ne se fait pas, pour ne pas déranger, parce qu'on ne parle pas aux inconnus, nous allons garder nos chaussures à talons hauts qui nous font mal parce que nous paraissons plus féminines, etc.

Ce sur quoi insiste Joe Dispenza, c'est sur l'idée que le présent est le moment où la magie peut advenir : si l'on est présent à l'instant, si nous portons notre attention sur ce qui s'offre à nous, sans y opposer des restrictions résultant de nos expériences passées, nous verrons que la vie est pleine d'opportunités. C'est cette idée qui donne son titre à l'un de ses livres : *Breaking the Habit of Being Yourself.*[199] L'idée, c'est d'être chaque jour ouvert à l'inconnu et d'accueillir l'opportunité d'être un nouveau *moi*. Nous ne sommes pas notre passé. Nous ne sommes pas ce que les autres croient savoir de nous sur base d'observations qu'ils ont faites ou de choses qu'on leur a dites.

Les visions et les références de Joe Dispenza et Mani Hesam sont très semblables.
La vision va de pair avec l'idée que chacun de nous est en quelque sorte une antenne électro-magnétique qui attire à elle des rencontres, des situations et des opportunités qui résonnent avec les fréquences qu'elle émet. Au fil des années, face à la multiplication des changements survenus dans la vie de ses étudiants, et plus précisément à la multiplication des guérisons, Joe Dispenza s'est mis à collaborer avec des laboratoires scientifiques et notamment avec le HeartMath Institute afin d'apporter une validation scientifique à ce qui se déroulait durant les ateliers.[200]

Entre Mani Hesam et Joe Dispenza, les pratiques diffèrent, pour des résultats convergents : tandis que la méditation constitue l'outil privilégié de Joe Dispenza, Mani Hesam[201] a notamment conçu un ensemble restreint de protocoles que l'on peut pratiquer en auto-coaching dans l'intention de générer des changements de toutes natures, changements qui, pour moi, ont eu pour effet décisif de me faire passer du pessimisme à l'optimisme et à l'équanimité. Cela ne m'empêche pas d'avoir des ennuis, mais ma façon d'en faire l'expérience est incomparable. Je ne dramatise jamais : j'ai confiance ; tout se résout avec beaucoup de facilité et je suis d'une équanimité que je n'ai pas connue auparavant dans mon existence. Je ne rumine plus du tout et, chaque jour, je trouve plein de raisons d'être heureuse et de me réjouir. En ce qui concerne précisément la pratique avec Joe Dispenza, je figure parmi les personnes qui ont bénéficié de la guérison de la maladie auto-immune dont je vous ai parlé.

Quels bénéfices pourriez-vous tirer de la pratique de l'auto-coaching

---

199 Dispenza Joe, *Breaking the habit of being yourself*, Hay House, 2013.
200 Les résultats de ces tests sont relatés dans le livre *Becoming supernatural*, Hay House, 2019.
201 Mani Hesam, *Le muscle du bien-être,* Eigeiro, 2017.

SANE ?[202] Tout d'abord, contrairement à la majorité des thérapies, ce n'est pas une approche psychothérapeutique. Dans le cadre de l'auto-coaching, il ne vous est donc pas proposé de nettoyer vos traumatismes.[203] S'appuyant sur vos ressources émotionnelles passées, l'auto-coaching SANE (Système d'Alignement Neuro-Émotionnel) vous permet de reprogrammer vos croyances, ce qui a pour effet de redéfinir vos réactions par défaut aux circonstances de votre vie : vous ne faites plus de procès d'intention – autrement dit, vous cessez de mieux savoir que les autres ce qu'ils pensent – ; vous cessez de croire que les autres pensent du mal de vous ; quand quelque chose d'ennuyeux vous arrive, vous ne vous appréhendez plus comme la victime des autres et des circonstances ; si une situation se répète, au lieu d'adopter une nouvelle croyance limitante, vous essayez de comprendre le message ; vous cessez de forger des hypothèses sur les pires scénarios possibles. Bref, sans que cela vous ait été recommandé, vous observez spontanément les Accords toltèques.[204] Autrement dit, vous cessez de critiquer, médire, maugréer et vous auto-critiquer ; vous cessez de faire de tout une affaire personnelle ; sans informations, vous ne supposez pas : vous considérez que vous n'êtes pas outillée pour vous faire une opinion ou prendre une décision ; et enfin, vous faites toujours de votre mieux.

C'est donc ici que prend tout son poids l'affirmation de Bruce Lipton selon qui *nos vies sont déterminées par notre réaction aux signaux environnementaux*.
En installant de nouveaux réflexes, de nouvelles réactions par défaut, vous allez nourrir des pensées plus constructives, plus ouvertes sur les possibles, ainsi que des émotions plus réconfortantes qui vous feront du bien. En contrepartie, vous allez cesser de tout interpréter en termes de mauvaises intentions et de signes de mauvais augure, vous allez cesser de privilégier les hypothèses les plus démoralisantes, de vous préoccuper des commentaires des autres, de critiquer vos proches, etc. La personnalité optimiste que vous aurez progressivement construite va émettre de nouvelles fréquences, en quelque sorte devenir une nouvelle antenne électro-magnétique, et attirer à elle une nouvelle réalité, de nou-

---

202 Système d'Alignement Neuro-Émotionnel, du nom de la méthode fondée par Mani Hesam et Arash Zarinpour.
203 Si vous pratiquez le SANE avec un ou une coach, il ou elle vous aidera à lever des marquages émotionnels vécus par vous ou vos ascendants. Notez que dans ce chapitre, j'évoque uniquement des outils d'auto-coaching que vous pouvez utiliser vous-même chaque jour de manière autonome.
204 Que votre parole soit impeccable. N'en faites jamais une affaire personnelle. Ne faites aucune supposition. Faites toujours de votre mieux. Soyez sceptique mais apprenez à écouter.

velles rencontres, des situations et opportunités qui vont lui permettre de déployer un potentiel encore inconnu. Et tout cela est validé scientifiquement et confirmé par l'expérience de très nombreuses personnes : ce n'est pas un tissu de croyances ni une nouvelle idéologie bisounours.

Construire une personnalité optimiste rouvre le champ des possibles dans tous les domaines et notamment au sein de votre vie de couple et de vos relations familiales. Cela peut aussi vous libérer des pressions que vous vous imposez au nom d'exigences et d'attentes que vous prêtez à d'autres, que ce soient vos parents, vos amies, votre contexte professionnel. Parmi les femmes avec qui je dialogue, nombreuses sont celles *qui ont tout* essayé – la Communication Non-Violente (CNV), l'*éducation positive, etc.* – et qui, pourtant, ne peuvent pas s'empêcher de hurler sur leurs enfants et ensuite, se sentent coupables, éprouvent de la honte et sont frustrées.

Certes, la Communication Non Violente est un outil important. On constate cependant souvent qu'en dépit de la beauté de l'outil, son appropriation au sein des groupes et des familles est compliquée, voire impossible, précisément parce que, individuellement, nous sommes des êtres complexes, traversés par des désirs et des tensions qui nous échappent et que concilier tous ces aspects au sein d'une famille ou d'un groupe, c'est quasiment une mission impossible. C'est qu'effectivement, derrière nos interactions visibles, une histoire inconsciente se joue, avec des enjeux qui nous mettent en tensions, les uns vis-à-vis des autres, sans oublier que nous-mêmes, nous ne nous comprenons pas toujours et sommes parfois enclins à prendre des initiatives qui vont à l'encontre de nos désirs et besoins.
Désamorcer ce drame sous-jacent et ces contradictions, déminer le champ de vos pensées, émotions et interactions, et mettre à jour cet *agenda caché* qui se déroule derrière l'ensemble des interactions familiales, voilà ce à quoi peuvent contribuer les outils d'auto-coaching SANE.

Ne pas oser dire de quoi vous avez besoin.
Ne pas oser dire « non ».
Infantiliser votre conjoint.
Penser qu'il agit de façon irresponsable et égocentrique.
Faire les choses vous-même parce vous estimez qu'il les fait mal ou trop lentement.
Trouver qu'il se fait prendre en charge.
Être celle qui sacrifie son boulot au profit de celui de son conjoint.

Accepter des relations sexuelles quand vous n'en avez pas envie.
Préparer régulièrement des repas dont certains membres de votre famille ne veulent pas.
Tout faire à la place de vos enfants.
Être la boniche.
Vous considérer comme l'intendante par défaut.
Vous faire rabrouer quand vous donnez votre avis.
Souffrir du fait de vivre en famille.
Regretter d'avoir fondé un couple et une famille.
Souffrir du fait que vous ne réalisez pas les projets qui vous feraient vous sentir vivante.
Vous sentir coupable quand vous osez prendre du temps pour vous.
Vous sentir coupable de vous sentir forcée de passer du temps avec vos enfants et que cela ne vous mette pas toujours en joie.
Offrir des objets inutiles à vos enfants pour compenser votre culpabilité et votre sentiment d'être une mauvaise mère.
Vous imposer des contraintes délirantes parce que vous *ne pouvez pas vous en empêcher*.
Être constamment sous la pression d'un *il faut* ou *je dois*.
Avoir honte d'avouer que vous avez le sentiment d'échouer votre vie de couple et l'éducation de vos enfants.
Quand vous êtes tous deux en télétravail, accepter que ce soit principalement vous qui consacriez plus de temps à la garde et l'éducation des enfants.
Accepter que ce soit vous, et non lui, qui télétravaille dans une pièce partagée.[205]

J'imagine que, dans la liste qui précède, certaines déclarations vous concernent et qu'aucune ne vous enchante. Voilà des situations, des pensées et des émotions dont pourraient vous délivrer les outils d'auto-coaching SANE. En les adoptant, vous pourriez installer un substrat sain à la pratique de modes d'interactions tels que ceux de la CNV qui vous permettraient d'exprimer adéquatement vos besoins, d'augmenter leur chance de les voir comblés et ainsi multiplier les raisons de vous sentir heureuse au quotidien.

---

205 Cette liste est en partie inspirée d'une mise au point que l'illustratrice politique Emma a réalisée suite au premier confinement lié à ladite *crise du coronavirus*. https://www.facebook.com/permalink.php?story_fbid=1190265504642992&id=237466759922876

15. La communication non-violente

Conceptualisée par Marshall Rosenberg, la communication non-violente est aujourd'hui propagée en francophonie par des pointures telles que Thomas d'Ansembourg[206] et Isaa Padovani dont l'expérience et l'inspiration aident les gens à se mettre à l'écoute de leurs émotions, de leurs besoins et de ceux des autres.

La CNV est aisément assimilable conceptuellement : comme le dit Marshall Rosenberg, il s'agit juste d'activer des compétences avec lesquelles nous sommes nés. L'ennui, c'est que tout, au cours de notre éducation, nous a incités à oublier ces capacités d'empathie, d'auto-empathie, d'écoute et d'expression des émotions, les nôtres et celles des autres. En lieu et place, nous avons appris la compétition, la comparaison, la hiérarchie, le jugement, la disqualification, y compris l'autodisqualification, le pouvoir, la punition, l'humiliation, la honte, la culpabilité, la manipulation, etc.

Nous avons appris à être sourds à la voix ténue de nos émotions. Et à force d'être réprimé, ce murmure s'est mué en une vocifération qui traduit nos besoins sous forme de reproches et d'accusations.
Au lieu de comprendre et de dire (à nous-même et) à l'autre nos besoins, notre culture et notre éducation nous ont appris à entretenir des rapports de domination qui définissent ce qui est juste et ce qui ne l'est pas, qui a tort et qui a raison, etc., une posture collective qui justifie la honte, la culpabilité, ainsi que le recours à la violence et aux punitions.

Or, dit Marshall Rosenberg, les critiques, les commentaires blessants, les jugements, les reproches et les insultes ne sont rien d'autre que l'expression tragique et suicidaire de nos besoins : ils aboient « s'il te plaît ».

Ce mode d'expression de nos besoins est doublement tragique parce que, en passant par une critique de l'autre qui désigne une faute, il diminue nos chances d'obtenir ce que l'on souhaite et augmente la probabilité de réactions violentes.

Il s'agit donc préalablement de comprendre le besoin qui se cache derrière, besoin qui, dit Marshall Rosenberg, est la vie qui cherche une expression à travers nous : nos sentiments et besoins donnent une infor-

---

206 🔗

mation sur ce qui est vivant en nous.

Dans notre culture, dit encore Marshall Rosenberg, nous avons appris à utiliser nos émotions ou à exploiter celles des autres pour manipuler et susciter de la culpabilité.

Au lieu de prendre la responsabilité de nos états, nous sommes ainsi souvent enclins à en imputer la responsabilité aux autres : *je suis malheureuse à cause d'eux. Quant à eux, ils doivent se sentir coupables et doivent changer*. En adoptant ce type de posture, je me pose en victime et j'abdique ma souveraineté, remettant la responsabilité de mon bonheur et de mon destin entre les mains des autres.

Pourtant, dit Marshall Rosenberg, même dans un environnement hostile, nous gardons la liberté de choisir et de faire en sorte que ni les institutions, ni ceux qui détiennent ou représentent l'autorité, ne nous imposent leurs vues et décident de nos actions. On retrouve dans cette vision le modèle d'auto-transcendance de Viktor Frankl. Et l'on comprend l'importance de la question du sens dans notre relation à nous-même et aux autres. Ainsi, dans nos relations quotidiennes, ni nous-mêmes, ni les autres, ni les situations ne sommes intrinsèquement valables ou critiquables : c'est, au contraire, la représentation que nous en avons, le sens que nous leur assignons qui font la différence. Pour vivre librement, il nous appartient donc d'exprimer clairement nos besoins et requêtes sans attribuer la responsabilité de nos états aux autres. Certaines émotions, dit Marshall Rosenberg, nous signalent que nous sommes coupés de nos besoins et que nous sommes retournés dans les jeux de pouvoir. Ces émotions qui sont nos boussoles sont la colère, la dépression, la culpabilité, la honte. Tandis que la colère indique que nous jugeons quelqu'un d'autre, la dépression, la culpabilité et la honte traduisent des jugements que nous portons contre nous-même.

Être vivant, c'est être en contact avec ses besoins. Cela dit, identifier ses besoins n'apporte pas d'information sur la façon de les satisfaire : cela nous permet de les exprimer et d'ainsi nous donner du pouvoir avec les autres. Et Marshall Rosenberg d'insister sur l'expression *avec les autres* et non pas *sur les autres*. Lorsque nous exprimons adéquatement nos besoins, dit-il, notre force vient, en effet, s'additionner à celle des autres, dans le sens où cela augmente le souhait et le plaisir des autres de nous donner. Le meilleur moyen pour susciter de la puissance *avec les autres*, poursuit le père de la CNV, c'est d'attirer l'attention sur nos besoins qui ne sont pas satisfaits. Quand les autres ont un accès complet et nuancé à nos besoins, ils n'entendent plus de critiques, de jugements, ou d'exigences : ils entendent des demandes, des « s'il te plaît ».

L'intention de ces quelques lignes n'est pas de vous enseigner la CNV mais, si vous ne la connaissez pas encore, d'attirer votre attention sur cette alternative à la relation à soi et à autrui qu'elle représente par rapport aux modèles dont notre contexte culturel a imprégné la plupart d'entre nous.[207] L'approche de Marshall Rosenberg nous invite à revenir à l'essentiel : le lien, l'amour, et d'abord l'amour de soi qui, on le voit bien, présuppose une œuvre de dépouillement assez radicale : cesser de se juger, cesser de juger les autres, cesser de punir, cesser de se punir. Avant de se faire du bien, nous avons à désapprendre les exigences de tous bords, l'auto-maltraitance et, tout simplement, nous *foutre la paix*, comme le dit Fabrice Midal, en cessant de chercher à coller aux attentes intériorisées d'un hypothétique *on* qui siège au milieu de nous et nous pourrit la vie.

Nous revenons ainsi à l'urgence de nous délivrer du pessimisme et d'en finir avec la posture de victime qui nous coupe de nos ressources et de notre capacité à nous déployer dans le monde pour contribuer mais, au contraire, nous incite au nombrilisme. À quoi bon rétablir la dynastie de nos malheurs et celle de nos ascendants quand c'est ailleurs, dehors, devant, maintenant, et non pas hier que se déploient la vie et notre possibilité de contribuer à un monde de sens, tissé de liens qui réchauffent, qui nous offre de la sécurité où que l'on soit.

---

207 🔗

Épilogue

Avec ce livre, j'ai cherché à mettre la question de la charge mentale en perspective, de manière à ce que l'on puisse en saisir les enjeux et prendre des décisions susceptibles de faire une vraie différence dans nos vies, car ce ne sont résolument pas *les trucs et astuces pour s'en sortir au quotidien* qui élimineront le problème.

La charge mentale est un problème sociétal, au même titre que la dépression, l'anxiété, le burn out, et, sans doute, la plupart des maladies et mal-être que nous rencontrons aujourd'hui. Elle n'est pas un problème personnel qui souligne votre incompétence : elle est la résultante d'une pression extrême à laquelle de nombreuses femmes cèdent aujourd'hui.[208]

Certaines pensent que *si leur mère ou leur grand-mère « assuraient », elles doivent en être capables, elles aussi*, mais le contexte a radicalement changé : entre le moment où j'ai assuré mon rôle de mère, dans les années 1980-90, et l'époque actuelle, nous sommes passés de l'économie de masse à l'économie globale avec une complexification des outils de communication qui a pour effet de nous exposer 24 heures sur 24 à un flux continu de contenus qui, si nous ne les contrôlons pas, nous contrôlent eux. D'où l'invitation des *minimalistes* à la diète médiatique[209] car, comme on l'a vu, notre cerveau a besoin de silence pour que

208 C'est évidemment l'ensemble des Occidentaux qui ploient sous ces injonctions, mais rappelez-vous : je me limite ici délibérément à la charge mentale des femmes en raison de son lien organique avec le système économique.
209 Aujourd'hui, les médias, ce sont tous les moyens de diffusion de contenus, autrement dit, tout ce à quoi votre smartphone vous donne accès.

nous soyons capables d'évaluer ce qui nous arrive au quotidien et d'y réagir adéquatement, ce qui est une tâche impossible quand on est exposée à un flux continu d'informations.

Parmi les professionnels auxquels j'ai fait référence dans ces pages, nombreux sont ceux qui mettent en cause la responsabilité de la publicité et de la propagande diffusée par les médias de masse au service d'une idéologie insécurisante, démoralisante, qui orchestre la dépersonnalisation des individus et formate nos aspirations. Ce faisant, elles nous proposent une identité standardisée et nous incitent à consommer, à la recherche d'un bonheur qui nous est présenté comme une pure matérialité, tout cela, au profit d'une économie amorale dont le seul objectif est de prospérer quel qu'en soit le prix.

Que, presque soixante ans après la parution de son livre, la démonstration de Betty Friedan quant à l'idée que *le système orchestre la domestication des femmes au profit des hommes et de l'*économie reste pertinente a quelque chose de choquant. On aurait pu espérer, comme elle en formulait le vœu, que les femmes accédant davantage aux études, elles s'émancipent de ce système et que la question de l'égalité soit révolue. Pourquoi les choses n'ont-elles pas évolué comme l'espérait Betty Friedan ? Pourquoi, bien que, pour la majorité, nous ayons étudié, la plupart d'entre nous endossent-elles l'identité de *ménagères* – avec les affres qui s'en suivent – sans même s'en rendre compte ? Pourquoi de nombreuses femmes aujourd'hui souffrent-elles du *syndrome de la ménagère cultivée* ?
C'est que, comme je l'écrivais il y a un instant, les ressources dont dispose la propagande pour exercer son influence ont connu une explosion que l'auteure ne pouvait pas pressentir. Un bref retour dans l'histoire nous permettra de comprendre le saut que l'on a opéré depuis la date de parution du livre de Betty Friedan, 1964 : à l'époque, la télévision entrait à peine dans les foyers, les Français accédaient à une seule chaîne qui diffusait en discontinu en noir et blanc et la publicité télévisée n'existait pas. C'est dire le chemin qu'ont parcouru les médias entre temps et le déploiement, inconcevable à l'époque, dont ils jouissent pour exercer leur influence en continu au profit de l'économie.

Sachant cela, non seulement les contenus véhiculés par les médias sont des distractions[210] mais, à ce stade, ce que nous, les femmes, tendons à considérer comme des causes méritant un débat, sont, elles aussi, des distractions qui nous occupent sur les réseaux sociaux – défendre le droit des

210 Au sens étymologique de « détourner ».

adolescentes à s'habiller comme elles l'entendent,[211] mettre en cause l'écologie comme une augmentation de la charge mentale, s'en prendre agressivement à tous les hommes dès qu'ils osent déroger à ce que les féministes d'aujourd'hui considèrent comme politiquement correct. Tous ces sujets de débats se déploient sur un fond d'amnésie et une absence de perspective qui en font de précieux leurres au regard du seul problème qui les surplombe tous et que nous préférons ne pas considérer parce qu'il demanderait des efforts : la destruction de notre habitat auquel nous contribuons chaque jour en maintenant nos habitudes de consommation.

Prendre conscience du fait que, pour la majorité d'entre nous, nous nous sommes laissé séduire, que nous avons obéi, abdiqué notre souveraineté face à cette vision du réel qui, depuis notre naissance, nous a été présentée comme la réalité, c'est un moment important.[212] Admettre que l'on contribue au problème, c'est énorme. C'est à la fois sortir de la sidération, quitter la posture de victime, reprendre sa responsabilité et sa

---

211 En ignorant que cette mode vestimentaire est occupée à émerger depuis les années 1990, sous l'influence des mondes de la pornographie et de la mode, deux univers qui n'aiment pas les femmes et qui, tout en lançant des tendances, l'air de rien, travaillent à banaliser l'exposition du corps des filles – la tranche de la population féminine la plus désirable – tout en créant l'illusion, aux yeux de toutes, que ces filles font des choix délibérés. Cela alors que d'abord elles choisissent dans l'espace limité de ce qui leur est proposé et ensuite, en particulier du côté des influenceuses, qui sont payées par les marques, pour, précisément, influencer.

212 À ce propos, j'ai lu ce post Facebook de Marie Duboin :
[...] Je me rends compte que j'ai largement contribué à un problème que je dénonce aujourd'hui : laisser penser que réduire ses déchets à la maison suffit, que si on s'y met tous, on fera plier la loi de l'offre et de la demande, etc.
Non.
Rétropédalage, et c'est difficile pour moi de l'avouer après tant d'années à baigner là-dedans, un blog, des dizaines (centaines ?) d'articles, de posts, 2 livres, etc.
Je ne peux plus continuer comme ça.
Je ne peux plus continuer à juste donner des astuces pour ne pas gaspiller et alléger sa poubelle SANS dire À CHAQUE FOIS et EN MÊME TEMPS que :
- Tout ce qui entoure notre consommation est éminemment politique.
- Que le système capitaliste nous oppresse et nous tue.
- Que ce système déteste les femmes, les personnes racisées et toutes les minorités.
- Que ce système est puissant et résilient, et qu'il se délecte de notre culpabilité à ne pas réussir à faire rentrer notre putain de poubelle dans notre putain de bocal.
- Que les plus riches ont un impact écologique plus lourd, et qu'une famille pauvre qui fait ses courses chez Lidl aura toujours un impact moins néfaste que n'importe qui qui prend l'avion même une seule fois par an !
- Qu'il faut qu'on arrête de se tirer dans les pattes et de renifler le cul du voisin sur la taille de sa poubelle car LE PROBLEME N'EST PAS LÀ ! [...]
Duboin Marie du blog *La Salade à Tout*, publication Facebook du 15 octobre 2020.

souveraineté et revenir au sens et à l'auto-transcendance. C'est retrouver sa dignité. Et il n'y a pas de honte à l'avoir momentanément perdue parce que les épreuves font partie du chemin. Rappelons-nous donc cette vision de Marshall Rosenberg et Viktor Frankl quand ils suggèrent que même dans un environnement hostile, nous gardons la liberté de choisir et de faire en sorte que ni les institutions, ni ceux qui détiennent ou représentent l'autorité ne nous imposent leurs vues et décident de nos actions.

Même nos effondrements font partie de ce processus d'auto-transcendance, dès lors qu'ils nous amènent à changer radicalement de mode d'existence. Quand nous nous effondrons – du fait d'un deuil, d'un gros ennui de santé, de la mise en péril d'un aimé, d'un burn out – c'est la vie qui se fraie un chemin dans le brouillard des apparences pour nous dire que nous ne sommes pas là pour vivre en somnambules et pour nous inciter à opérer cette réinitialisation monumentale que nous constatons chez un nombre croissant d'individus.

Si, comme le suggère Johann Hari[213], la dépression traduit le deuil des liens nécessaires que nous avons perdus, ces liens, il nous appartient de les restaurer. En affirmant notre dignité et notre souveraineté – à nos propres yeux d'abord – à travers un changement de mode de vie, nous sommes mieux à même de désapprendre les modalités de la soumission, et de vivre une existence où l'affairement n'a plus sa place, où chaque choix fait sens tant notre créativité et notre élan de vie nous emplissent. À nous, donc, de quitter la posture régressive dans laquelle nous nous sommes complaisamment lovés et à prendre la responsabilité de la maturité et de l'autonomie.

Et le temps ?
Pour gérer la question du temps, pourquoi ne pas prendre le temps de faire des choix et d'écarter tout ce qui n'est pas nécessaire à votre vision ?
Éliminer de votre espace de vie tout ce qui l'encombre, renoncer aux croyances et habitudes qui étouffent la vie en vous et vous font stagner ; vous détourner des gens qui vous font souffrir ; et vous adonner à ces activités auxquelles vous aspirez qui ne sont pas des passe-temps, ni de la distraction par rapport à ce qu'on vous a vendu comme l'essentiel, mais qui sont, au contraire, des portails vers la possibilité de vous déployer.
Ces activités et environnements auxquels nous aspirons tous ne nous

213 Hari, op. cit., p. 331.

permettent pas seulement de rester alertes physiquement et mentalement : ils nous donnent accès à une conscience élargie. Ce sont des accès à d'autres expériences que l'incarnation rend possibles, et sur lesquelles l'accent n'est pas mis dans notre société parce qu'elles apportent des bénéfices en termes qualitatifs, non en termes quantitatifs. De plus, quand on accède à ce genre d'expériences, on n'a plus envie de retourner optimiser le système dominant.

Joe Dispenza voudrait que la méditation ne soit pas une activité occasionnelle que nous pratiquons en marge de nos activités quotidiennes, mais un mode d'être permanent qui nous relie à notre grandeur. Associées au *grounding*, les activités et les espaces auxquels nous aspirons, nous recentrent, déploient notre sentiment d'appartenance et entretiennent en nous le désir de contribuer en lien avec les autres et ce qui nous dépasse. Et là, nous prenons enfin notre place et nous devenons capables de désobéir pour agir au bénéfice de ce qui va donner du sens à notre existence. Car nous ne sommes pas là pour obéir, mais pour contribuer librement à plus grand que nous.